W9-CPB-253

# Había una vez una niña en una vecindad

# ESTA ES MI HISTORIA

## MARÍA ANTONIETA DE LAS NIEVES, LA CHILINDRINA

# Había una vez una niña en una vecindad

🌐 Planeta

MASSANUTTEN REGIONAL LIBRARY
Harrisonburg, VA 22801

Spanish
921
N6855

Diseño de portada: Óscar O. González
Fotografía de portada: Archivo del autor
Fotografías de interiores: Archivo personal de la autora
Fotografía de autora en contraportada: NOTIMEX / Guillermo Granados


© 2015, María Antonieta de las Nieves

Derechos reservados

© 2015, Editorial Planeta Mexicana, S.A. de C.V.
Bajo el sello editorial PLANETA M.R.
Avenida Presidente Masarik núm. 111, Piso 2
Colonia Polanco V Sección
Deleg. Miguel Hidalgo
C.P. 11560 México, D.F.
www.planetadelibros.com.mx

Primera edición: enero de 2015
ISBN: 978-607-07-2561-6

No se permite la reproducción total o parcial de este libro ni su incorporación a un sistema informático, ni su transmisión en cualquier forma o por cualquier medio, sea este electrónico, mecánico, por fotocopia, por grabación u otros métodos, sin el permiso previo y por escrito de los titulares del *copyright*.
La infracción de los derechos mencionados puede ser constitutiva de delito contra la propiedad intelectual (Arts. 229 y siguientes de la Ley Federal de Derechos de Autor y Arts. 424 y siguientes del Código Penal).

Impreso en los talleres de Litográfica Ingramex, S.A. de C.V.
Centeno núm. 162-1, colonia Granjas Esmeralda, México, D.F.
Impreso y hecho en México – *Printed and made in Mexico*

# Índice

# Índice

# Índice

# Agradecimientos

Vayan desde estas páginas un sincero agradecimiento a Sarita Morales, ella era una señora estadounidense y fungía como socia del señor W. Lerner, un gran productor de teatro y socio en Cinsa. Ella me enseñó a hablar en inglés y a entonar, en ese mismo idioma, canciones de los tiempos de *María Castaña*. Sarita era una persona de edad avanzada, pero joven de espíritu, y para mi fortuna, me quería mucho, estoy convencida de que yo era su consentida.

# Agradecimientos especiales

Agradezco a todos los que me apoyaron en mi carrera: maestros de actuación, doblaje, de ballet así como a los directores que, con su sabiduría, supieron sacar lo mejor de mí en el teatro, el cine y la televisión. Por supuesto a mis compañeros de trabajo; a los músicos y bailarines que me acompañaron y siguen conmigo en las giras; a los coreógrafos; a mi representante Bárbara del Campo; a Deida Arroyo Villaseñor quien fuera primero mi fan número 1, luego mi amiga número 1 y ahora parte de mi familia. No quiero dejar pasar la oportunidad de agradecer a Enrique Alonso y también a Ernesto Alonso. Toda mi gratitud a los Estudios Disney por haberse fijado en mí para dar voz al personaje de Vanellope von Schweetz de la entrañable película *Ralph el demoledor*.

Gracias a todos.

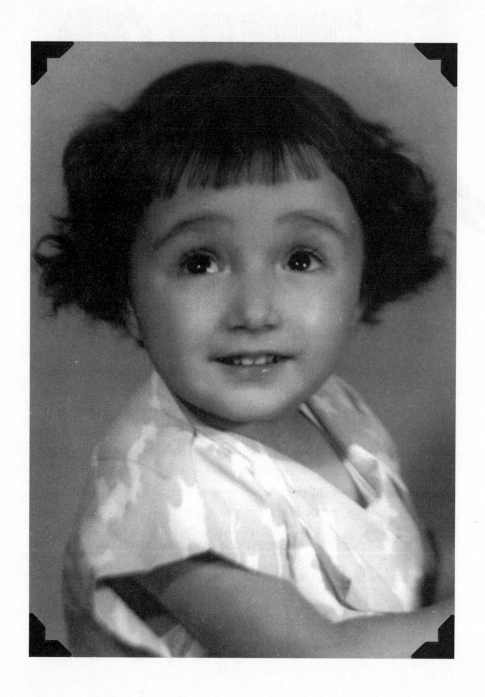

Fue la madrugada del cuarto jueves de diciembre de aquel lejano año de 1949. Don Tanis (Estanislao), el padre de la criatura, llevaba entre sus brazos un bulto diminuto envuelto en una cobijita para bebé. Iba por la calle corriendo y llorando en silencio, siempre hacía lo mismo cuando algo le dolía en lo más profundo de su ser. En ese momento se sentía el hombre más infeliz, porque en su regazo se le estaba muriendo su hija recién nacida. La llevaba a la Iglesia para bautizarla antes de que sucediera, lo que él creía, era inevitable.

Atrás de Don Tanis, acompañándolo, iban sus dos hijos mayores, ellos serían los padrinos de su hermana menor. Raúl tenía veinte años, y mientras corrían tras su padre, trataba de darle ánimo a Olga Elena, dos años menor que él. *Obe*, como le decían de cariño, lloraba como una *Magdalena* (o como plañidera para ser más exactos, porque siempre exageraba). Don Tanis iba tan sumido en sus pensamientos y recapitulando en el triste futuro que le deparaba el destino, porque además de esta tragedia, en el Hospital Tagle, Doña Pilla (Deifilia), su esposa, se encontraba grave en extremo, pues el parto se había complicado y no sabían bien a bien si sobreviviría. Como decía, Don Tanis iba tan absorto que no escuchó cuando sus hijos le gritaron que parara de correr porque ya se había pasado de la Iglesia.

Cuando el sacerdote iba a verter el agua bendita en la cabeza de la niña, pensó que ya había fallecido, pues la pequeña yacía flácida, pálida, con la boquita abierta y los ojos entrecerrados. La cabecita con tres pelos embarrados colgaba hacia atrás, su hermano Raúl la sostenía y se dio cuenta que la pequeña casi cabía en su mano, Olga Elena por un momento dejó de dar alaridos y tomó a su hermana por los dos hilos que eran un remedo de sus piernitas. El clérigo le puso la palma de la mano en la espalda a Don Tanis tratándolo de consolar, levantó la mirada hacia el Cristo que se encontraba en la sacristía, y continuó con el ritual diciendo: "Yo te bautizo en el nombre del Padre, del Hijo y del Espíritu Santo, te llamarás María Antonieta de las Nieves". Dicho esto, vació el agua en la cabeza de aquel guiñapo y entonces… sucedió, la criatura abrió los ojos y como si le acabaran de practicar un exorcismo gritó estruendosamente.

—Don Tanis —dijo preguntando—: ¿estaba actuando esta escuincla?

Los demás nos preguntamos, ¿habrá sido una premonición?

Más adelante lo sabremos.

# Capítulo I

## Había una vez una niña
## en una vecindad

Vivíamos en una vecindad en el mero corazón de La Lagunilla, en la calle de Libertad 138 interior 5. Mis padres y hermanos eran comerciantes. Tenían dos tiendas pequeñas donde vendían ropa de maternidad, también en La Lagunilla, cerca del mercado de Santa Catarina. *Casa Tanis*, ubicada en la calle Nicaragua 7 y *Casa Nayarit* que estaba en Belisario Domínguez 38. También teníamos una pequeña fábrica en donde sólo había una mesa de cortar y seis máquinas de coser, además de una minúscula bodega para guardar los rollos de las telas con las que allí se trabajaba en la confección de ropa de maternidad, estaba ubicada también en la calle de Belisario Domínguez, junto a nuestra tienda. Lo único que me llamaba la atención de aquel viejo edificio es que en él se alojaba una Escuela de Baile Clásico para jóvenes, en ese mítico lugar daba clases de ballet el maestro Gilberto Terrazas.

Me contaba mi mamá, que cuando mi hermana Pillita, como cariñosamente le decían, y yo éramos pequeñas nos cuidaba una señora muy buena, nosotras le decíamos *Abuelita Angelita*, ella y Carmela, su hija, vivían en la casa de enfrente a la nuestra, era una joven guapísima de pelo negro, era del tipo de Katy Jurado y fue madrina de confirmación de

Tarjeta de "Casa Tanis".

nosotras dos. Pillita y yo las queríamos mucho y se podría decir, literalmente, que vivíamos con ellas, pues mis papás y hermanos mayores se iban desde muy temprano a las tiendas. Mi hermana y yo comíamos y jugábamos en la casa de ellas, y en la noche cuando todos regresaban de trabajar nosotras ya estábamos dormidas, es más, muchas veces hasta nos quedamos a dormir allí.

Cuando nuestra *Abuelita Angelita* murió, yo tenía tres años y Pillita siete, nuestras vidas cambiaron radicalmente; porque ahora, en vez de jugar en la vecindad con *Hiya*, la hija de la portera o con la *Muñeca*, la hija del carpintero, quienes vivían hasta el fondo, y con otros niños, que lamentablemente no recuerdo sus nombres y con quienes jugábamos a saltar la cuerda o a las escondidas o a mojarnos con la manguera; desde aquel triste día nos trasladamos con toda nuestra infancia a las tiendas y a la fábrica.

Nuestros juegos entonces fueron la *matatena*, las damas chinas, el dominó y las cartas, porque, como era de suponerse, no teníamos espacio para correr y dar *lata*. También jugábamos a que mi hermana cosía ropita para las muñecas, y lo hacía en realidad porque mi mamá nos compró una maquinita de coser *Singer*, de juguete obviamente, pero ¡realmente cosía! Mientras tanto, yo era la vendedora e imitaba lo que veía que hacían las empleadas y mis hermanos. ¡Pásele *marchantita*! ¡Aquí le vendemos bueno, bonito y barato! ¡Nuestra ropa de maternidad es la mejor y le sirve durante todo el embarazo! ¡La falda se adapta a cualquier

Mamá Pilla.

En la Academia de Andrés Soler en la ANDA.

Doña Pilla y don Tamis recién casados.

gordura, moviéndole simplemente los botones! ¡Y cuando usted se *alivie* (ni que estuvieran enfermas) recorre nuevamente los botones, se faja la blusa de maternidad, se cierra la falda y el traje le vuelve a quedar *perfecto* hasta que se embarace nuevamente (sólo hubiera faltado que le agregara el *fíjate, fíjate, fíjate*).

Desde pequeña fui muy hablantina, los regaños y nalgadas que recibí en mi infancia fueron, precisamente, porque no paraba de hablar y por metiche. Por lo hasta aquí descrito se pueden imaginar que en la fábrica confeccionábamos ropa de maternidad, actividad poco usual en aquella época, los *prometedores* años cincuenta, creo que de entre todos los *paisanos* de La Lagunilla, éramos los únicos que fabricábamos, y distribuíamos en otros mercados ese tipo de ropa.

Un dato curioso, muchos árabes y judíos que tenían tiendas en La Lagunilla pensaban que en verdad éramos *paisanos*, porque mis papás no tenían mucho tipo de mexicanos. Mamá Pilla de joven tenía el pelo castaño claro, de piel blanquísima, ojos verdes, nariz recta y grande, yo nací cuando ella tenía cuarenta y tantos años, fui la última de siete hijos nacidos, según ella tuvo catorce embarazos, se le murieron unos gemelos y una bebita a quien la iban a bautizar con el nombre de Nayarit, en reconocimiento y por el inmenso cariño que le tienen a la tierra que vio nacer a mis papás y a mis hermanos mayores: Santiago Ixcuintla en Nayarit. Los tres hermanos menores nacimos en la Ciudad de México, pero yo siempre he presumido que soy de la tierra de todos ellos: mi amado Santiago. Papá Tanis era un morenazo muy guapo, de joven fue militar, tenía ojos grandes y mirada profunda, escaso pelo, nariz grande y mal hablado como pocos, de tres palabras decía cuatro groserías (malas palabras, nunca cosas en doble sentido; mi mamá y yo éramos las únicas personas a quienes no nos hacía gracia esa peculiaridad de mi papá; bueno, algo debía de tener de malo don Tanis, pienso yo, porque era una persona sensacional, excelente esposo, buen padre, hombre culto, simpático y le gustaba jugar al *bueno* de la película, él nos daba los *domingos*, como le decíamos al dinero otorgado, precisamente ese día de la semana, a cada uno de nosotros para comprar lo que quisiéramos, y doña Pilla era la *mala* de la película, a ella le tocaba regañarnos y castigarnos cuando nos portábamos mal.

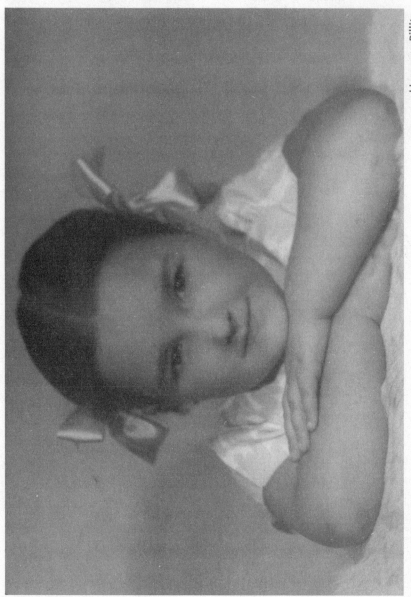

Hermana Pillita.

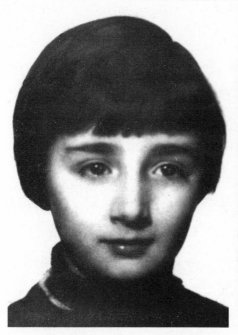

María Antonieta de las Nieves
a los seis años.

Con mi hermana Pillita.

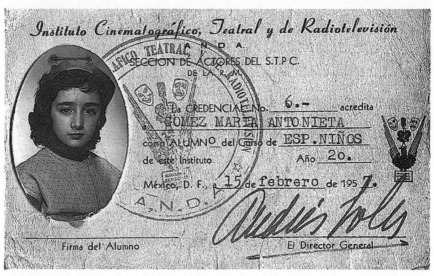

Credencial de la ANDA.

Como era muy inquieta me iba al local que se encontraba a un lado de la fábrica, para ver cómo enseñaba el profesor Terrazas a bailar ballet a unas cuantas chicas. Así, sin darse cuenta mi mamá y sin pagar la mensualidad empecé a bailar a los tres años. Cuando cumplí cinco años mi mamá me llevó a ver la película *Las zapatillas rojas*, ésta me impactó tanto, que en ese momento decidí que cuando fuera mayor sería bailarina de ballet, asimismo, me prometí que bailaría en el Palacio de Bellas Artes de nuestra bellísima Ciudad de México, y al cumplir treinta años, tendría mi propia Escuela de Danza.

Mi hermana Pillita (su nombre era Deifilia como el de mamá) también comenzó a tomar clases conmigo, ella tenía una elasticidad asombrosa a pesar de su gordura. Mis padres, desde que ella tenía tres años, se dieron cuenta que su exceso de peso no era normal, algunos doctores le echaron la culpa a un saborizante para leche que contiene calcio. Mi madrina Carmela trabajaba en los laboratorios donde se producía dicho complemento alimenticio, y cada semana nos lo llevaba a la casa. A Pillita le encantaba y se lo comía a puños, la verdad no creo que esa haya sido la causa de su enfermedad.

Pasando a otra cosa, recuerdo que mi primera "tragedia griega", fue cuando en el periódico mi mamá leyó del accidente aéreo en el cual per-

Clase de esgrima en la Academia de Andrés Soler.

María Antonieta de las Nieves con Andrés Soler.

María Antonieta de las nieves bailarina.

# HONEY, PUEBLA

## HOY Sábado 15 de Septiembre de 1956 HOY

### A LAS 7 P. M.

GRANDIOSA PRESENTACION DE UN GRUPO DE ALUMNOS DEL INSTITUTO CINEMATOGRAFICO DE LA A. N. D. A. QUE DIRIGE EL EMINENTE ACTOR

# Don ANDRES SOLER

y La Precoz Bailarina

# María Antonieta de las Nieves

Esquela de periódico que menciona a Andrés Soler.

María Antonieta de las Nieves con María Rojo y Enrique Alonso en "El pájaro azul".

dió la vida el maestro Gilberto Terrazas. Yo apenas contaba con seis años y aun así pensé en cortarme las venas, con una barra de chocolate, pues se me acababa la vida al pensar que ya no sería bailarina.

Supongo que en ese momento mi mamá pensó que era una buena excusa para, a través de mí, realizar todos los sueños artísticos que tuvo en su juventud. ¿Por qué? Porque mi mamá me contó que cuando ella y sus hermanas fueron jóvenes vivían en la Villa de Guadalupe y de manera experimental trabajaron en algunas operetas, todas cantaban bien, hacían perfectamente la primera, segunda y tercera voces, algunas ocasiones hasta bailaron. Pero, también me dijo mi mamá que alguna vez se le ocurrió comentarle a su papá el deseo de ser actriz, a lo que él contestó:

—¡No, de ninguna manera! ¡En la familia nunca ha habido ni habrá cómicos, aquí todos somos gente decente!

Si el viejo me está viendo desde el cielo, la verdad no sé si la boca se le habrá hecho chicharrón o estará orgulloso del triunfo de su hija Deifilia, porque en verdad lo digo: todos los logros que yo he tenido en mi vida, incluido el más grande de todos, mi matrimonio con Gabriel Fernández, se los debo a Mamá Pilla, más adelante descubrirán por qué.

En enero de 1956, contaba yo con escasos seis años, comenzaban las clases en la Academia de Andrés Soler en la ANDA (Asociación Nacional de Actores) y mamá me llevó a inscribirme. Ahí daba clases de Ballet Clásico y Moderno la maestra Ana Mérida, pero, obvia decir, que lo básico eran las clases de Actuación, pues la escuela estaba diseñada para formar actores completos; así que las actividades que se impartían eran: Canto, Baile, Educación de la Voz, Esgrima, la cual impartía el Mayor Haro Oliva, Teatro Clásico e Historia del Arte.

Había clases para niños, adolescentes y adultos, a los niños los admitían a partir de los ocho años, yo les había comentado que tenía seis, pero gracias a la insistencia de Mamá logré que pudieran aplicarme el examen y aprobarlo.

Aprobé el examen de admisión, recuerdo bien que los sinodales fueron: doña Prudencia Grifell y Carmen Montejo, dos enormes actrices con quien, para mi fortuna, trabajaría poco tiempo después.

MASSANUTTEN REGIONAL LIBRARY 29
Harrisonburg, VA 22801

DISCARDED

María Antonieta de las Nieves con Carmen Montejo.

RASSANHUTEN REGIONAL LIBRARY

María Antonieta de las Nieves con Emilia Carranza.

*Enrique Alonso*
Y SU
# Teatro Fantástico
EN

Versión de ENRIQUE ALONSO en 2 partes sobre el famoso cuento de Perrault

## CAPERUCITA ROJA

### REPARTO
*(por orden de aparición en escena)*

| | |
|---|---|
| MAMA 1a. | María Farías |
| MAMA 2a. | Arcelia Zamora |
| NIÑA 1a. | Catalina Méndez |
| NIÑA 2a. | Amparito Talán |
| NIÑA 3a. | Susy Talán |
| NIÑA 4a. | María Méndez |
| CAPERUCITA ROJA | Antonieta de las Nieves |
| EL LOBO | Octavio Esquerra |

Programa de mano de la obra "Caperucita roja" en el Teatro fantástico de Enrique Alonso.

Mi mamá me acompañaba a todas partes, y las clases de actuación no fueron la excepción, me tenía que esperar seis horas todos los días, creo que pensó se aprovecharía mejor el tiempo si éramos dos, y no sólo yo, quienes tomáramos clases, entonces también entró a estudiar mi hermano José Luis, él tendría aproximadamente dieciseis años y se integró al grupo de adolescentes; las clases de actuación del primer año las impartió el maestro Sandosecky, los siguientes años nos tocaron maestros diferentes; yo estaba contenta porque a los niños nos impartían pocas clases, a los adolescentes les daban Esgrima e Historia del Arte. Como nos quedábamos a esperar a la conclusión de las clases de mi hermano, los profesores se dieron cuenta que yo me la pasaba espiándolos, y por tanto, me permitieron ser la única niña que estudiara con los jóvenes. Precisamente ahí descubrí que me llevaba mejor con gente más grande, ¿será por eso que de niña casi no tuve amigas?

Mi hermano José Luis iba a fiestas con sus amigos y me llevaba con él, todos me hacían *rueda* cuando bailaba *rock and roll* con los muchachos, quienes me llevaban de diferencia de edad más de diez años, también les gustaba que les cantara boleros, muy de moda en ese entonces, pero sobre todo, les encantaba que cantara tangos de la época de *María Castaña* o sea viejísimos, decían que los interpretaba igualito a doña Libertad Lamarque, ¡imagínense que hasta lloraba y actuaba! No les debe de extrañar que me supiera esas canciones, en mi casa y en la fábrica todo el día estaba encendida la radio, y mi mamá, Pillita, pero sobre todo mi hermana Olga Elena se ponía a cantar a todo lo que daba su bella voz, es más, les puedo asegurar que se escuchaban apenas los ruidos de las máquinas de coser.

En mi casa no sólo a mí me gustaba la *artisteada*, también a mi hermano José Luis, no en balde también había estudiado actuación. Él participó en varias obras experimentales y luchó bastante para hacer cine, pero sólo trabajo de *extra*, estudió los tres años de la carrera en la Academia de Andrés Soler, pero se cansó de esperar la oportunidad, le alegaban que estaba joven para algunos papeles de galán o estaba ya mayor para papeles de niño. Así que como dicen por ahí: *no estuvo ni en el lugar ni en el momento preciso*. Por tal motivo, también se dedicó al comercio como todos los demás de mis hermanos mayores.

Debo reconocer que realmente al principio sí tuve suerte para acceder al medio artístico, pero una vez ya adentro, la suerte me la busqué yo. Tan es cierto lo que les cuento, que ahora, cuando estoy escribiendo los pasajes de mi vida llevo cincuenta y siete años de carrera continua e incluso así sigo luchando día tras día para tener trabajo y preparo proyectos para nuevos programas de televisión o cualquier otro espectáculo en el que pueda ser partícipe. Porque en este medio en el que me desenvuelvo, todos los días tienes que luchar como si fuera el primero de ellos, porque existe tanta competencia y son tantos los medios de comunicación en competencia, que si no estás vigente, el público que hoy te aclama y reconoce… Mañana te olvida. Es verdad que mi lucha ha sido ardua, pero no me quejo, Dios sabe que ha valido la pena.

Les comento lo anterior porque, de todos los niños que estudiamos esos tres años en la Academia de Andrés Soler, si la memoria no me falla, los

# Enrique Alonso Sabe Llegar Al Corazón de los Pequeñines

Teatro Fantástico logró otro de sus acostumbrados triunfos, la noche del domingo al escenificar la bonita leyenda de "La Dama del Mar", cuento fantástico en el que Enrique Alonso volvió a lograr la transmisión de varios mensajes para la chiquillería mexicana, mensajes que por su gran calidad humana, su ejemplaridad y efecto en el ánimo de los niños, están convirtiendo a este teleteatro en un verdadero y efectivo auxiliar de los hogares mexicanos hasta el grado de que en algunas veces ha logrado resolver problemas infantiles que los mismos padres de familia no habían podido solucionar.

La noche del domingo pasado en la escenificación del cuento a que nos estamos refiriendo, independientemente de las buenas actuaciones del elenco en general, tuvimos el gusto de darnos cuenta de que las actuaciones de la joven actriz Mary Castell van mejorando cada día que pasa. Ahora la encontramos más asentada, enterada perfectamente de la idiosincrasia de su personaje y lo que es más, muy desenvuelta y confiada. Esto desde luego nos hace ver en esta chica un buen prospecto con talento artístico y temperamento que de seguro si no se desvía, llegará al estrellato sin muchas dificultades.

El programa del domingo para Teatro Fantástico fue como se suele decir una noche "redonda". Con sorpresa vimos como, la pequeñita actriz, de 9 años de edad Antonieta de las Nieves, que de paso diremos que es discípula de don Andrés Soler, maestro de la Escuela de Arte Dramático de

la ANDA, hizo de su papel una verdadera creación, actúa como persona grande y lo admirable es que está en el momento de actuar despojada de todas las afectaciones propias de su edad, sus parlamentos le resultan de una dicción casi perfecta y su mímica, sobre todo, delata cierta madurez no común en las niñas de su edad.

En esta niña, siempre y cuando siga bajo la dirección del Sr. Soler y trabaje al lado de Enrique Alonso, que presenta temas en los cuales la niña se siente en su medio, se puede asegurar un gran prospecto artístico para el futuro.

Esta es nada menos que la pequeña estrella de la TV, Antonieta de las Nieves, que en "Teatro Fantástico", triunfa a pesar de sus escasos 9 años de edad.

Antonieta de las Nieves, derramando la sal y la gracia en la caracterización de una "Modistilla Española" con talento y todo.

únicos que seguimos trabajando somos Humberto y Elizabeth Dupeyrón, y una servidora. En aquel lejano 1956, las clases comenzaron en febrero. En la segunda semana de abril la academia recibió una agradable sorpresa: llegó a visitarnos el mayor ídolo de los niños de aquella época, nada más ni nada menos que: don Enrique Alonso *Cachirulo*, el creador de *Teatro Fantástico*, el famoso programa de cuentos que todo México esperaba los domingos a las siete de la noche, el motivo del acontecimiento era que el señor Alonso buscaba talentos para que participaran en su programa. Entre los niños que escogió estuvieron: Regina Hernández Llergo, Mimí Rubio, Ramón López Carrasco, a quien muchos años después conocimos como el profesor Memelosky del programa *Burbujas*, y otros dos chicos de quienes no recuerdo su nombre. ¡Ah! Se me olvidaba… también yo fui seleccionada.

El estelar del cuento estuvo a cargo de una jovencita, estupenda actriz, llamada María Rojo. El cuento se llamó *El pájaro azul*, yo realicé el papel de una niña que estaba en el cielo y quería ser enfermera cuando llegara a la Tierra. De esa mi primera incursión en la actuación, tengo el más claro y firme recuerdo de la fe ciega que tenía mi mamá de que yo iba a triunfar en estos menesteres. Porque según ella (*mamá cuerva al fin*) yo era la niña más inteligente, buena y linda del mundo.

Lo que les contaré ahora, es una de las vivencias más enternecedoras que recuerde de aquellos tiempos. Mi mamá Pilla era devota en grado superlativo de la Virgen de Guadalupe, así es que, con mi primer sueldo como actriz, treinta y dos pesos, mi madre hizo lo siguiente: al primer peso que estaba encima de los cinco billetes que nos dio el cajero, dos billetes de a un peso y tres billetes de a diez pesos, mamá Pilla le escribió la siguiente inscripción:

*Este peso forma parte de los treinta y dos que recibí como pago de mi primera actuación para la televisión. Debuté en el papel de* enfermera, *en la obra* El pájaro azul, *dirigida por Enrique Alonso.*

*Este mismo día actué dos veces, además de con* Cachirulo, *lo hice en el* Teatro Cucurucho, *T.V. Canal 2 a las cinco de la tarde.*

*María Antonieta de las Nieves*

*México D.F., a 29 de abril de 1956*

Los otros treinta y un pesos los llevamos a la Basílica y se los ofrecimos a la Virgen de Guadalupe, como muestra de nuestro agradecimiento por el inicio de mi carrera, y para pedirle que me diera fuerza suficiente para subir hasta la cima, y talento y humildad para mantenerme allá arriba. Acá entre nos les digo que la mera verdad es que a veces me desaliento, porque por más esfuerzo que hago, hasta la fecha todavía me falta mucho por escalar hasta la cima, pero la terca de su amiga no va a claudicar, se los aseguro.

Pero no todo fue miel sobre hojuelas, pues en el programa *Teatro Cucurucho* no me pagaron. Desde aquel día aprendí una lección: muchas veces para poder trabajar tienes que invertir mucho dinero en ropa, pelucas, accesorios, etcétera. Con sólo decirles que el poco dinero que me pagaron en muchos programas, incluyendo los de Chespirito, no me alcanzaba para cubrir lo que había gastado y por tanto terminaba poniendo de mi bolsa.

Letras más, letras menos, así fue mi comienzo en el ambiente artístico, fortuito, con grandes satisfacciones pero también con grandes desilusiones, porque comencé a darme cuenta que las mejores oportunidades en cine siempre se las daban a las *protegidas* de los productores, a las niñas rubias y bonitas, o a los hijos de las mamás que eran *muy, pero muy amables* con los directores. En la televisión había menos favoritismo, porque ahí sólo los niños que eran buenos actores, aunque no fueran bonitos, podían trabajar, ¿por qué? Porque los programas eran en vivo y debías saber perfectamente tu argumento, así que si no tenías talento, no destacabas. Así participé en varios teleteatros como: *Teatro Familiar de la Azteca*, *Teatro de los Bonos del Ahorro Nacional* y otros de los cuales no recuerdo su nombre.

Pero, cabe decirlo, lo que más me llenó de satisfacción fue llegar a los estelares con Enrique Alonso en su insuperable *Teatro Fantástico*. María Rojo ya era adolescente y yo heredé su puesto a los ocho años. Trabajé en *Caperucita roja*, *Hansel y Gretel*, *Peter Pan*, *Alicia en el país de las maravillas*, y otros muchos. Asimismo, con *Cachirulo* aprendí a trabajar en teatro, porque representamos casi todos los cuentos en el *Teatro del Bosque*, en el Bosque de Chapultepec de la Ciudad de México.

Ahora saltemos a las telenovelas. Mi incursión inicial fue teniendo una breve actuación, dos capítulos, en la primera telenovela realizada en México, la cual se llamó *Senda prohibida* y la estelarizó esa gran actriz llamada Silvia Derbez. Después trabajé en la primera telenovela que produjo *El*

Premio a la mejor actriz infantil para María Antonieta de las Nieves (a los 9 años) con Enrique Alonso.

*señor televisión*, después lo bautizaron como *El señor telenovela*, don Ernesto Alonso, se llamó *Estafa de amor*, participaron dos grandes señoras de la actuación: doña Carmen Montejo y doña Amparo Rivelles. Mi papel era de *mala*, interpretaba el rol de Carmen Montejo de niña, Enriqueta Lara realizó el papel de niña *buena*, el cual hacía de adulta Amparo Rivelles.

Les contaré una anécdota que viví en esa telenovela. Resulta que mi papel era el de una niña rica, quien entre sus múltiples ocupaciones, asistía a clases de equitación. Por supuesto, tenía que vestir traje de montar, yo no tenía idea de lo que era eso, apenas si tenía nociones de montarme en la bicicleta, es más, estaba ahorrando para comprarme una; pero cuál fue mi sorpresa que en lugar de irla a comprar, mi mamá Pilla me llevó por el *dichoso* trajecito y las botas, las cuales eran tan caras que todos mis ahorros se fueron en ellas, así que me quede sin bicicleta, pero eso sí, con el orgullo de haber participado en la primera telenovela de don Ernesto Alonso, mi primer gran maestro de actuación dramática. Por mi trabajo en *Estafa de amor*, recibí mi primer diploma de la Asociación Mexicana de Periodistas de Radio y Televisión (Ampryt), donde constaba que había participado en la terna de mejor actriz infantil.

Tiempo después, en 1961, don Ernesto Alonso realizó otra gran telenovela: *La leona*, con Amparo Rivelles (cabe mencionar que esta telenovela la han *refriteado* varias veces en la televisión, hasta parece que no hay escritores con nuevas propuestas), yo interpreté a María, la hija mala de doña Amparo, cuando era niña, ya de joven la interpretó Jacqueline Andere, ese fue el papel dramático más difícil de mi carrera.

De aquella actuación recuerdo un par de anécdotas. La primera, ya trabajábamos con apuntador electrónico (*chícharo* le decimos en la juerga actoral) el cual se instalaba en la oreja, éste contaba con un cable color carne que iba por detrás de la misma, y al llegar al cuello le colocaban tela adhesiva para que no se moviera pues iba por toda la espalda hasta la cintura, en donde había que enchufarlo en una cajita, la cual era el receptor de la señal auditiva y que era más pesada que las de ahora. Algunas actrices usaban una especie de cinturón ancho, con una bolsita, para guardar el receptor, y otras sólo un resorte, con la misma bolsita, que hacía la misma función que la del cinturón, pero ellas se lo ponían en la pierna. A una servidora, por obvias razones, el cinturón le quedaba grande. El resorte de la pierna apenas me quedaba en la cintura, pero no había forma de pasarlo por la cadera. Así las cosas, opté por atorar el aparatito en el resorte de mis *chones*. Recuerdo que el primer capítulo me lo pasé subiéndome las pantaletas, porque con el peso se me iban cayendo hasta llegar casi a media pierna, y por si fuera poco parecía que estaba llena de pulgas o piojos, porque me estuve rascando el cuello incesantemente, pues no sabía que era alérgica a la tela adhesiva y me llené de ronchas. Hoy que lo cuento me hace gracia, pero en aquel momento fue trágico, pues no se podía uno equivocar y menos cortar la escena por el más mínimo percance, aunque ya se grababan las telenovelas en kinescopio, si se hacía algún corte, se tenía que repetir el capítulo completo, desde el principio, porque no se podía editar.

La segunda anécdota sucedió con esa adorable viejecita y maestra de la actuación que fue doña Prudencia Grifell, ella hacía el papel de mi abuelita y como yo era la niña mala me la pasaba discutiendo con ella por cualquier cosa, pero más porque mi mamá no llevaba a casa el suficiente dinero para satisfacer el más mínimo de mis caprichos. Entonces, era la última escena del capítulo diario y todo se había grabado sin ningún contratiempo. doña Prudencia estaba sentada en su mecedora de abuelita, traía puesta una blusa muy floja con florecitas cafés (lo recuerdo perfectamente porque mi mamá Pilla se la había regalado), a la viejecita la gustaban las blusas anchas porque como estaba un poco *gordita* todo le apretaba, lo bueno es que nunca supo que era una blusa de maternidad de las que fabricábamos. En la escena, yo me paseaba por toda la casa furiosa, en espera de que llegara mi mamá y mientras arremetía contra mi abuelita, diciéndole:

−No defiendas a mi mamá, abuelita, ella es la culpable de que mi papá nos haya abandonado, si no fuera por ella seríamos ricos, y yo no cargaría con la vergüenza de vestir de esta manera tan horrible y de tener que estudiar en esa escuela para niños pobres.

−Hijita, eres muy dura con tu pobre madre, ella no tiene la culpa de… (Hubo una gran pausa)

doña Prudencia se quedó callada y abrió los ojos desmesuradamente, entonces me di cuenta que algo pasaba con su apuntador y dije:

−No te quedes callada abuela, dime algo.

—Es que no oigo nada. (Por supuesto ella se refería a que en verdad no escuchaba nada a través del *chícharo*, yo oía perfecto al apuntador, quien me gritaba que la ayudara). Me puse muy nerviosa porque sabía que no podíamos cortar la grabación y lo único que se me ocurrió decir fue:

—No me digas que de repente te quedaste sorda. Abuela, no oyes lo que no te conviene.

Doña Prudencia se puso pálida y me señaló con su dedo tembloroso hacia su oreja, intentó ponerse de pie, porque a veces cambiando la posición corporal o de lugar deja de existir interferencia y ya se escucha al apuntador.

Yo arremetí:

—¿Me quieres dejar hablando sola, verdad? Pues no se va a poder.

Entonces fui hacia la mecedora y fingí un pequeño conato de pelea (lo que yo buscaba era un pretexto para moverle el receptor que traía en la cintura), y entonces a gritos y tomándole la cara le dije:

—Mírame a los ojos y no te hagas la loca. (Al jalonearla le arreglé el *chícharo*).

—Ya no me jales de tan fea manera, con esos gritos que pegas como loca, hasta el más sordo vuelve a oír.

La adorada viejecita, como si nada hubiera sucedido, siguió el diálogo en donde nos habíamos quedado, cuando terminó la escena y gritaron… Corte, los técnicos comenzaron a aplaudir, puesto que todos se habían dado cuenta de lo que acababa de suceder.

A mí se me enrojeció sobremanera la cara, pero no de emoción sino de vergüenza, porque de lo nerviosa que me puse me había orinado en plena grabación, cosa que nadie detectó ni cuando se revisó la escena.

El último papel en el que interpreté a una niña, fue en la telenovela *Encadenada*, 1962, donde una vez más hice el papel infantil que después Jacqueline Andere haría de jovencita.

Mi primera oportunidad en el cine me la dio el señor José Luis Bueno (así se apellidaba y en la vida realmente le hacía honor a su apellido), la película se llamó *Pulgarcito*.

La cita para presentarse en la filmación era un lunes a las siete de la mañana, esa noche no pude dormir, tenía ocho años y estaba muy nerviosa, porque nos habían comentado que a don René Cardona, quien era el director, le gustaba la puntualidad. Así que a las cuatro treinta de la mañana me espantó el ring, ring, del despertador. Para desayunar, mi mamá me dio un vaso con chocolate, me di cuenta de que lo había preparado en la licuadora para que no detectara de que le había puesto un huevo (me chocan los huevos, pero en aquel tiempo me los hacían comer forzosamente), después me bañé y así, con el pelo húmedo, salimos a tomar el tranvía que pasaba justamente en la esquina de mi casa. Por supuesto, no teníamos coche ni dinero para pagar un taxi, fue por ello que salimos de madrugada, pues desde La Lagunilla hasta los Estudios Churubusco, en el sur de la ciudad, tardábamos mínimo una hora en trasladarnos. Todavía era de noche, el cielo estaba lleno de estrellas, mi mamá me abrazó y me cubrió con su abrigo, yo respondí a su abrazo hasta que llegó el tranvía, el cual todavía iba vacío.

Recuerdo que en el trayecto mi mamá me dijo: "mira *Nena* (hasta la fecha así me dicen todos en mi familia), todos los principios son duros y difíciles, pero con empeño, entusiasmo, dedicación, profesionalismo y sobre todo con mucho amor, lo que te propongas lo puedes lograr. Si tú realmente quieres ser actriz puedes lograrlo porque eres muy talentosa y sobre todo muy terca." Realmente mi mamá era una adivina hermosa, porque si he seguido en esta difícil carrera no es por ser tan buena actriz como ella lo pensaba, si no por terca, como ella bien lo sabía.

En *Pulgarcito*, los papeles estelares los llevaron don José Elías Moreno, doña María Elena Marqués y el niño Cesáreo Quezadas, además actuamos seis niños y siete niñas. De todos nosotros, los únicos que seguimos en el maravilloso medio artístico somos: Pablo Ferrel, conocido ahora por su famosa serie de películas *La risa en vacaciones* o *Los locos de la risa, Pedro, Paco y Pablo*, y su servidora. En la película actuaban también las hermanas Castillón, quienes eran estupendas actrices, y cantaban y bailaban magníficamente, pero no continuaron por este sendero, realmente ¡Qué lástima que se hayan perdido esas dos criaturas tan talentosas!

De aquella época recuerdo un pasaje divertido. Al terminar la película mi mamá quiso pintarme el pelo de mi color original, me rehusé argumentando que quería que mis compañeras de mi bella y paupérrima escuela primaria *Lucio Tapia*, ubicada en la calle de Peralvillo, vieran entrar a una fulgurante estrella de cine o cuando menos pensaran que una niña *gringa* les haría el honor de estudiar con ellas. Pero… ¡Oh desilusión! En cuanto entré a la escuela todas comenzaron a burlarse de mí, llamándome: *pollo loco* y *pelos de escoba*. Cuando les platiqué, el porqué de mi nuevo *look*, se siguieron burlando aún más, pues por supuesto no me creyeron de mi incursión en el mundo del cine, diciéndome: "si salieras en una película tu papel sería de una bruja pintada." ¡La venganza es dulce!, y que conste que no soy vengativa; cuando se estrenó la película todos me vieron y a partir de ese momento empecé a ser la famosa de mi querida escuela.

# Capítulo II
## El doblaje de voces

El señor Pepe Nava era delegado de la ANDA, él había vivido en la Villa de Guadalupe y conocía desde muy joven a mi mamá Pilla y a sus hermanos *Los Loros*, así los llamaban de cariño, él le comentó que en la Cinematográfica Interamericana, S.A (CINSA), la compañía de doblaje de voces más importante de América Latina, estaban solicitando una niña para *doblar* un comercial estadounidense de la sal de frutas *Eno* y, como don Pepe también era delegado en el área de doblaje, le recomendó que me llevara con el licenciado Carlos David Ortigoza, jamás me imaginé el cariño tan entrañable que le iba a tener a esa magnífica persona, a quien Dios tenga a su lado.

Cuando lo conocí yo tenía ocho años, me encantó que no me tratara como a una niña sino como a una persona adulta, así es que cuando me vio, dijo:

—¿De modo que tú eres una gran actriz?

—Sí, señor —respondí.

—Pero el doblaje es el área más difícil de la actuación, y en verdad, no creo que puedas hacerlo —comentó, muy serio.

—Pues yo creo que sí puedo, porque soy muy terca y voy a aprender —contrataqué.

María Antonieta de las Nieves a los 15 años.

Él se rio, se paró del banco donde se sentaba a dirigir, movió el micrófono hacia mí, mandó a apagar las luces y me pusieron mi primer *loop* (se pronuncia *lup* y es el tramo de película al que le agregan un trozo en blanco con tres señales en forma de círculo seguidas de una cruz, ésta es la señal para que el primer actor comience a hablar). El licenciado Ortigoza me explicó el proceso y me dijo el parlamento que me correspondía:

–Yo quiero sal de frutas *Eno.*

También me tocó el hombro, como acostumbraba para dar *la entrada* (señal para comenzar a hablar), y dije mi intervención. Se puso serio y en forma de regaño fingido me corrigió:

–Lo debes hacer más rápido dijo.

Lo repetí y él gritó:

–Jaime, se queda la toma dos. (Jaime, era el ingeniero de sonido, y después fuimos grandes amigos).

El licenciado Ortigoza dirigiéndose a mí dijo:

–Lo hiciste muy bien, te felicito, cuando aprendas a leer te daré trabajo aquí en CINSA.

–Sé leer de *corridito* y sin equivocarme –contesté autosuficientemente.

La verdad es una ventaja ser la menor de siete hermanos, pues desde los tres años, entre todos, me enseñaron el abecedario, a los cinco años ya leía y sabía sumar, así que cuando entré a la primaria (en La Lagunilla no se cursaba el kínder) cursé primero y segundo años en uno solo.

Al licenciado Ortigoza, así lo creo, le ha de haber hecho gracia ver a un *piojo* respondón como yo y me dijo:

–Mañana te voy a dar un llamado, y si lo haces bien, te doy más trabajo, ¿entendiste *piojo*?

–Pero no me llamo *piojo*, me llamo María Antonieta de las Nieves –respondí ufana.

–¿María Antonieta de las Nieves?

–Sí, señor licenciado Ortigoza.

–Pues si eres de las Nieves, como todo aquí es en inglés desde hoy serás… María Antonieta de las *ice cream soda.*

Trabaje en CINSA casi todos los días de mi infancia y adolescencia, todos los grandes directores de doblaje como: el licenciado Ortigoza, Roberto Espriú, Víctor Guajardo, Claudio Brook, Narciso Busquets, Carlos Petrel, Fernando Álvarez, Francisco Colmenero y muchos más, fueron mis grandes maestros en la actuación, y mis compañeros actores fueron mi muy querida familia.

En CINSA me tocó doblar series estadounidenses famosas como: *El show de Dick Van Dike*, en ese programa interpreté a Ritch (mi primer papel infantil como varón), él era el hijo del protagonista, ésta fue mi primera serie; después siguieron *La familia Adams*, en la cual le daba voz a Merlina, *Los Monsters*, en donde doblaba a Eddie, en *Hechizada*, interpretaba a Tabatha y en *Perdidos en el espacio* a Penny. Hice el doblaje de voz en un sin número de series además de éstas, no quiero presumir, pero la lista es larga. Como se han podido dar cuenta, todos mis doblajes eran de niñas o niños, no está por demás recordarles que en esos tiempos yo también era una niña.

Quiero mencionar dos series más: *Los Picapiedras*, en donde doble a *Peblees*, cuando realizaron la serie en donde los niños se volvieron adolescentes, también hice el doblaje de su voz. Pero mi serie favorita fue *Mis adorables sobrinos*, les platicaré por qué: en la mayoría de las series se hacían pruebas, *castings* le dicen ahora, para saber quiénes doblarían a los distintos protagonistas, y en ésta no fue la excepción. Primeramente, todas las personas que realizábamos voces de niña hicimos la prueba para doblar a *Buffy*, en ella no se decía el nombre del actor o actriz que grababa, simplemente nos colocaban un número, así es que entonces, cuando los ejecutivos de la empresa escuchaban las pruebas, nadie sabía a quién pertenecía la voz, de esta manera se evitaban los favoritismos. A mí me invistieron con el número dos. Después se realizaron las pruebas para interpretar a los adultos y al final se hicieron las que le darían voz a *Jody*, quien era un niño pecoso, pelirrojo y que en la serie original tenía una voz *finita*, como la de una niña. El licenciado Ortigoza seleccionó a siete candidatos y me preguntó si quería participar en esta prueba, a lo cual, como se deben de imaginar acepté de mil amores, sólo había un inconveniente, por fortuna de índole personal, como yo ya había interpretado, en la prueba anterior a *Buffy*, y le había dado una voz *delgadita*, opté por darle a *Jody* una voz *ronquita*, en contra de la voz original. Al escucharme cuando estaba grabando, todos mis compañeros se rieron y me preguntaron por qué lo había echo así.

−Porque la voz que tiene en la serie original no va de acuerdo con el color rojo de su pelo −contesté segura de lo que estaba diciendo.

Para esa prueba, se me identificaría con el número ocho.

Mientras todos esperábamos afuera de la sala de juntas, donde se estaba deliberando quiénes interpretarían a los distintos personajes, comencé a rezarle a la Virgen de Guadalupe, rogándole me hiciera el *milagrito* de que fuera una de las seleccionadas para algún papel.

Minutos después salió Sarita Morales y dijo:

−Al *tío Bill*, lo doblará Antonio Raxel (quien le daba voz a *Largo* en *Los locos Adams*). Al *señor French*, el mayordomo, le dará su voz Víctor Alcocer (quien también doblaba a *Herman* en *Los Monsters*), a la sobrina adolescente la doblará Silvia Garcel, a *Buffy* la interpretará quien tenga el número dos y a *Jody* quien haya hecho la grabación con el número ocho.

Todos nos envolvimos en una mirada, pues nadie sabía quién tenía cada uno de los números, obviamente sólo sabías con el que tú habías participado.

−A *Buffy* y a *Jody* los va a doblar al mismo tiempo ¡María Antonieta de los *ice cream soda*! −dijo angelicalmente Sarita.

Por supuesto grité de felicidad y mi amadísima Sarita comenzó a cantar el estribillo "¡Ya lo sabía! ¡Ya lo sabía!", de aquella canción que estaba de moda en esos tiempos: *El telegrama*. Pero la historia no termina aquí. Llevábamos algo así como cuatro capítulos grabados de *Mis adorables sobrinos*, cuando los ejecutivos de la serie vinieron a visitarnos a la sala de doblaje, en ese preciso momento estaba realizando un *loop* bastante difícil, en el cual *Buffy* y *Jody*, llevaban a cabo el diálogo de una pelea y hablaban arrebatándose las palabras. Creo, modestia aparte, que me lucí, se quedó la toma tres. Al poco rato se salieron de la sala los ejecutivos, los acompañaba el licenciado Ortigoza, tiempo después regresó él solo, lo noté algo molesto y durante toda la grabación tuve un mal presentimiento. Cuando terminamos de grabar el capítulo me llamó a su oficina, con mortificación me comentó que los ejecutivos no sabían que una misma actriz hacía los dos papeles y esto no les parecía adecuado. Así que no sólo no los impresioné, si no que comentaron que la voz del niño no iba de acuerdo con la de la serie original y no querían que una sola persona interpretara dos papeles. Lloré muchísimo, fue mi más grande desilusión en el mundo del doblaje, porque toda la gente me decía que la voz de *Jody* era genial. Al día siguiente volvieron a llevarse a cabo las pruebas para encontrarle voz a *Jody*, una vez que terminaron de grabar los aspirantes, el licenciado Ortigoza, al verme triste, me dijo que si quería volver a intentarlo, y pues la terca de mí lo hizo, pero ahora con una voz lo más parecida a la original, una vez más el número ocho me representaba. Al otro día, el licenciado Ortigoza me llamó nuevamente a su oficina, iba temblando de nervios, presentía que me daría una mala noticia y lo hacía en su oficina para que los demás no se enteraran. Estaba sentado, serio, muy serio y dijo:

—Siéntate *Piojo*, no vas a creer lo que sucedió anoche. Los ejecutivos vieron las pruebas y comentaron que les gustaban mucho todas, pero reconocían que una de ellas sobresalía de las demás y era la que interpretaba la persona con el número ocho, porque se notaba a leguas que la realizaba un niño, eso demostraba, continuaron, que no había necesidad de que una sola persona realizara dos papeles a la vez. Cuando les dije el nombre del supuesto niño, los ejecutivos se miraron entre sí y concluyeron que, si de todas maneras a *Jody* le iba a dar vida con su voz María Antonieta de las Nieves, entonces que se quedara con la voz *ronquita* original, pues les parecía muy graciosa.

Desde entonces mis números de la suerte son el ocho y el dos. La voz de *Jody* se hizo clásica y la repetí años después cuando le puse voz al *Osito Bimbo*. En muchas ocasiones todavía escucho a mis compañeros de doblaje tratar de imitar la voz *ronquita* de *Jody*, y la verdad es que lo hacen excelente y me siento orgullosa porque: ¡Fui la primera en llevar ese tipo de voz al doblaje!

Cuando llegué a la adolescencia, mi trabajo se volvió aún más interesante, porque me tocaba doblar la voz de la mayoría de las jóvenes en papeles bastante dramáticos y, por lo mismo, difíciles... En un mismo día podía interpretar a una joven drogadicta o a una monja, a una ardilla de caricaturas o a *Batichica* en *Batman*. La verdad es que me sentía completamente realizada como actriz, aunque nadie *externo* reconociera mi trabajo, pero lo hacían mis compañeros de trabajo, quienes me echaban muchas porras. Desgraciadamente a la mayoría de los actores de doblaje de voces nadie nos conoce, pero muchas veces somos mejores que los que actúan en cine o en televisión. Mi respeto y admiración para todos ellos.

Para mí, el doblaje de voces fue una gran escuela y un desahogo para mi maltrecho ego como actriz de cine, les platicaré porqué. En largometrajes le di mi voz a Judy Garland en *El mago de Oz*, a Shirley Temple en muchas de sus películas cuando era niña, la que más tengo en la memoria es *La pequeña generala*, a Elizabeth Taylor en *Mujercitas*, a Taryn Power en *María*, a Pily y Mily, al mismo tiempo, en *Un novio para dos hermanas*, y a Nino del Arco en *El niño y el muro*, ésta fue una de las películas más tiernas que he visto en mi vida. Sé que no les he dicho que soy ególatra, pues para que les quede claro que no lo soy aunque lo parezca, les comento que en esa película mi gran amiga, compañera y estupenda actriz de doblaje Rocío Garcel, le dio vida a Marta, la niña amiguita de Nino del Arco, poniéndole la voz más linda y tierna que jamás ha habido en la historia del doblaje. Cabe mencionar que cuando doblamos esa película, mi amiga y yo teníamos dieciseis años y los niños a quienes les prestamos nuestra voz… cinco.

Probablemente no sea lo más ortodoxo, cuando uno escribe sus memorias, hacer elipsis, pero si en el cine se vale, pues en mi escrito también se valdrá. Hecha esta aclaración, me regresaré a mi infancia. La verdad, fui una niña feliz, con carencias económicas, aunque nunca me di cuenta que las teníamos, es más, pensaba que éramos ricos porque vivíamos mejor que todos los demás de la vecindad. Fuimos los primeros en tener televisión. Comíamos estupendamente bien, porque mi papá Tanis decía que para eso trabajábamos, para que nunca faltara nada en la mesa. Recuerdo que los domingos, cuando no se abrían las tiendas de mi familia, mi mamá, mis dos hermanos mayores y yo, nos íbamos a comprar el mandado de la semana al mercado de verduras de La Lagunilla. Ya de regreso mi mamá iba en medio de mis dos hermanos, los tres, cargando sendas bolsas de mecate de colores hermosos, bastante grandes y llenas de carne de res y de puerco, pollo, pescado, hígado, corazón (¡guácala!), muchas y distintas verduras y frutas, yo sólo les ayudaba comiéndome mi fruta favorita: la guayaba.

También los domingos mi papá guisaba y, cabe mencionarlo, lo hacía excelentemente, mientras mi mamá y demás hermanos lavaban, en la lavadora, ropa que se había acumulado de toda la semana, obvio era que salía un *titipuchal*, imagínense, siete hijos, papá y mamá, porque todos nos cambiábamos la ropa diariamente, además de toallas, sábanas, manteles, etcétera. La *planchada* era otro *circo*... Recuerdo que era tanta la ropa, que mi mamá se ayudaba de una planchadora de rodillo. En casa no había discriminación alguna, a todos por igual nos tocaba cooperar con los quehaceres, algunas veces a mis hermanos varones les tocaba poner la mesa y lavar los platos, o barrer y planchar.

Cocinar siempre fue exclusivo de mi mamá, exceptuando aquellos domingos en que lo hacía papá, pero a mamá le enfadaba un poco que él lo hiciera, pues decía que guisaba sabroso, pero que a cambio dejaba la cocina verdaderamente sucia.

Cuando digo que teníamos carencias, me refiero a que no teníamos lujos, o sea auto, el cual ni necesitábamos, pues nuestras tiendas se ubicaban a pocas calles de la casa, y siempre íbamos y veníamos caminando todos juntos. No comprábamos ropa en los grandes almacenes, los pantalones de mis hermanos los fabricaban amigos de ellos y se los daban al costo; las camisas, mi mamá se las hacía, muchas veces de la tela que sobraba de la ropa de maternidad. Recuerdo que para ahorrar, también les hacía calzoncillos boxers de tela floreada o con bolitas o figuritas. Claro, de la retacería, mi mamá se sorprendía cuando lavaba, porque de repente aparecían calzoncillos y camisetas blancas. Al preguntarles a mis hermanos a qué se debía eso, ellos muy ufanos contestaban:

—Nuestros amigos se pelean por tenerlos, entonces nos los cambian, pues les llama mucho la atención traer algo único y diferente.

Mi mamá nunca se molestó por ello, es más, pienso que se sentía halagada de sus creaciones, porque en aquella época la ropa interior de hombre era muy aburrida, sólo se usaba de color blanco y era seria y lisa.

Doña Pilla era genial, le apodábamos *Henry Ford*, porque hacía de todo, y tenía tanta fuerza, inventiva y voluntad, igual o mayor a la de cualquier hombre. Cuando mis padres emigraron de Santiago Ixcuintla, Nayarit, a la Ciudad de México, mi mamá fue la de la iniciativa de instalar una tienda, ella se encargó de la decoración de los locales, con sus propias manos construyó los tapancos, compró grandes vigas de madera, hizo los hoyos en las paredes y allí las colocó, después compró tablones y colocó el piso.

Asimismo, armó las escaleras, tipo camarote de marinero, y las colocaba pegadas a la pared, de esa manera mis hermanos llegaban a sus tapancos, por supuesto que mi papá y hermanos mayores le ayudaban, pero ella llevaba la *voz cantante*.

Aprendió a cortar tela y a coser en máquina, así fue como confeccionó la ropa de maternidad y todas las prendas que se le ocurrieron, enseñó a la familia a hacerlo, pidió un crédito para echar a andar el negocio y jamás dejó de pagar ni un centavo. Ella manejaba las finanzas del negocio, mi papá y hermanos tenían un sueldo escaso; para ella, durante muchos años, sólo se compró lo indispensable.

Cuando nací, los tiempos difíciles habían pasado. Al cumplir diez años, mis papás decidieron que nos cambiáramos de casa, argumentando que de esa manera las dos mujeres pequeñas nos desenvolveríamos en un ambiente mejor. El cambio fue extremo, porque por la casa que habitábamos en la vecindad se pagaban cincuenta pesos, y por el departamento a donde nos iríamos a vivir, en la calle de Fútbol 233-4 en la colonia Country Club, pagaríamos la estratosférica cantidad de cuatrocientos cincuenta pesos, era un edificio con cuatro departamentos, también, vale decirlo, nos cambiamos a aquella zona de la ciudad, porque de esa manera estaríamos a pocas calles de los Estudios Churubusco, a donde iba a buscar trabajo cada semana.

Nunca he llevado una vida acorde con mi edad, aunque debo reconocer que he tenido una vida interesante al máximo. De niña me la pasé entre las tiendas de la familia y trabajando en cine, teatro (en el Palacio de Bellas Artes, en donde participé en las temporadas de dos grandes puestas en escena: *El rubí maravilloso* y *La fortuna de Saladino*), televisión, doblaje y en radio como locutora, actriz de radio novelas en XEW y en Radio Programas de México. En mis ratos libres me la pasé de hospital en hospital. Sí, leyeron bien, estuve en cualquier cantidad de hospitales, ¿por qué? Porque mi hermana Pillita era demasiado obesa, desde pequeña comenzó con tratamientos médicos bastante costosos y algunas veces también dolorosos. Así que la mayoría de las ganancias de las tiendas y mi sueldo servían para pagar a los médicos y comprar los medicamentos para mi hermana.

En alguna ocasión, mamá Pilla me contó que cuando Pillita tenía seis años, los médicos les comentaron a ella y a papá Tanis, que si no encontraban qué enfermedad padecía y la cual le provocaba la obesidad, sería imposible que llegará a vivir más de veinte años. Desde ese día mi mamá no volvió a dormir tranquila. Cuando mi hermana roncaba, mamá corría a verla porque pensaba que se estaba ahogando y cuando no lo hacía iba a verla pensando lo peor. Yo me daba cuenta de todo lo que sucedía porque dormía en la misma recámara con Pillita. Mi mamá también fue una mujer enfermiza, pero nunca se quejaba. Desde niña tuvo asma, artritis reumática, flebitis, herpes soster, y, por supuesto, tenía alterado el sistema nervioso, varias veces estuvo también internada en un sinfín de hospitales y recuerdo que en distintas ocasiones los sacerdotes le dieron los santos óleos.

Cuando iba a hacer mi Primera Comunión, me prepararon las monjas del Hospital de Nutrición, porque Pillita estaba internada ahí y quise recibir la eucaristía en la capilla del hospital para que mi hermana pudiera asistir. Por supuesto, no hubo festejo de ninguna índole. Junto conmigo, también la hija de la sirvienta, quien ayudaba a las monjas, recibió su primera ostia, ellas nos hicieron un desayuno modesto y los vestidos para la ceremonia fueron iguales y los confeccionó mi mamá Pilla.

No recuerdo que de niña haya sido demasiado traviesa, creo que no me comportaba como la mayoría de niños de mi edad, porque no tuve tiempo ni amigas. Mis amigas eran mi mamá y Pillita. Tampoco recuerdo que en alguna ocasión me hayan celebrado mi fiesta de cumpleaños, por dos razones, la primera porque nací en una fecha cercana a Navidad, y segunda, en esos días los comerciantes estaban llenos de trabajo y mis padres y hermanos no se daban abasto en las tiendas.

La ilusión de la llegada de los Reyes Magos también la perdí desde muy pequeña (en aquellos ayeres, en México no se acostumbraba pedirle regalos a Santa Claus), porque en ese tiempo vendíamos juguetes y fabricábamos muñecos de peluche rellenos de aserrín y la noche de reyes no cerrábamos las tiendas, así que me di cuenta de quién llevaba los juguetes a las casas de los niños. La verdad eso nunca me importó porque mis papás se adoraban y me lo transmitían de tal manera, que crecí con mucho amor.

Recuerdo que cuando cumplí doce años papá Tanis me regaló una bicicleta, y todos los domingos después de ir a misa de once de la mañana en la iglesia de San Mateo, en el barrio del mismo nombre, sí, esa que se encuentra sobre Héroes del 47, mi hermana y yo nos íbamos al parque La Pagoda China, que se ubicaba a tres calles de mi casa en la Country Club, y mientras yo subía y bajaba como meteoro las pequeñas colinas y corría a toda velocidad por los caminos de tierra del parque, Pillita se sentaba en una banca a comer chocolates y leer cuentos. Fue en esa época cuando me empezaron a gustar los muchachos, recuerdo bien a mi vecino Paco, hermano de Martita y Nanette, quienes vivían en una casa hermosa frente a nuestro departamento. También recuerdo al guapísimo de Servando, hermano de mis amigas Alicia y Rosy, hijos de Servando González, el productor de la película *Viento negro*, ellos también vivían en la misma calle que nosotros. Me viene a la memoria Miguel, un chico que años después lo rencontré haciendo un pequeño papel en una película mía. Por supuesto, ellos nunca se enteraron que me gustaban. Además, al poco tiempo de eso nos cambiamos a ¡una casa sola!, la cual se ubicaba en Calzada de Tlalpan, la renta se elevó a ochocientos pesos, para mí y para todos nosotros era un mundo de dinero, pero mis padres siempre quisieron lo mejor para sus hijos.

Ya viviendo en esa casa fue cuando Pillita se enamoró por vez primera. El culpable fue nuestro vecino: un joven estudiante que vivía en la azotea de la casa de sus tías. Un día llegó a casa una carta de él, mi hermana y yo nos pusimos felices, al leerla nos dimos cuenta que al chico quien le gustaba era yo. Fue la primera vez que sentí rabia, al pensar que mi hermana sufría por culpa mía. Yo la adoraba, éramos inseparables, siempre me acompañaba a donde yo tuviera que ir. Desde ese momento decidí que jamás me fijaría en ningún muchacho que le gustara a mi hermana. Pillita tenía una cara linda y un corazón aún más hermoso. Era de carácter alegre, pero no era cariñosa, creo que le daba temor expresar sus sentimientos, en cambio yo siempre he sido *súperarchirrecontra* melosa, realmente exagero. Mi vida en esos tiempos siguió igual, de mi casa al trabajo y de allí de vuelta al hogar. Cumplía con los quehaceres domésticos que me correspondían, íbamos al cine, algunas veces tomamos vacaciones para ir a Acapulco y una que otra vez a Ixtapan de la Sal.

# Capítulo IV

## Mis quince años

Cuando cumplí quince años cambió radicalmente mi vida. Antes fui una chica sin más compromisos que ser una buena hija obediente y ayudar económicamente a mi familia, todo mi sueldo se lo entregaba a mi mamá. Jamás me gastaba lo que ganaba, y para mi edad percibía más dinero que cualquier actor adulto.

Por supuesto que doña Pilla era la encargada de organizar el presupuesto familiar, para aquellos entonces ya sólo quedábamos solteros, José Luis, Pillita y yo. Mamá nos daba nuestra mesada a los tres por igual, no importando de dónde provenía el dinero (mi sueldo y las tiendas). Fue en ese tiempo cuando compramos nuestra primera casa propia allá en la colonia Prado Vallejo, yo deseaba vivir en Lindavista, pero eso era imposible pues esa colonia era una de las denominadas residenciales y nuestro presupuesto no daba para tanto.

Nuestra casa era muy linda, contaba con tres recámaras, sala, comedor, cocina y ¡tres baños! Para nosotros eso era un verdadero lujo, pues siempre habíamos vivido en lugares con uno solo. Recuerdo que el enganche dado para esa casa fue de ¡Catorce mil pesos! Y pagábamos mensualidades exorbitantes de mil cuatrocientos cincuenta pesos. Además, en esa época también compramos una camioneta Datsun, verde metálico, y recuerdo que cuando fuimos a recogerla a la agencia nos sentíamos ricos. Imagínense, para una familia que apenas unos años antes todavía vivía en La Lagunilla, ir obteniendo esos logros materiales nos hacía sentir en algo satisfechos. Pues como siempre he pensado el dinero no lo es todo.

Por fortuna, mis padres eran de la idea de no realizar la fiesta tradicional para celebrar los quince años, ellos pensaban y pensaban bien, que era un absurdo gastar tanto dinero en algo tan efímero. Mi regalo fue un precioso reloj *Enicar*, con chapa de oro y un viaje a Santiago Ixcuintla (les recuerdo que era el terruño adorado de mis padres). Estando allá, toda la familia se desvivió por atendernos, a mi hermano José Luis y a mí, especialmente mis tíos Raúl y Arcelia Rodríguez, personas bondadosas e importantes en el estado de Nayarit. En ese viaje conocimos y reconocimos a toda la bola de primos y demás familiares que teníamos por aquellos lares.

Va una confesión, lo que más me gusto del viaje fue… Mi primo Mario, fuimos novios cuatro días en vivo y a todo color, y tres meses por carta. Allá no perdimos el tiempo, recuerdo con nostalgia que él fue el primer hombre que me besó, aunque para ser sinceros, ese primer beso no me gustó, aunque a fuerza de repetirlo le fui encontrando el gusto. Cuando regresamos del viaje les contamos a mis padres todo lo relacionado con el mismo. Fue cuestión de llegar al punto de mi noviazgo, para que don Tanis pusiera el grito en el cielo:

−¿Te enamoraste de tu primo? ¡Es el colmo! ¡Qué acaso no hay otros hombres en el mundo! ¡Para pendejadas en la familia con lo que hicimos tu mamá y yo es suficiente!

Mis padres eran primos hermanos y cuando se casaron, obviamente toda la familia se puso en su contra, pero a pesar de los malos augurios, todos los hijos nacimos cerca de la *normalidad* de cualquier otro ser humano, sin ninguna tara. Pero lo mejor de todo fue que mis papás siempre vivieron enamorados y felices durante toda su vida, sí, aunque no lo crean, así como sucede en los cuentos.

Como dije anteriormente, al cumplir quince años comencé a vivir lo mejor y lo peor de mi juventud. Como tantas otras veces mi mamá estaba en el hospital gravísima, a tal grado, que llevaron a un sacerdote para que le diera los santos óleos, esperábamos el peor de los desenlaces. En aquel entonces cada quien teníamos una responsabilidad especial, mi hermana Pillita se quedaba en casa a cuidar de mi mamá, papá Tanis y José Luis, se iban a la tienda, ya sólo existía *Casa Tanis*, y las ventas iban de mal en peor, yo me iba a Cinsa a ganar el dinero que tanta falta nos hacía.

Una mañana de aquellos ayeres mi hermana Pillita se sintió agripada, los labios comenzaron a amoratársele. Mi mamá en un momento de lucidez, dentro de su gravedad, percibió que Pillita se sentía fatal, le pidió a mi papá que ese día no abrieran la tienda y que llevaran a mi hermana al médico, los deseos de doña Pilla eran órdenes, así que don Tanis se quedó cuidándola, José Luis llevó a Pillita al hospital y yo me fui a trabajar. Durante todo el día estuve hablando por teléfono a mi casa y nadie respondía, me quería morir sólo de pensar que algo grave le sucediera a mi mamá. Seguí trabajando, alrededor de las seis de la tarde se presentó en CINSA el mayor de mis hermanos: Raúl, al verlo sentí que me hundía en un profundísimo agujero negro. Me rodeó cariñosamente por los hombros, me sorprendí porque él nunca había tenido una muestra de afecto hacia conmigo, y nos dirigimos a mi automóvil (mi primer auto fue un Datsun negro, modelo 1965). Llegamos. Al abrir la puerta y ver a mi mamá sentada en uno de los sillones de la sala, corrí hasta ella y la abracé con mucha fuerza. Acto seguido, volví la vista hacia Raúl y corrí a enfrentarlo con furia inaudita, diciéndole:

—¡No tienes ningún derecho a asustarme de esa manera!

Lo que me contestó, me dejó doblemente impactada.

—A Pillita le quedan pocas horas de vida —dijo y me miró infinitamente.

La sentencia de los doctores se había cumplido. Mi hermana no llegó a disfrutar la vida ni veinte años. Clínicamente una gripe se la llevó, pues se le congestionaron los pulmones y su corazón graso no resistió. En paz descanse un bellísimo ser humano, hermoso por dentro y por fuera. La muerte de Pillita fue uno de los más terribles golpes que me haya dado la vida, me rebelé contra Dios, grité, lloré… Y maduré.

Si les dijera que eché de menos a mi hermana, les mentiría… No tuve tiempo de hacerlo. Mi mamá se quedó en un estado, por decirlo de alguna manera, vegetativo. La muerte de mi hermana había sido tan demoledora, que creo se hubiera querido morir junto con ella, en el mismo instante que Dios se llevó a Pillita. Pero el cuerpo de mamá resistió, recuerdo que si estaba sentada se dormía con los ojos abiertos, no hablaba, sólo salía de su garganta uno sonido monótono y constante. Cuando la cambiábamos de posición para que no le fueran a salir llagas en las distintas partes de su cuerpo, se quedaba con la espalda totalmente recta y con los brazos recargados en invisibles descansabrazos, y así permanecía, inmutable, con los ojos bien abiertos, sin darse cuenta de la tragedia que se suscitaba a su alrededor.

Mi pobre padre lloraba a todas horas, creo que debido a eso le vino una diabetes emocional, diariamente se debía inyectar insulina. Mi hermano José Luis, que era tan buena persona, pero con tan poco carácter, se iba y regresaba de trabajar en la tienda con los ojos rojos de tanto llorar, y lo peor de todo era que las ventas iban de mal en peor, y además con la angustia que lo envolvía no ponía la suficiente atención que se requería en el negocio.

Yo trataba de ser ama de casa, enfermera y paño de lágrimas de mis dos hombres, afortunadamente tenía una chica que me ayudaba con los quehaceres de la casa. Gracias a Dios y al licenciado Ortigoza, en aquel tiempo tuve más trabajo que nunca. Hubo veces que en un solo día tuve hasta siete llamados, no sólo en CINSA, sino también en Oruga o en Candiani, o en otras compañías de doblaje de aquella época.

Así pasaron, aproximadamente, ocho largos meses. De todo lo sucedido en aquellos entonces no recuerdo a mis demás hermanos, Raúl, Edmundo, Sergio y Olga Elena, me imagino que debieron de ayudar en algo a paliar la tragedia por la que pasamos. Lo que sí tengo muy claro y lo puedo asegurar, es que el único sostén económico de mi casa fui yo. ¡Yo, una chamaca con sólo quince años!

La mayoría de las veces mi hermano José Luis llevaba a mamá a sus citas médicas, en otras ocasiones era yo la encargada de hacerlo, entonces pedía permiso en el trabajo y la odisea comenzaba desde subirla al automóvil, aunque caminaba y obedecía órdenes tales como: levántate, acuéstate, súbete al coche, era lenta su reacción, era difícil que ella hiciera todo lo que se le pedía como uno quisiera.

Uno de aquellos días que la llevé al psiquiatra, el doctor me había comentado que en la terapia él le había dicho a mamá Pilla que debía de sobreponerse a los infortunios, que tenía que vivir porque contaba con un esposo maravilloso y una hija que todavía era pequeña y que la necesitaba mucho, para sorpresa del médico mi mamá derramó una lágrima, al ver esa escena él pensó que era un buen augurio… ¡Y por fortuna sí lo fue!

Veníamos sobre la Avenida de los Insurgentes Sur, a la altura del teatro de Los Insurgentes, en la esquina me tocó el alto, detuve el automóvil y en ese preciso momento la vida me cambió. Sentí la mano de mi madre apoyarse sobre la mía, volteé, incrédula y sorprendida, a verla y escuché:

–*Nena*, ¿qué hacemos tú y yo en este auto? ¡Y en plena Avenida Insurgentes! –dijo mi madre, quien había permanecido sin habla más de doscientos cuarenta días.

Sentí que un sudor frío me recorrió desde la nuca hasta donde termina la columna vertebral, fue un impacto doloroso pero uno de los más hermosos que recuerdo. Me comenzó a temblar todo el cuerpo.

–Niña, contrólate, y maneja como Dios manda. Arranca, no escuchas que todos los demás automovilistas te están tocando el claxon, –concluyó mi madre, y sus palabras se me hicieron mágicas.

Como pude metí la velocidad, di la vuelta a la derecha en la primera calle en que pude hacerlo y me estacioné. Lo que no había llorado en esos angustiantes ocho meses, lo lloré en esa hora en la cual le estuve contando a mi mamá Pilla todo lo que nos había acontecido.

Al principio le costó mucho trabajo comprender la tragedia por la que habíamos pasado, pero poco a poco fue reaccionando, hasta volver a ser la mujer fuerte, de empuje y determinada que todos habíamos conocido, y entonces yo, volví a ser, lo que siempre había sido… La niña consentida de mamá.

# Capítulo V

## Mi feliz adolescencia

Las primeras fiestas a las que asistí (por supuesto acompañada de mi hermano José Luis), fueron las organizadas en la colonia Prado Vallejo. Ahí conocí a la única amiga que tuve en esa etapa de mi vida: Myriam Estrella. Ella se acaba de recibir como maestra de primaria, aunque era mayor de edad que yo, éramos iguales de ingenuas, inocentes, alegres, responsables, trabajadoras, en fin… *Chicas fresas*, término que se comenzó a acuñar en aquellos tiempos para denominar a las personas que representaban los calificativos antes mencionados. A las dos nos traían *cortitas* en nuestras casas, cumpliendo irrestrictamente con todo lo que nos encomendaban nuestras tradicionales familias.

Todos los sábados se organizaban fiestas en cada una de las casas de los jóvenes que vivíamos en esa colonia, la cual, cabe decir, era relativamente nueva en la zona norte de la Ciudad de México, de hecho, pertenece al municipio de Tlanepantla de Baz, en el Estado de México, a ella habíamos llegado, de distintos rumbos de la ciudad, un gran número de familias para habitarla; a mí me llamaba mucho la atención que la colonia fuera tan pequeña y que sus calles tuvieran nombres de islas, recuerdo que la última hacia el Norte se llamaba Islas Revillagigedo, el boulevard

principal era Isla de Guadalupe, hacia el Oriente estaba la Calzada Vallejo, al Poniente, la frontera con la otra colonia, era la Isla de San Juan
de Ulúa. Por donde caminábamos y andábamos en bicicleta eran calles
amplias y limpias, además llenas de árboles. Muy distinta a los tiempos
de hoy. En aquellas fiestas bailábamos *rock and roll* al compás de la música
emanada de los inolvidables *Longplays (LP's)* de acetato. Tomábamos únicamente refrescos, entre todos cooperábamos llevando sándwiches, eso sí,
no faltaban los muchachos que querían presumir que ya fumaban, ellos y
ellas, se salían a la calle a esconderse para poderlo hacer, de esa manera
no los veía la dueña de la casa, quien siempre estaba al pendiente de que
los chicos nos portáramos como *Dios manda*. Cuando los hermanos de
Myriam o mi hermano José Luis no nos podían acompañar, entonces iba
con nosotros mi mamá, y mi viejecita aguantaba hasta que terminaba la
fiesta, a veces pasada la media noche.

Después de la muerte de Pillita, mis papás se dedicaron en cuerpo y
alma a consentirme. ¿Quería yo ropa nueva?, mi mamá me la hacía igual
o mejor de linda que la que aparecía en las revistas de modas, y por supuesto, mucho más barata. Uno de los tantos recuerdos gratos que tengo,
en cuestión de ropa, es el siguiente: desde que tenía tres años me paraba
junto a la máquina de coser de mi mamá, y mientras ella, afanosa, cor-
taba, cosía, medía y volvía a coser, yo sólo esperaba que me terminara el
vestido o pantalón que me había gustado dos horas antes y quería tenerlo,
como se podrán imaginar, estrenaba ropa cada semana. Y en mi adolescencia no fue la excepción.

A pesar de mi corta estatura (148 centímetros), creo que contaba con
un físico agradable, claro sin llegar a ser una belleza. Pero a los 17 años ya
había cometido –para variar, por terca– dos grandes errores. El primero,
haberme operado la nariz a los 14 años. Tenía la nariz recta, pero grande,
según yo (perfecta según mi mamá), y desviada hacia la derecha, no sé si
sea cierto, pero dicen que se desvió porque de niña me chupaba el dedo
gordo de la mano derecha y con el dedo índice me jalaba la nariz para el
mismo lado, al mismo tiempo con el índice de la mano izquierda le hacía
nudos al pelo de mi cabeza o al de quien estuviera junto a mí. Era yo un
dechado de virtudes para dormir. La maña de chuparme el dedo terminó
a los ocho años, pero la del pelo continua hasta el día de hoy, así que ya

saben, si quieren dormir a mi lado posiblemente despierten con *rastras* o sin pelo.

Pero vuelvo a mis errores, que quede constancia de que por vez primera voy a confesar mis cirugías –bueno, a mi edad es mejor que las confiese, no vayan a pensar que soy bruja. La operación de la nariz me la realizó el doctor Río, él me advirtió de la posibilidad de volverme a operar, porque la nariz sigue creciendo hasta los 18 años. Como no teníamos suficiente dinero para la dichosa operación, le hice la *llorona* al doctor y nos rebajó la operación a mitad de precio, pero con la condición de que me operaría en su consultorio, no en un hospital, y además sería con anestesia local no general. Realmente, ahora que lo pienso, me extraña que el doctor haya sido tan poco profesional de haber aceptado operarme y además sin hacerme ni un solo examen preoperatorio, pues era un gran médico de fama reconocida. También me extraña que mis papás hayan aceptado, sin chistar, que me operara antes de cumplir 18 años. ¿Es de extrañar, María Antonieta de las Nieves, que haya sucedido así? Realmente… No, mi terquedad convence al más santo, así que, desde estas páginas exculpo a todos los participantes de aquel episodio de mi vida.

Aunque lo que si no le perdono al doctor fue el día de la operación. Resulta que como ésta se realizó con anestesia local, fue traumático escuchar cómo con cincel y martillo te rompen los huesos de la nariz. Pero peor fue oír todo lo que decían el doctor y su asistente, al principio hablaron de un viaje donde se habían *ligado a unas gordas*, y después dijeron lo siguiente, en un tono de voz que hasta la fecha no olvido:

–Esta niña está sangrando demasiado, lo más probable es que vaya a necesitar una transfusión.

–Pero doctor Río, no sabemos su tipo de sangre, pues no le hicimos ningún tipo de examen.

–No importa si se desmaya la revivimos.

Todos en el consultorio comenzaron a reírse con semejante broma, pero yo era el motivo de la misma, les prometo que quería morirme y en ese momento sí me arrepentí de mi terquedad.

Por fortuna la operación fue un éxito, en eso sí no hubo ningún tipo de broma. Aunque al principio parecía monstruo, en aquellos entonces, después de operarte la nariz, eso era habitual, después quedé bastante bien y se me olvidó el dolor por el que había pasado. Para mí, las operaciones de cirugía plástica son como los partos, cuando las estás viviendo dices que nunca más lo volverás a hacer, pero cuando vez el *producto*, se te olvida todo y vuelves a caer.

Espero se estén preguntando cuál fue el segundo error. Vamos a develarlo. Yo no me conformaba con ser actriz anónima, a los 12 años dejé de hacer televisión infantil porque no era niña ni adulta, ahora me quería preparar para ser dama joven en telenovelas y mi sueño era hacer papeles dramáticos, porque la comedia no me gustaba, yo jamás sería… ¡Cómica! ¿Lo pueden creer?

Por aquellos ayeres todas las damas jóvenes eran altas, *buenonas*, tenían nariz de resbaladilla. Como mi gran ilusión era ser alta, me realizaron varios estudios óseos, ¡oh decepción!, los resultados dijeron que me olvidara de crecer, pero alguien por ahí comentó que en España estaban haciendo injertos de hueso, cortaban arriba de las rodillas y colocaban dichos injertos, ¡gracias a Dios no tuve dinero! Si no ahora, tal vez mediría 15 centímetros más, pero parecería zancudo en zancos.

Sí, atinaron, el siguiente error tuvo que ver con mis piernas. Como ya les comenté mi físico era adecuado para la moda de aquel entonces y aunque era más delgada de lo que los parámetros permitían, estaba *ad hoc* con los caprichos de la moda. Pero siempre encontraba un pero, no me gustaba tener busto grande, para mi complexión usaba brassiere 34 B. Mi cadera, pensaba yo, era ancha con relación a mi cinturita, pero a la mayoría de los hombres les gustaban las mujeres *llenitas* y con muchas curvas. Pero, el pero mayor eran mis piernas, eran delgadas y se deberían tener torneadas para poder lucir las minifaldas, y pues qué se imaginan, acertaron… ¡Me las inyecté! Me dijeron que había sido un silicón maravilloso, vaya a saber si fue cierto. Fue el peor error de mi vida, pero lo supe hasta veinte años después.

Por fortuna, sólo me inyectaron dos veces en cada pantorrilla, resulta que cuando me estaban poniendo la tercera tanda de inyecciones, en el interior del muslo sentí un gran dolor, el cual me paralizó, con mucha dificultad traté de levantarme de la camilla pero ya no pude caminar, mi mamá y mi hermano José Luis me llevaron al hospital, me revisaron y durante algún tiempo me estuvieron tratando las piernas con una pequeña lámpara de rayos infrarrojos, la inflamación y el dolor fueron cediendo. El doctor me regañó y advirtió que de volver a cometer una tontería de esa magnitud, lo podía pagar con mi vida.

Le doy gracias a Dios de haber tenido el busto grande de acuerdo con mi complexión física, porque reitero: soy tan, pero tan terca, que en lugar de haberme inyectado las piernas con toda seguridad lo hubiera hecho con mis *bubis*, y tal vez me hubiera pasado lo mismo que a Elvira Quintana. Sin temor a equivocarme, la mayoría de las actrices de aquella época nos inyectamos algo, ¿quieren saber nombres? Pues se quedarán con las ganas, a mis compañeras de trabajo no las *quemaré* nunca.

Jamás pensé que hubiera podido hablar abiertamente de éste, en particular, pasaje de mi vida privada. Es más, les podría asegurar que si alguien me lo hubiera preguntado, lo habría negado rotundamente. Si ahora lo hago, es con la única finalidad de que las mujeres nos demos cuenta de los graves riesgos que entraña inyectarnos productos extraños y de dudosa procedencia.

Pero volvamos a mi vida en la actuación, como les he venido contando, en aquella época sólo hacía doblaje y comerciales, y aunque económicamente me iba bien me sentía frustrada, quería que el público me reconociera. Por fin llegó esa tan esperada oportunidad, me invitaron a trabajar en una obra de teatro para adultos: *La pecadora*, con Nadia Haro Oliva y Alejandro Ciangherotti (padre). Además del trabajo, tuve la enorme satisfacción de que la invitación a realizarlo me la hiciera un hombre a quien admiré mucho, el Mayor, que después fue Teniente Coronel, Antonio Haro Oliva, él fue mi maestro de esgrima cuando era yo una niña.

La obra se desarrollaba en un prostíbulo, la dama más guapa pero más terrible la interpretaba doña Nadia, Alejandro Ciangherotti, hacía el papel de sacerdote, quien tenía el deber de tratar de redimir a las mujeres *non santas*. ¿Se pueden imaginar cuál papel desempeñé? ¿El de una prostituta? ¡No! Hice el de una niña jorobada quien les vendía agua a las famosas mujeres del pueblo. ¡Con el físico que tenía, qué otro papel podría realizar!

También tuve una intervención pequeña en la telenovela *Juventud divino tesoro*, estelarizada por Irma Lozano y José Alonso. En esa actuación recibí mi primer beso escénico, ¡no me gustó!, la verdad es que en escena sólo me han besado en tres ocasiones.

La gente tiene la idea que hice mucho cine en mi adolescencia, porque pasan por televisión, reiteradamente, la película *El amor de María Isabel*, protagonizada por Silvia Pinal. En esa cinta, por desgracia, interpreté a una adolescente rubia, con ojos azules y rica. Recordarán que les comenté anteriormente que los actores comprábamos el vestuario, en esa ocasión, no sólo compré por segunda vez la ropa de montar, la cual, por cierto, no se vio en la película porque cortaron esa escena, sino también pagué el tinte rubio para teñirme el pelo y compré unos pupilentes color azul, esos primeros eran duros y gruesísimos, no como los de ahora que no se sienten al usarlos y se pueden adquirir en cualquier lugar a precios accesibles, los de aquellos tiempos eran carísimos, dizque porque eran importados. Además me lastimaban tanto que tenía que usar gotas de anestesia, por fortuna esas no me costaban pues me las obsequiaba mi *galán* que era oculista.

A los 16 años quería aparentar veinte. Creía verme muy elegante usando un peinadote fijado con crepé, pestañas postizas y zapatos con una plataforma enorme, reconozco ¡Qué ridícula me veía! Como no conseguía estelares de dama joven en telenovelas, entonces decidí que debería ser cantante. La verdad era entonada y como muchas veces había cantado en películas de dibujos animados, donde la princesa, la niña o el hada cantaban… Pues me pareció que sería fácil llevar a cabo mi idea, o más bien mi ocurrencia.

Con mucho esfuerzo conseguí una audición con uno de los mejores directores artísticos de aquellos ayeres: Jaime Ortiz Pino, quien trabajaba en CBS Columbia. Antes de comenzar a cantar le comenté que tenía varios discos de cuentos con Enrique Alonso y Milisa Sierra, y cuando necesitaban que cantara la protagonista siempre me llamaban. Con esa seguridad que me dio pensar que lo había impactado, comencé a cantar *Eddie Ediee* de Armando Manzanero. Jaime me escuchó atentamente sin hacer un solo gesto, yo pensé: lo tengo embobado; él, me imagino, pensó: pobre niña tonta, trata de imitar a Angélica María, y Angélica María… Sólo hay una. Me despachó con cajas destempladas. La mera verdad es que… Sí traté de imitarla, pero no sólo era yo quien lo intentaba, sino todas las muchachas la imitábamos y admirábamos. ¡Era nuestro ídolo! ¡La novia de México!

Cómo cambia la vida. Quién me iba a decir que Jaime Ortiz Pino, era en aquel entonces gran amigo de Gabriel Fernández (mi futuro esposo) a quien todavía no conocía; que Angélica María y yo, con el paso del tiempo, seríamos grandes amigas; que *La Chilindrina*, grabaría en 1996 *Eddie Ediee*, como ya les dije, su autor era Armando Manzanero, quien tiempo después compuso la música de una película estelarizada por mí: *Sor Batalla*, y por si algo faltara, cuando Armando se divorció y su esposa *lo dejó en la calle*, literalmente en la calle, él me compró mi casita en condominio ubicada en San Ángel.

Pero volvamos al tema de la cantada. Después de mi fracaso con Jaime Ortiz Pino sufrí mucho y entonces volvió a aparecer mi amiga entrañable: terquedad. Como quería ser famosa, fuera como fuera, opté por crear un grupo musical, no me importaba compartir la fama con otras personas, así que nos juntamos cuatro chicas de doblaje: Rocío Garcel, Silvia Garcel, Rosita Loperena y por supuesto yo. Nuestra idea era ser famosas como *Los Beatles*, pero en versión femenina.

Rocío siempre tuvo facilidad para todo: si íbamos a patinar sobre hielo, yo parecía pollo espinado, ella un cisne; si jugábamos boliche, yo me caía al segundo paso con todo y bola, ella hacía chuza. Con el conjunto qué se imaginan que sucedió… Lo mismo. Rocío tocaba el piano de oído y cantaba bastante bien (tiempo después se casó con Jorge Roy, director y baterista de *Los Belmonts*, y sería su vocalista). Yo me sentía la que más sabía de música, porque había estudiado cinco meses, solfeo, composición, guitarra y canto en la Escuela Nacional de Música allá por el centro de la ciudad. Imagínense, si Rocío y yo estábamos tan poco preparadas para esta odisea, cómo estarían las otras dos integrantes del grupo. No importándonos nada, nos compramos guitarras eléctricas y nos pusimos a ensayar, la primera canción que tocamos fue *Blue Moon*, creo personalmente que es la más fácil de interpretar en el mundo entero. Nos mandamos a hacer unos pantalones ajustados y una blusa de encajes sin cuello y sin mangas, aunque no escotadas, ambos negros, después, nuestras respectivas mamás nos bordaron las blusas con lentejuelas, siguiendo las flores y las figuras del encaje, y para rematar nos compramos unas gorras, medio tipo marinero, que a decir verdad no tenían nada que ver con el demás atuendo.

Nada nos detuvo, y después de algunos ensayos más y el ensayo de cuatro canciones en total nos declaramos listas. ¡Por fin! Ya estábamos preparadas para ir a hacer audiciones y pedir trabajo ¡Qué ingenuas! Les solicitamos a nuestros padres que nos escucharan, para así darnos el visto bueno y lanzarnos con su apoyo a la gran aventura de volvernos grandes estrellas.

Cuando comenzamos a cantar a mi papá se le llenó la cara de orgullo, a la mitad de la audición noté a don Tanis dubitativo, al terminar, la cara de mi padre se había transformado en una mezcla de ternura y preocupación profunda pensando en el futuro de su *Nena*, como cariñosamente me decía. Pero la cosa no paró ahí, cuando *Las Chicks*, así nombramos al grupo por *pollitas*, les dijimos a nuestros padres que íbamos a solicitar trabajo, primero en cafés cantantes y luego en cabarets, don Tanis por poco se desmaya, porque él nunca permitiría que yo trabajara en *centros de perdición*. Fue la primera y única vez que mi papá no me apoyó en uno de mis caprichos, al paso de los años me di cuenta de que tuvo razón. Mi precioso vestuario y la guitarra eléctrica fueron a parar al baúl de los recuerdos, los conservé durante 25 años, hasta que la humedad de mi cuarto de actuación acabó con ellos. *Las Chicks* llegaron a grabar discos y todavía, hasta la fecha, después de treinta años se siguen presentando en hoteles y algunos bares, Mayita Loperena tomó mi lugar en el grupo y es la exitosa directora. ¡Bien por *Las Chicks*!

# Capítulo VI

## A mis galanes, con cariño

Alguna vez leí, no recuerdo con exactitud en dónde, que una mujer es lo que fueron sus hombres pasados, lo que serán sus hombres futuros, pero principalmente, lo que son sus hombres presentes, me pareció una buena definición. Así las cosas, con todo mi cariño y recuerdo dedico este capítulo a todos mis pretendientes, y exnovios, a quienes no *quemaré* con sus hijos, y tal vez nietos, al colocar su nombre completo en estas memorias. Lo más probable es que sus familias no sepan que ustedes en su juventud tuvieron una novia chiquita, chiquita, loca, loca, y que quería, en el mundo del espectáculo, ser una estrella internacional y sólo llegó a ser *La Chilindrina*.

Mi primer *proyecto* de novio –ni siquiera debería contarlo–, porque cuando me dio mi primer beso me asusté tanto que decidí cortar por lo sano ese incipiente noviazgo. Se llamaba Gilberto, tenía 14 años, igual que yo. Recuerdo que me regaló un neceser de pile roja. Su papá, quien se llamaba igual que él, era amigo del mío y fabricaba bolsas y maletas de piel.

Después de este intento fallido de primer romance, que fue agradable no lo niego, aunque completamente inesperado el desenlace, esperé a cumplir 15 años para tener mi primer novio *verdadero*. Están en lo correcto, fue mi primo Mario, de quien ya les platiqué.

Siguió Agustín, quien realmente fue mi primer novio oficial, él entró a mi casa a solicitarles formalmente a mis papás permiso para que fuéramos novios. Un chico de 24 años que estudiaba Derecho y a quien conocí

María Antonieta de las Nieves a los veinte años.

porque fue mi compañero en la Escuela Nacional de Música, tocaba excelentemente el piano y también cantaba ópera, recuerdo que cuando lo hacía, se ponía extremadamente morado del esfuerzo que realizaba por alcanzar bien las notas altas.

La verdad es que nunca me fijé en el físico de mis galanes, tuve unos guapísimos, otros regulares, feos y a Agustín. Recuerdo que en una ocasión estábamos sentados en el sofá de la sala de mi casa y llegó mi hermano Raúl, cuando vio a Agustín, pegó semejante grito, como aduciendo que Agustín lo había asustado. Cuando mi novio se fue, le reclamé airadamente a mi hermano.

—Eres un payaso, ¿por qué gritaste?

—Porque está re'feo —contesto tajante.

—Pero es un chico buenísimo.

—Pues debe de serlo, ¡con esa cara no se puede dar el lujo de ser malo! —dijo, mientras sonreía abiertamente.

Mis hermanos tenían un sentido del humor muy especial (creo que todos los hermanos en el mundo son iguales), les platicó otra *gracia*, ahora de Edmundo.

—Agustín —comenzó a hablar mi hermano seriamente—, quiero que me digas ¿realmente adoras a mi hermana?

—Por supuesto que sí, —contestó aquél más serio que Edmundo— yo haría cualquier cosa por demostrártelo.

Agustín me vio con una mirada de infinito amor, desvié la vista hacia Edmundo, y no imaginé lo que iba a ocurrir, nunca pensé que mi hermano se atreviera a tanto. Comenzó a hablar:

—Para demostrarle tu amor a la Nena, que ella se eche un... (imagínense qué) y tú lo hueles, si te llega un aroma a rosas, entonces quiere decir que sí la quieres, pero si haces cara de *fuchi*, entonces sólo estás jugando con sus sentimientos.

Agustín se puso del color de un jitomate, cerca del morado, como si estuviera alcanzando una nota alta en la ópera, llegué a pensar que se le reventaría la vena de la frente. Me quería morir de vergüenza. El pobre chico me miró con lágrimas en los ojos y dijo:

—*Nenita*... Si quieres... Échatelo.

Ese día se acabó mi noviazgo.

Agustín se casó, como seguimos siendo amigos, mi mamá y yo fuimos a la boda.

Yo no sabía lo que era sentir atracción a primera vista ni que revolotearan mariposas en mi estómago, eso me sucedió con G.F., así con sólo esas dos iniciales lo voy a nombrar.

En realidad fue un amor platónico… Me explico. Lo conocí, durante una práctica, en el Bol Insurgentes. Creo que de haberse consumado el noviazgo habríamos hecho una linda pareja. Él tenía el cabello rubio castaño, delgado, con nariz recta y larga, simpatiquísimo y realmente honesto.

Cuando me comenzó a pretender, estaba emocionada al máximo, me seguía a todos lados, trataba a mis papás y a mi hermano José Luis muy atentamente, era educado hasta el hartazgo, el muchacho ideal para mí y mis tiernos 17 años.

Siempre nos veíamos en compañía de mis papás, pues ellos jugaban conmigo boliche. La primera vez que me invitó a salir sólo él y yo, fuimos a una cafetería en Lindavista, mis padres no me dejaban ir más lejos de allí. Vivíamos en Prado Vallejo, y G.F. hacía una verdadera excursión para irme a ver, pues vivía en el Sur de la ciudad. Ese día estaba bastante ilusionada porqué intuía que me iba a declarar sus sentimientos, los cuales, obviamente eran correspondidos. Sin embargo, lo que me dijo fue algo absolutamente inesperado, y desde aquel entonces, y ahora, agradezco infinitamente su sinceridad. Me confesó que cuando me conoció le gusté mucho, y luego con el trato, sin quererlo, se fue enamorando de mí. Pero que él sabía que no podríamos llegar más allá de ser amigos, ¿por qué?... Porque era ¡casado! En ese momento sentí, literalmente, que me hundía en el piso, además me vino un dolor profundo en el pecho, imagino que por la tristeza. Cuatro años antes se había casado con una linda y estupenda chica, dicho por él, pero los dos eran demasiado jóvenes, y por tanto, su relación se había venido fracturando con el paso del tiempo, y lo único que los mantenía unidos era su hijo de dos años.

—Voy a pedir el divorcio, y en cuanto me lo otorgue el juez, esperamos el año que dicta la ley y nos casamos ¿qué te parece? —me dijo seriamente.

Saliendo de mi asombro respondí:

–La situación no es nada fácil. Primeramente mis papás no van a permitir, por obvias razones, nuestro noviazgo. Además no me sentiría bien, pues no se me hace justo que tu hijito sufra por la separación de sus padres.

G.F., insistió en que hablaría con mis papás y les explicaría puntualmente la situación.

Vale decir que, a pesar de las ideas conservadoras y tradicionales de mi familia, mi mamá siempre reaccionó de una manera inteligente y respetuosa. Ella sabía, y así lo manifestaba, que la mayoría de los jóvenes cuando se les prohíbe determinantemente alguna cosa, buscan la manera de realizarlo.

Así las cosas, acordamos que no nos volveríamos a ver en persona, pero que por teléfono, una vez a la semana, me tendría al tanto de cómo iba el trámite de su divorcio. Como se lo podrán imaginar, yo esperaba con ansia nuestra cita telefónica semanal, la que él lograba que llegara siempre puntual. Me comentaba que la relación con su esposa se empezó a tornar dificilísima. Al principio pensamos que su mujer le iba a otorgar el divorcio fácilmente, pero en cuanto se enteró por qué a G.F., le urgía divorciarse, dijo que: "de ningún modo le dejaría el campo libre a una niña babosa."

Nuestro amor platónico duró cuatro maravillosos meses, entre llamadas telefónicas; recados de amor que me dejaba, mientras hacía doblaje en CINSA, en el parabrisas de mi carro; apariciones casuales dentro del supermercado mientras mi mamá y yo hacíamos las compras de la semana; hasta un día que por coincidencia, se le ocurrió ir, con unos amigos a Ixtapan de la Sal, cuando mis papás, mi hermano José Luis y yo estábamos pasando un fin de semana allí.

Al caer en cuenta que cada día me ilusionaba más y que su divorcio para nada era inminente, decidí dar por terminada esa tierna relación, debo aceptar que también tenía miedo de que ésta se tornara peligrosa. Por tanto, en la llamada de esa semana le dije que quería hablar personalmente con él. Cuando lo tuve frente a mí, me armé de valor y comencé diciendo:

–¿Sabes qué pienso? Que no es justo lo que le estamos haciendo a tu hijito, él necesita unos padres que estén juntos, se lleven bien y sean felices. Si tu esposa no te quiere dar el divorcio, es porque probablemente aún te ame, creo que lo mejor es que ambos se den una segunda oportunidad.

G.F., se quedó mirándome despacito, despacito y habló:

—Creo que tienes razón, regresaré a mi casa, pero ten la completa seguridad de que nunca olvidaré esta maravillosa experiencia, y menos a ti.

Esa noche me llevó serenata, la primera en mi vida, había tantos mariachis, que cuando se fueron los vi subirse en dos autobuses de pasajeros. Jamás olvidaré la imagen de ese día: estaba un poco borracho, recargado en su Mustang rojo del año, con el chaleco del traje arrastrándolo por el suelo mientras cantaba.

La anécdota que les contaré a continuación me parece un detalle curioso, pero que con el paso del tiempo marcó mi vida. Recuerdo que una vez en la sala de doblaje Rivatón, le conté a la delegada de actores sobre el amor platónico en el cual estaba involucrada. Gloria Moreno le *echaba* las cartas a algunas amigas mías, y aunque no creo en esas cosas, acepté que me las leyera, lean lo que dijo:

—Las cartas dicen aquí que te vas a casar en 1971. Las iniciales de tu futuro esposo son G.F., él será divorciado, tiene un hijo o una hija y serán felices.

Cuando terminó de decirme aquello, por supuesto me puse feliz, aunque no me hacía gracia esperar cuatro años para casarme. Pero además, dudé de la veracidad de lo dicho porque yo a ella le había dicho el nombre de aquel galán. Así que cuando terminé con G.F., recordé el detalle y me dio risa.

Lo curioso es que me casé en 1971 con otro G.F., de él si les daré el nombre: Gabriel Fernández, era divorciado, tenía una hija bellísima y llevamos a la fecha 42 años de felicidad.

No fue fácil superar la ruptura con el primer G.F., así que por la depresión cambié de coche (siempre, cuando sufría depresiones me daba por cambiar de automóvil). No quería andar con nadie ni tenía ganas de hacer nada, en esas estaba cuando llegó a mi vida mi contraparte total, mi antípoda, él se llamaba José Francisco, era de mi edad, medía ciento ochenta centímetros y pesaba noventa kilos ¡imagínense qué pareja! Él un *ropero* pelirrojo y yo una *pulga* vestida. En un principio no quería hacerle caso, pero mi mamá Pilla insistió, aduciendo que parecía un buen chico, sin complicaciones y soltero, creo que mi mamá insistía porque a mis papás no les hacía ninguna gracia que yo me fuera a casar joven.

Ya entrados en confianza, cabe decir que el siguiente novio pensé que sería el efectivo, me sentía importantísima cuando estaba con él en el boliche, que era el único lugar a donde me llevaba, porque todo mundo le hacía *caravanas*.

—Doctor Ernesto, pasée por aquí, su mesa ya está lista. Cualquier cosa que se le ofrezca estamos para servirle, —le decía solícito el gerente del boliche.

Lo veía jugar boliche y suspiraba al verlo, largo, largo, delgado, delgado y con un estilo especial para atacar los bolos. Tiraba la bola con mucha velocidad, y ya casi para llegar a los pinos, la bola giraba aún más aprisa, como llena de felicidad, parecía que le habían hecho cosquillas porque se enchuecaba graciosamente y… ¡Puumm! ¡Chuza! Cuando me tocaba mi turno de tirar, la bola hacía lo mismo, sólo que al revés, primero ¡Puumm! Se oía el golpe en el suelo, porque se me había caído de las manos, después se enchuecaba graciosamente por toda la pista, haciendo zigzag, mi bola iba lenta, lenta, sin ninguna prisa, y ya casi para llegar a tirar los bolos… Daba un simpático giro y ¡se iba a la canal! Recuerdo que una vez algún chistoso al verme tirar así comentó:

—Esa es la bola mensa.

Cuando volteé a ver a Ernesto, para ver si me defendía —dijo, guiñando un ojo:

—Es mejor que digan, "esa de la bola mensa", que "esa mensa de la bola".

Me hizo gracia el comentario, la verdad siempre he tenido buen sentido del humor. El poco tiempo a la semana que pasábamos juntos, nos sentíamos a gusto, como dicen las chicas de hoy… Había *química* entre nosotros.

Ernesto, era guapo y agradable, Oculista de profesión, al igual que su difunto padre. Era demasiado responsable en su trabajo, jamás se desvelaba, no fumaba ni tomaba alcohol. Los sábados y domingos estábamos de tiempo completo en el boliche, y entre semana, veíamos la televisión, pero él en su casa y yo en la mía, comentábamos los programas por teléfono, nuestras llamadas duraban aproximadamente dos horas, cuando el programa se ponía interesante, nos callábamos y se hacían silencios de casi cinco minutos, después, ambos, soltábamos la carcajada por algo que nos había hecho gracia o hacíamos comentarios serios si lo sucedido en la pantalla así lo ameritaba.

Mis papás estaban contentos con mi relación Ernesto hablaba con mis padres como si nuestra boda fuera inminente, aunque a decir verdad, nunca hicimos planes concretos sobre ello. Entonces llegó diciembre, estaba feliz, pues en esa época del año, tiempo de festejos yo tenía menos trabajo y pensé que él también, de ese modo podríamos pasar más momentos juntos, pero cuál va siendo mi sorpresa cuando un domingo en el boliche me dijo, con una seriedad que helaba:

—Mira chiquita linda, en este mes se festejan tu cumpleaños, las posadas y la Navidad. Como bien sabes, a mí las fiestas no me gustan, así que te quiero proponer que nos dejemos de ver todo diciembre, para que tú, joven y alegre como eres, te diviertas y la pases contenta en compañía de tu familia, ¿cómo ves?

Sonreí y dije con toda la amabilidad que fui capaz de sacar de no sé dónde, porque estaba bastante enojada, lo siguiente:

—Querido Ernesto ¿qué te parece si mejor nos dejamos de ver indefinidamente? Para que así, tú puedas quedarte encerrado en tu casa y pienses sólo en los ojos que debes de operar, que por lo visto es lo único que te importa.

Me di media vuelta, tomé mis cosas, y todavía con los zapatos de boliche puestos salí a la calle, fui al estacionamiento, me subí a mi auto y llegué a casa. Realmente fue una sacudida para mí. Pero gracias al cariño, comprensión y apoyo de mis papás salí adelante. Celebré mi cumpleaños ¡estrenando automóvil! Las posadas no las celebré, pues desde que dejamos Prado Vallejo no he vuelto a tener amigos de a de veras. He vivido siempre para complacer a mi familia directa (padres, hermanos, novio, y ahora esposo, hijos y nietos), desgraciadamente nunca tuve ni tengo tiempo de compartir con los pocos amigos que he llegado a reunir en todos estos años, esto me parece pésimo, pues todos nos deberíamos dar un espacio para corresponder a la amistad que te brinda la gente buena. Volviendo a Ernesto, en Navidad me acordé de él, brindé con sidra —era la única bebida etílica que mis papás me permitían ingerir–, para que fuera feliz, con todo y sus ideas egoístas, y olvidé el asunto.

Como seguía con la misma rutina de siempre, casa-trabajo-boliche-casa, o tenía pretendientes en el Bol o en las empresas de doblaje, así que estando en el boliche me volvió a mover el tapete Ernesto. Volvimos a ser novios, pero este nuevo noviazgo lo tomé con muchas precauciones, sobre todo porque él cambio demasiado. Anteriormente no me acompañaba a misa y ahora era lo más cercano a *un mocho*. No le gustaba que saludara de beso en la mejilla ni a mis primos ni a mis compañeros de doblaje (mi segunda familia), es más, decía que no era bien visto que saludara de beso a mis amigas. La verdad es que no sabía en qué estaba pensando este hombre. En aquel tiempo se acercó más a mis padres y les pidió que me dijeran que lo comprendiera, y que cuando nos casáramos, sería para no separarnos jamás. ¡Qué bueno que no me casé con él! Con lo vaga, *pata de perro* que soy, por fortuna conozco casi todo el mundo, con Ernesto sólo hubiera conocido el quirófano, y el mundo a través de *Travel Chanel.*

Esta nueva etapa de nuestra relación la recuerdo rutinaria a más no poder, aunque los dos nos teníamos atenciones y cariño, pero por fortuna, otra vez llegó diciembre, y ahora soy yo quien toma la iniciativa, así que estando en la nevería Roxy, allá por la colonia Condesa, dejé de comer mi helado de vainilla y le dije:

—Ernesto otra vez llegan las posadas, Navidad, mi cumpleaños y Año Nuevo, y como soy tan joven y alegre, y a ti no te gustan las fiestas, creo que lo mejor es que nos dejemos de ver este mes, para que así los dos disfrutemos, a nuestra manera, las festividades decembrinas, ¿qué te parece?

Pensé que con la *supuesta formalidad* de la relación, él iba a ceder un poco, y por supuesto yo *un mucho*, y la íbamos a pasar juntos con nuestras respectivas familias. No en un ambiente de relativa *pachanga* y regalos, sino en un apacible contexto navideño y familiar. Pero, ¡oh, sorpresa!, ¿qué se imaginan que me dijo? Algo así como:

—*Nenita*, cómo llegas a creer que aceptaré nos separemos nuevamente. ¡Vamos a casarnos y la pasamos felices encerrados en la casa los dos solitos!

¡Pues no, se equivocaron!, lo que me dijo, muy serio, después de limpiarse la boca, apenas tocándose los labios con la servilleta, fue lo siguiente:

—Está bien mi amor, nos vemos el año próximo.

¡Qué poca ma…! ¿O no?

Esa Navidad no tuve tanta depresión como en la del año anterior, así que no estrené coche, pero eso sí, pasé las fiestas sensacionalmente. Ese año cambié de boliche para así evitar encontrármelo. Seguí haciendo doblaje y empecé a trabajar en televisión con Chespirito. Corría el año de 1967. Ahora mi rutina era casa-doblaje-boliche-casa-televisión-boliche-casa-doblaje, y ahí, en una compañía de doblaje me volví a encontrar con José Francisco, todos le decían Pepe, pero a él le gustaba que le dijera José Francisco, ahora al paso de los años me pongo a recapacitar qué cursi se oía aquello: José Francisco y María Antonieta, como si fuéramos nobles, cuando es más natural: Pepe y Toña, ¿no creen? Fuera de broma, no me gusta que me digan Toñita, para todos mis cuates, y por supuesto, para ustedes, queridos lectores, soy: Tony.

Recuerdan que les conté que tenía un poco borrosas las imágenes de la primera etapa de mi noviazgo con José, pues bien, la segunda sí la tengo muy presente, la recuerdo mejor y se las comienzo a contar. Seguíamos siendo la pareja dispareja, no sólo físicamente, 1.80 m., noventa kilos y pelirrojo, yo 1.47 m., 42 kilos y pelo largo y oscuro ¡Nada qué ver! Además nuestras maneras de pensar y ver la vida eran totalmente opuestas. Él me quería sólo para él, le urgía casarse, teníamos apenas 19 años, además no tenía dónde caerse muerto. José apenas comenzaba en el doblaje, y aunque se le veía un futuro promisorio, en ese momento no tenía dinero para casarnos. Yo ya era una figura en eso del doblaje, ganaba muy buen dinero y nunca iba a dejar de trabajar para casarme, porque aparte de que me fascinaba mi trabajo sostenía económicamente a mis papás. don Tanis, todavía seguía con *Casa Tanis*, pero más para distraerse que por otra cosa, pues la tienda arrojaba puras pérdidas, cuestión que yo también absorbía. Mi mamá se dedicaba a acompañarme a todos lados, porque ahora yo necesitaba a alguien que me ayudara con los cambios de ropa por todos los personajes que hacía en televisión, y quién mejor que doña Pillita.

Como siempre le contaba a mi mamá todo lo que me pasaba, pues mi confianza en ella era ciega, estaba enterada de la enorme tensión en la que vivía, al pensar que si me llegaba a casar con José Francisco, íbamos a tener problemas por las incompatibilidades anteriormente mencionadas.

Como según, José y yo, estábamos haciendo planes para nuestra boda, él estaba dándome dinero para que una servidora lo ahorrara, (¡ingenuo!, nunca se imaginó que yo era un barril sin fondo). En fin, teníamos una equis cantidad de dinero guardada, acá entre nos… No alcanzaba ni para comprar el comedor, y él como buen macho mexicano, no quería que yo cooperara con un solo centavo. Por supuesto, en mis planes no estaba casarme de inmediato, entoces, sólo le daba tiempo al tiempo.

Una tarde me comentó que un primo lo invitaba, creo que a Tijuana, a pasar sus últimas vacaciones como soltero, pero lo malo de todo esto, es que necesitaba dinero por si algo se ofrecía. A fuerza de ser sincera, me pareció absurdo que, si él tenía tanta prisa por casarse pensara en tomarse unas vacaciones, pero pensándolo bien, me alegré en mis adentros, pues si se gastaba sus ahorros yo tendría más tiempo para disfrutar de mi soltería, pero principalmente a mis padres, así que le dije:

—Me parece una excelente oportunidad la que te está dando tu primo, por supuesto no tengo ningún inconveniente en que vayas, es más, llévate todo tu dinero y no importa si te lo gastas completito, no repares en ello, al fin y al cabo lo volvemos a reunir ¿volvemos? —Me pregunté.

José se fue, yo me quedé en la tranquilidad de mi casa, con mis adorables papás, y como aparte de trabajar y jugar boliche me quedaba tiempo para hacer otras cosas, lo dediqué a llevar a cabo una que me encanta y ha sido uno de mis mejores pasatiempos favoritos… Leer los avisos oportunos en los periódicos, buscando casas o departamentos en venta y ¿qué creen lo que encontré?: *se estrenará lujoso condominio detrás del cine Manacar. Corto enganche. Facilidades de pago, y el resto a pagar en 15 años. A sólo dos calles de la Avenida de los Insurgentes se encuentra su nuevo hogar. Actipan 36.*

¡Se me iluminaron los ojos! ¡A dos calles de Insurgentes! Cuando le pedí a mi mamá que me acompañara a ver los departamentos, reaccionó de la siguiente manera:

—*Nena*, ¿crees que José pueda pagar algo así?

Me ganó la risa al darme cuenta que mamá Pilla pensaba algo distinto a lo que yo imaginaba. Entonces, le comenté:

—No mamita. Sólo los voy a ir a ver por puritita curiosidad. Además nosotros tampoco tenemos dinero, ni siquiera para el enganche, recuerda que apenas estamos terminando de pagar la casa.

Cuando mamá Pilla y yo salíamos para ir a ver el condominio, llegaba a visitarnos mi cuñada Lulú, esposa de mi hermano Sergio. Ella al igual que él son dos personas muy trabajadoras. Lulú había heredado, a la muerte de su madre, una cantidad suficiente de dinero para invertir en una tienda en la colonia Portales, y entre los dos emprendedores, empezaron a conformar su pequeña fortuna. Al platicarle a dónde íbamos, mi cuñada nos preguntó si podía acompañarnos, le dijimos que sí, (siempre me arrepentiré de haberlo aceptado). Cuando vimos el departamento, nos quedamos las tres, *enamoradas* de él. Y yo, como siempre hago cuando veo algo nuevo, comencé con la repartición, y dirigiéndome a mi mamá y cuñada, el vendedor de observador, dije:

—Como son tres recámaras, una la volveré la sala de televisión. La de en medio va a ser la de mis papás y la mía será la recámara principal, porque tiene un gran vestidor y el baño integrado. En la cocina cabe perfectamente un desayunador. Lo único malo es: ¿cómo le van a hacer los de la mudanza para subir mi pianola?

El vendedor, quien era hijo del dueño del edificio, daba por segura la venta, pero cuando le comenté que no contaba ni con el enganche, me fulminó con sus ojos azules, y enojado habló:

—Pues si no tienes dinero, entonces no me hagas perder mi tiempo.

Las tres lo miramos asustadas, entonces Lulú intervino:

—No le hagas caso a mi cuñada, es muy bromista, permíteme hablar con ella.

Mi cuñada nos llevó a la cocina y a solas nos dijo, dirigiéndose principalmente a mi mamá:

—Si ustedes quieren nosotros les prestamos el dinero para el enganche, eso sí, nos los tienen que pagar a más tardar en un año, porque estamos reuniendo dinero para comprarnos una casa, ¿cómo ven?

Volteé a ver a mi mamá, y sin esperar un comentario de ella salí a la sala donde aguardaba Igal Gordon, el vendedor, doña Pilla se quedó estupefacta cuando me escuchó decirle que cerraríamos el trato. Al día siguiente di el enganche… Y me embarqué por los siguientes 15 años. Como se deben de imaginar estaba feliz por mi primera compra. Cuando regresamos a casa sonó el teléfono, era José quien llamaba desde Tijuana, me dijo que me extrañaba mucho, que regresaría en una semana, y me preguntó qué novedades había. Cuando le di, satisfecha mi sorpresa… La sorpresa me la llevé yo. A él no le hizo ninguna gracia la compra del departamento, porque la adquisición del bien (según José) me obligaría a seguir trabajando aun después de la boda. Por supuesto, a mí menos me pareció su actitud, por tanto, dimos por concluida nuestra relación y… Otra vez sola, pero muy tranquila. Nos cambiamos de casa, ahora sí me sentía niña rica, pues vivía en el Sur. La casa de Calzada de Tlalpan se la rentamos baratísima, en agradecimiento a mi hermano y a mi cuñada, ellos se encargaron de arreglarla a todo lujo.

A los seis meses de habernos prestado el dinero le pagamos a Lulú. Mis padres siempre me enseñaron que las deudas se deben liquidar a tiempo. Gracias a Dios así lo he hecho hasta la fecha.

Mi carrera con Chespirito, ¡iba viento en popa! Al igual que con el programa maratónico, duraba ocho horas, llamado *Sábados de la fortuna*, que conducía majestuosamente Neftalí López Páez (q.e.p.d). El canal 8, del Sistema de Televisión Independiente, estaba creciendo con fuerza inusitada. Daba grandes oportunidades a actores, comediantes, comentaristas deportivos, locutores, etcétera. Entre las personas que destacaron a partir de 1970 podemos contar a: Los Polivoces, Luis Manuel Pelayo con *Sube Pelayo Sube*, el productor de ese programa, fue el gran cubano esposo de la simpática Kipy Casado, Sergio Peña, quien después le diera oportunidad a Chespirito de tener su propia serie. También estaban: Lolita Ayala, Guillermo Ochoa, Lourdes Guerrero (q.e.p.d.), Jorge Gutiérrez Zamora, Víctor Manuel Barrios Mata, y el mejor comentarista de deportes que ha existido, en mi particular opinión, el abogado, político, diputado, senador, entre otras actividades: Eduardo Andrade.

A propósito de Eduardo, él fue el último de mis galanes antes de encontrar al amor de mi vida. Nos conocimos, obviamente en el canal 8, nos admirábamos mutuamente. A mí me tenía impresionada su memoria fotográfica, con decirles que fue el primer locutor que veía directamente a la cámara mientras daba las noticias, pues no leía, lo hacía de memoria, dando nombres, datos y fechas sin equivocarse, ¡era único! Ahora todos, quienes dan noticias, las leen, pues les colocan una pantalla arriba de la cámara, llamada *telepronter*. Por eso parece como si estuvieran *pajareando* con los ojos, pues van siguiendo las palabras.

Anteriormente nunca tuve problema en prestar mi voz a artistas jóvenes e infantiles, porque en aquella época, la Secretaría de Educación Pública, daba permisos especiales para trabajar, a los menores de 18 años, pero ya en esos momentos no era mi caso, y era un requisito indispensable tener licencia de locutor, si es que quería uno hacer comerciales, aunque sólo fueran para radio. Existían dos clases de licencias: tipo A y tipo B, la primera era la de más importancia, pues te autorizaba a trabajar como comentarista de noticieros, entrevistador, anunciador, etcétera, la segunda, sólo te permitía hacer anuncios comerciales.

Por supuesto, yo sólo aspiraba a presentar el examen para obtener la licencia tipo B, ya que no cumplía con los requisitos para aspirar a la otra. Me urgía tener dicha licencia, porque se ganaba buen dinero haciendo comerciales, fue entonces que le solicité ayuda a Eduardo.

–Lalo, tú que eres tan preparado y tan inteligente sé que me puedes ayudar a preparar el examen, porque fuiste de las pocas personas que obtuvieron con excelencia la licencia tipo A –en mi cara se notaba la súplica y el desasosiego.

Eduardo me vio fijamente a los ojos y tomándome la mano contestó:

–Sí *Nena*, pero desgraciadamente en este momento no te puedo ayudar, porque pasado mañana salgo para España a trasmitir las corridas de toros de la temporada grande en Las Ventas de Madrid, pero en cuanto regrese, por supuesto que te ayudo.

Esa ayuda nunca llegó. Él siguió muy ocupado. Empecé a estudiar como una loca, con una maestra que me enseñaba Cultura general, Historia de México y Universal, Geografía (materia en la que siempre he sido una nulidad), en fin, estaba sufriendo con desesperación. Las únicas materias que no me preocupaban eran los idiomas, aunque sólo hablaba setenta por ciento de inglés, los idiomas se me facilitaban, además conocía algunas reglas básicas de pronunciación y en el examen sólo había palabras sueltas y nombres de personas famosas que debía decirlas en italiano y francés.

Cuando estaba por llegar al fin el momento de la verdad, faltaban dos días, yo estaba llena de dudas y Eduardo no estaba en México, ahora porque iba a transmitir una pelea de Mohamed Alí, por el campeonato del mundo, en Nueva York. Recuerdo que estaba nerviosísima y seguía estudiando, en eso me llamaron para hacer un comercial de las muñecas *Elizabeth*, pero como era obvio, yo no podía hacer el comercial por falta de licencia; entonces el productor contrató a un locutor para que dijera el nombre del producto y yo sólo iba a hablar como si fuera la muñeca. Mi mamá me acompañó, como siempre. Sí, les confirmaré lo que están intuyendo… El locutor se llamaba: Gabriel Fernández. Era muy guapo, iba bien vestido con un traje oscuro, camisa blanca y corbata roja, pero no me gustó su peinado, se veía muy serio aunque amabilísimo, pero dejó de llamarme la atención cuando descubrí que llevaba en el dedo anular de la mano izquierda… Una argolla de matrimonio, y a mí los casados me dan alergia.

Mientras esperábamos nuestro turno para realizar el comercial empezamos a charlar los tres, le comenté acerca del departamento que acababa de comprarles a mis papás y se interesó mucho, argumentando que él también quería comprar uno por aquel rumbo, pero le era imposible irlos a ver en horarios normales. Entonces que sucedió, mi mamá Pilla comentó:

—Si quieres conocer el condominio y el departamento, los invitamos a cenar, a ti y a tu esposa, el próximo martes.

A mí realmente me extrañó muchísimo la invitación de mi mamá, porque nunca fue su costumbre invitar a nadie a casa, pero lo que más me extrañó fue la respuesta de Gabriel, quien muy serio comentó:

—Acepto la invitación, señora, pero iré solo. Soy soltero, vivo con mi hermana que está divorciada y con su hijita.

La verdad reí sarcástica y dije:

—Eso dicen todos los sinvergüenzas, pero traen anillo de casado.

Gabriel se rio también, franca y ampliamente; a mí no sé por qué me cayó bien su forma de bromear, tomó la palabra.

—No soy casado, traigo la argolla para espantar a las muchachas que siempre me acosan, mira, se quita el anillo y me lo muestra, —ves, no trae ninguna inscripción dentro.

Era cierto, la argolla no decía nada, todos nos reímos y le dije que era muy creído. Después de la broma hicimos el comercial, ahí me di cuenta que además de guapo tenía una voz preciosa. Ésta era muy conocida pues durante muchos años fue la voz que anunciaba Coca Cola, Choco Milk, Corona Extra y muchos productos más.

Llegó el martes y Gabriel llegó junto con él a las ocho de la noche en punto. Mi mamá y yo lo recibimos. Iba muy trajeado, pero se le pasó la mano en lo perfumado, traía puesta una loción que estaba de moda en aquellos tiempos: *Aramís*, ¡Fuchí! Nunca me agradó. Nos agradeció la invitación y comentó que la colonia y el condominios eran preciosos, aproveché la oportunidad para mostrarle el departamento.

—Te quiero comentar que mi papá es un encanto cuando alguien le cae bien, pero cuando no conoce a las personas, a veces se pasa de *serio*, y se encierra en su habitación, así que si notas algo raro en su actitud, no lo tomes a mal.

Apenas había terminado la oración cuando oímos las llaves de la chapa de entrada a la casa.

—Buenas noches joven, por favor no se levante, siga sentado. ¿A qué debemos el honor de su visita?

¡Trágame tierra!, pensé en mis adentros. Mi mamá entró al *quite*.

—Lo invité a cenar, viejo, para que conociera el departamento porque se interesa en comprar uno.

Tercié la charla:

—Además, Gabriel nos estaba comentando que es de Toluca y que su papá conoce a varias personalidades de la época en que tú estuviste en el cuartel militar de allá.

Toluca fue el ábrete sésamo para que Gabriel le cayera bien a mi papá. Fue hasta ese momento que nos saludó de beso a mi mamá y a mí, nos dio el sombrero, el saco y el bastón, se quedó con el chaleco puesto y se sentó a un lado de Gabriel para platicar del amor de su vida… Toluca la bella.

Así siguieron, charlando sobre Toluca en toda la cena, el único momento que cambiaron la plática fue cuando comenté sobre mi examen para conseguir la licencia tipo B para ser locutora. Gabriel se empeñó sobre manera en ayudarme, en darme ánimos, cosa que, como recuerdan, Eduardo Andrade no hizo. Después ya cambiamos radicalmente la conversación y comenzamos a hablar sobre el departamento y entonces Gabriel nos comentó que su hermana Blanca no pensaba cambiarse pronto, pues su hija Blanquita estudiaba cerca de donde vivían: la colonia Condesa.

—... Y para mí solo, el departamento es demasiado grande y caro.

Pensé que tal vez estaría mal económicamente y aunque vestía bien probablemente era por el tipo de trabajo que realizaba. Entonces mi mamá cambió súbitamente el tema y muy seria dijo:

—¿Y por qué no te has casado, hijo?

Gabriel se puso rojo, rojo y después palideció como si su cara fuera de cera, me imagino que comenzó a sudar frío y garraspeando nervioso —contestó:

—Me imagino que no me ha tocado, señora.

Se hizo un silencio eterno, en ese momento me percaté que no llevaba la *argolla espanta muchachas*.

Cuando terminó la cena mi papá se despidió y se fue a acostar, mi mamá también dijo adiós pero se dirigió a la cocina, yo me encargué de acompañarlo hasta el lobby del condominio, cuando llegamos me dio un beso en la mejilla y me confesó que la única intención por lo cual había inventado lo del departamento era para tratarme más y conocerme mejor. En verdad, fue hasta ese momento que vislumbre la posibilidad de verlo, no sólo como un compañero de trabajo más, sino como un posible y serio pretendiente. Me reí de la puntada, se despidió nuevamente, dio dos pasos y volteó para soplarme un beso desde la palma de su mano, llegó a su Mustang azul claro, del año, se subió ágilmente y volvió a lanzarme un beso más. Entonces me dije: "no está tan amolado como pensé", y me respondí: "pues no... Todo era un pretexto para vernos".

Por fin llegó el mentado día en el cual presentaría el examen para obtener mi licencia de locutora. En el salón que nos asignaron dentro de la Secretaría de Educación Pública, habíamos aproximadamente doscientas personas, de las cuales sólo aprobamos veinte, sí, leyeron bien... Aprobé mi examen. Entre quienes fuimos aceptados se encontraban: Lourdes Guerrero, con buena calificación, Lolita Ayala, con excelente nota, y Janette Arceo, quien como yo, pasamos de *panzazo*. Realmente para mí fue un gran logro, tanto emocional como económico, pues cobraría más dinero y no olviden que yo era la única que mantenía a mis padres.

Esa noche esperaba la llamada telefónica de Eduardo desde Madrid, pero el telefonazo que llegó fue el de Gabriel.

–¡Qué tal mi amor! Te hablo sólo para felicitarte, me imagino que aprobaste el examen, ¿no es así?, porque eres la chica más inteligente y bonita de este planeta.

En seguida me di cuenta que traía varias copas de más. Porque todavía no nos conocíamos bien como para tomarse esas confianzas de llamarme *mi amor*. Además, tal era su efusividad etílica, que las palabras se le atropellaban y la lengua se le trababa. Pero continuó.

–Como sabes el próximo martes descanso en el canal 5, así que te llamo por teléfono para ponernos de acuerdo y festejar tu triunfo. ¡Chao, muñequita linda! ¡Mi amor!

Me extrañó no recibir el telefonema de Eduardo, pero mi ego se alegró al pensar que Gabriel, en medio de su fiesta, se hubiera acordado de mí. Al martes siguiente Gabriel no llamó, pero la verdad estuve tan ocupada que tampoco me acordé de la *supuesta* cita. Al día siguiente me llamaron de los Laboratorios México, compañía dedicada a hacer películas para cine (largometrajes), cortometrajes, y comerciales para televisión y radio. Querían que hiciera la voz de un niño para un comercial. Estaba feliz pues iba a estrenar mi licencia de locutora, además, como ya saben creo en la numerología y me habían otorgado la licencia número mil, avalada por la Secretaría de Educación Pública, anteriormente las licencias las otorgaba la Secretaría de Comunicaciones y Obras Públicas.

Durante la grabación estuve platicando con un joven locutor: Jorge Lamadrid, en la conversación salió que él trabajaba en el canal 5, esto me trajo a la mente a Gabriel y le pregunté a Jorge qué opinión le merecía éste.

¿Gabriel Fernández? Repitió preguntando y dijo:

–Es un hombre muy bueno y un gran compañero a quien todos estimamos. Además es una persona tan decente que no merecía lo que le pasó en su matrimonio.

Cuando escuché la palabra *matrimonio*, me quedé sin saber qué pensar de Gabriel. Jorge Lamadrid siguió hablando.

–Gabrielito se casó muy enamorado, porque siempre estuvo muy necesitado de amor, pero desgraciadamente no se casó con la mujer adecuada y se divorció. El pobre sufre mucho, porque su exesposa, quien ya se volvió a casar, le pone muchas trabas para que pueda a ver a su hija Verónica, quien, como puedes imaginarte es su adoración.

En un minuto me enteré que Gabriel Fernández, el locutor simpático y guapo, quien me pretendía, no me había contado que era divorciado y además tenía una hija. Por supuesto, pensé que si tenía el atrevimiento de llamarme por teléfono o me lo volvía a encontrar lo mandaría directamente por un tubo, porque estaba y estoy convencida que no se puede iniciar ningún tipo de relación con base en mentiras. La verdad que como reza el dicho: *el hombre propone y Dios dispone*. Ese mismo día me habló el señor Ken Smith (q.e.p.d.), quien era el dueño de una compañía de doblaje muy importante aquí en México y también era dueño de una de las voces con más personalidad que haya conocido, era la voz oficial de Estereo Rey. El señor Smith me pidió que hiciera unas pruebas para realizar un noticiero infantil que se trasmitiría diariamente por televisión, la verdad no me gustó la idea, pues yo sentía que ya habían pasado mis tiempos de pruebas, que ya todos sabían de lo que era yo capaz y que en fin… Tenía ya una larga trayectoria. Como me sentía obligada con él, pero sobre todo agradecida por tanto trabajo que me había dado en el pasado y tantas consideraciones que me había dispensado, le dije que por ser él, haría todas las pruebas que me solicitara y entonces me cita, nada más y nada menos, que en el canal 5.

En el camino hacia allá, fui pensando en cómo *chotearía* a Gabriel si es que las circunstancias lo ponían en mi camino. Pensé que sería divertido escuchar su versión de los hechos, burlarme un poco y después de eso le pediría que no me volviera a molestar nunca más, pero el destino me tenía deparadas muchas sorpresas.

La primera fue que el noticiero nunca se llegó a hacer. Pero ese día, cuando terminé la prueba le pregunté a un policía de seguridad que en dónde se encontraba la cabina de los locutores, y si sabía si se encontraba Gabriel Fernández. El policía checó en su bitácora y me contesto que Gabriel no se encontraba porque el turno le correspondía a Gustavo Ferrer. Debo confesar que me desilusioné, porque sí llevaba preparado un burlón y buen discurso. Le di las gracias al policía con la mejor de mis sonrisas y me dirigí al elevador, pero no tuve tiempo de apretar el botón de llamado, porque escuché una voz hermosa y profunda que me llamaba.

—Tony, Tony, por favor no te vayas, tengo algo muy importante que decirte.

Segunda sorpresa preparada por el destino: Gabriel estaba cubriendo, por casualidad, el turno de Gustavo Ferrer.

La tercera sorpresa fue… Que Gabriel no me dejó articular ni una sola palabra.

A mitad de un pasillo del canal 5, frío, desolado y silencioso, con el policía auxiliar como testigo mudo, Gabriel, tomándome de las manos comenzó a decir:

—Tony… Por favor no me digas ni una sola palabra, al menos hasta que termine de hablar y pueda expresarte todo lo que siento por ti, y lo avergonzado que estoy contigo y con tu familia por no haber reunido el valor de decirles que soy divorciado y que tengo una bella hija a quien adoro sobre todas las cosas, y que mis intenciones contigo son de lo más serio que puedas imaginarte.

El destino muestra su cuarta sorpresa: yo, que hablo hasta por los codos ¡Me quedé muda! Toda la seguridad de mi discurso se derrumbó. Mi preparada y maquiavélica retahíla de burlas se desvaneció en el aire del pasillo de aquel canal de televisión, el cual, después atestiguaría el principio de un gran romance de dos simples y sencillos locutores.

Gabriel me soltó las manos, me besó en la mejilla y me colocó su mano derecha, rodeándome la cabeza tiernamente, sobre mi hombro diestro y me llevó a la cabina de locutores. Habló sin descanso durante veinte minutos, esos mil doscientos segundos fueron suficientes para hacerme cambiar de opinión acerca de él y así transformar mi vida para siempre.

Comenzó contándome que le gusté desde el primer día que me oyó, no me vio porque el estudio estaba a oscuras. "Cuando escuché tu voz en aquel comercial, me di cuenta que tú eras la persona que le prestaba su voz a la mayoría de los niños que me encantaba escuchar." Siguió contando que cuando terminó el comercial, me fui a acostar otra vez sin cuando menos despedirme y él se fue enamorado de la voz de esa muchachita grosera y dormilona que se llamaba: María Antonieta de las Nieves.

—Debo aceptar —continuó hablando— que les pregunté a varios amigos y conocidos en el ambiente del doblaje, acerca de ti, cómo era tu carácter, si tenías novio, en fin, todo lo que a uno le interesa saber de otra persona y pasaste con nueve de calificación, pero yo seguía intrigado de saber bien a bien quién eras.

−¿Recuerdas la siguiente vez que coincidimos?

Iba yo a contestar, pero me colocó el dedo índice en los labios y siguió hablando.

−Fue en la Grabadora México, recuerdo perfectamente cómo ibas vestida y el auto que manejabas: un Datsun negro. En aquella ocasión le comenté a uno de los técnicos que me gustabas mucho, pero que era una lástima que fueras casada y tuvieras una niña.

En esa ocasión llevé a los estudios a mi sobrina Paty, pues su mamá iba a parir a su hermanito. El técnico de sonido −le respondió:

−Es soltera, y tú no deberías fijarte en ella pues eres divorciado, además de ser demasiado joven para ti, es muy decente y tiene unos padres exageradamente estrictos.

Siguió diciéndome que pasó exactamente un año antes de volvernos a encontrar.

Gabriel tomó un vaso con agua que estaba en el escritorio de la cabina de locutores y se refrescó, llevaba más o menos diez minutos hablando, yo ni en ese momento pude articular palabra, estaba absorta con su relato.

Continuó hablando. "Como no sabía cómo conseguir tu teléfono me comuniqué con Jaime Vega, un actor de doblaje amigo tuyo, quien me dijo que no lo sabía, pero que me iba a servir de cupido porque el novio con el que andabas le caía gordo."

Recuerdo vagamente aquella charla cuando Jaime Vega me dijo que me presentaría un *partidazo*, creo que estábamos al pie de las escaleras de *Rivatón* (otra vieja compañía de doblaje), le di las gracias, pero le dije que no, en ese momento tenía novio y que mientras tuviera algún compromiso no saldría con otra persona. Confieso que de haber sabido lo que el futuro me depararía con Gabriel, no hubiera perdido la oportunidad de estar con él desde aquel tiempo.

−Al saber tus motivos para no conocerme formalmente −siguió hablando Gabriel en la cabina− me encapriché aún más. Un día iba en mi automóvil sobre Avenida Cuauhtémoc y vi un letrero: Dr. Alfredo de las Nieves. Inmediatamente supuse que era tu papá y pensé en irlo a ver, ha-

Programa con Lolita Ayala de invitada.

cerme su amigo y a través de él conocerte, pero ¡oh, desilusión! No pude hacer cita con él pues el Dr. de las Nieves era ginecólogo.

Percibí un intento de sonrisa cuando terminó la historia del doctor, pero continuó su relato seriamente.

—Un día, por cierto, de los más afortunados de mi vida, un ejecutivo de publicidad que llevaba la cuenta de las muñecas *Elizabeth*, me llamó para que fuera el locutor de un comercial. Y me pregunto si sabía de alguien que quisiera darle voz a varias de aquellas muñecas. Inmediatamente pensé en ti y te propuse, pero el ejecutivo dijo:

—¿Estás loco? María Antonieta de las Nieves es una locutora muy cara y no me alcanza el presupuesto para pagarle.

Inmediatamente encontré la solución.

—Por eso no te preocupes, yo no te cobro ni un centavo, con tal de tener la oportunidad de trabajar con ella y tenerla cerca de mí.

No cabe duda de que quien persevera alcanza. Gabriel aprovechó magníficamente la oportunidad, fue aquella vez que mi mamá lo invitó a cenar. Pero sigo contándoles lo que me decía en aquella bendita cabina. Se había emborrachado al día siguiente de mi examen para darse valor de hablarme por teléfono y contarme toda la verdad, pero que cuando le contesté con mi voz ingenua, le llegó una imagen de mí, tan delicada y cariñosa, que no se atrevió a desahogarse, y así, los días siguientes estuvo con enormes cargos de conciencia, pero que gracias al destino ahora podría reivindicarse conmigo.

Así terminó la primera parte de su relato, dio otro sorbo al vaso con agua, y volvió a tomarme de las manos, como lo había hecho durante todos esos minutos. Sólo me las soltó cuando comenzó a hablarme de los pormenores de su matrimonio, del divorcio y de los problemas con su exesposa. Algo que me gustó mucho fue que Gabriel jamás se expresó mal de María Luisa, así se llamaba ella, ni le echó la culpa del divorcio. Para mí, eso habla muy bien de un caballero de verdad. Hasta este momento yo seguía sin saber qué decir.

Entonces empezó a hablar de su hija Verónica y se le llenaron los ojos de lágrimas, fue entonces que me descubrí enternecida por él, por ese maravilloso hombre que estaba frente a mí, por fin pude hablar y —le dije:

—¿Sabes una cosa Gabriel? Vine a buscarte con la firme intención de hacerte pasar un mal rato, de *cotorrearte* a más no poder, porque me enteré fortuitamente de tu situación, y te agradezco que no me hayas dejado hacer uso de la palabra, pues estoy segura que de haberme dejado hablar no estaríamos ahora teniendo esta confidencia. Y ahora no sé qué decirte. En verdad es muy difícil que mis papás me dejen conocerte mejor, porque ellos tienen ideas demasiado conservadoras y no creo que me dejen salir con un hombre divorciado y quien además tiene una hija.

Gabriel se quedó callado por un momento, me volvió a tomar de las manos, ahora con más fuerza, quería asirse a mí, como un náufrago a ese tronco que cree es su única oportunidad de salvación —y volvió a hablar, más bien a suplicar.

—Por favor habla con tus padres, explícales mi situación, y si ellos me lo permiten voy a hablarles para que vean que legalmente no tengo ningún problema para pretenderte, y si tú me aceptas yo haré hasta lo imposible por hacerte feliz cada día de nuestras vidas.

—No te prometo nada, dije apenas, con voz trémula.

Ya no pude decir nada más, por fortuna él no me detuvo. Salí del canal 5, sin acabar de entender los sentimientos que rondaban en mí, ni las verdaderas intenciones de Gabriel aunque lo había sentido el hombre más sincero que había conocido. Caminé hasta el carro sin sentir el frío que pegaba sin miramientos en esa época del año, sólo atiné a ajustarme la bufanda, iba ensimismada Lo que me dejó esa plática y estaba convencida de ello, es que nadie debemos juzgar a los demás sin conocerlos, sin saber escucharlos, porque la vida está llena de sorpresas y puedes llevarte cada chasco que ni te imaginas. Ese día descubrí que acababa de conocer a un gran ser humano.

Cuando llegué a casa, todavía digiriendo aquella confesión, y les comenté a mis papás lo que había sucedido esa noche con Gabriel, mis viejos reaccionaron de una forma completamente distinta a la que me imaginé.

—Mira mi'jita —comenzó a decir mamá Pilla— Dios sabe por qué hace las cosas, (esa frase se la oía decir todos los días), si Él, en su infinita sabiduría, te puso a ese buen hombre en tu camino y crees que puedes llegar a ser feliz con él, por mí… Adelante.

Si unas horas antes estaba absorta con el relato de Gabriel, con las palabras que acababa de decir mi mamá estaba admirada, no lo podía creer. No acababa de salir de mi asombro cuando escucho las palabras de papá Tanis:

—Tu mamá tiene razón, hijita, ¿por qué no darle una segunda oportunidad? Recuerda que a tus hermanos Edmundo y Olga Elena se las dieron y han sido felices. Pero eso sí, dile a ese muchacho que si en verdad sus intenciones para contigo son serias, entonces venga a hablar conmigo y me traiga la sentencia de divorcio para checarla. No me gustaría que te entusiasmaras y luego resulte que sigue casado.

Esa noche casi no pude dormir (cosa rara porque en aquellos ayeres parecía un lirón), estaba emocionada por ya ser una verdadera locutora con licencia, por haber conocido a un hombre radicalmente distinto a los muchachos inmaduros y egoístas con quienes hasta esos tiempos había convivido, pero lo que más me emocionaba y asombraba era la actitud de mis papás. ¿Me estaban siguiendo la corriente y no llevarme la contraria para que no me encaprichara? ¿Realmente les importaba que yo fuera feliz, aunque no me casara por la Iglesia? ¿No les importaba que yo viviera en pecado?, ellos siendo tan católicos, o ¿solamente pensaban que no valía la pena discutir?, porque me entretendría un rato y después terminaría con la relación como lo había hecho con mis anteriores novios. La verdad nunca supe que pensaron aquel día, pero yo estaba contentísima de cómo se habían dado los acontecimientos.

Al día siguiente fui yo quien le llamó por teléfono a Gabriel.

—Gaby, (así lo llamé desde ese día), le conté todo a mis papás… Espero no te moleste que papá Tanis quiera ver la sentencia de divorcio.

Me contestó muy contento y seguro de sí mismo.

—No te preocupes chiquita, anoche en cuanto llegué al departamento de mi hermana Blanca, lo primero que hice fue sacarla de entre los demás documentos, para tenerla lista. Dile a tu papá que hablaré con él en cuanto regresé de Guadalajara, salgo hoy jueves. Voy al Congreso Nacional de Locutores y regreso el martes. La verdad *Nena*, me gustaría pasarme estos días aquí en el Distrito Federal y poder pasarlos contigo, pero en la Asociación Nacional de Locutores tengo el cargo de Secretario de Relaciones Públicas y no puedo faltar. Adiós preciosa.

Gabriel llegó puntual a mi casa, con un portafolios en la mano izquierda y en la mano derecha llevaba la caja de chocolates más grande que había visto en toda mi vida, con ingenuidad romántica llevaba doblado el brazo hacia la espalda para que yo no la viera, nunca se percató que ni su enorme espalda podía tapar las puntas de la chocolatera.

No cabe duda que todos los días, con el trato uno va descubriendo a las personas. Gaby no sólo llevó la sentencia de divorcio, sino además, también adjuntó los papeles que acreditaban todas las citas preliminares en el juzgado, ¡no se midió! Pero quien tampoco se midió fue mi papá, se sentó en una de las sillas del comedor a revisar hoja por hoja durante todo el tiempo que duró la visita de Gabriel. Creo tener buen humor y no ser rencorosa, porque mientras mi papá revisaba minuciosamente los papeles, tanto Gaby como yo nos reímos de lo lindo mientras me platicaba todo lo que sucedió en el congreso. Y se burlaba, disimuladamente, de mi papá al verlo tan interesado leyendo aquellos textos que le daban la libertad matrimonial ante la ley.

Cuando llegó la hora de retirarse, se despidió de mis papás con un adiós. Mi mamá amablemente le respondió con la misma palabra. Mi papá ni siquiera se enteró que se iba Gaby, él seguía en la tarea de estudiar perfectamente los dichosos papeles.

Lo despedí en el lobby del condominio y sin darle más vueltas al asunto me preguntó: "¿qué piensas de todo esto?"

–Mira Gaby, primero debo saber la opinión de mis padres y después debo tomarme unos días para pensarlo muy bien.

–Te entiendo mi amor, el domingo en la mañana no voy a ir a trabajar, si quieres vamos a misa, después te invito a comer y allí hablamos, ¿okey?

–Está bien, –dije sin pensarlo.

La mera verdad es que me caía en gracia su actitud de adolescente enamorado, siendo un hombre hecho y derecho.

Llegó el domingo y fuimos a misa de 11 de la mañana a la iglesia de Santo Domingo de Guzmán, que está ubicada en la calle de Cánova a unos metros de mi casa. Después caminamos un rato por el parque que circunda el templo y me dejó bien claras sus intenciones.

–Mira Tony, quiero hablarte con toda la franqueza del mundo. No quiero un noviazgo largo porque no tengo tiempo de esperar. Tú apenas tienes veinte años, eres joven, pero yo ya tengo cinco años divorciado y soy mucho mayor que tú. Creo que ya viene siendo hora de que forme una nueva familia. Creo que debemos fijar la fecha de la boda ya, pero que no pasé de un año.

Pensé para mis adentros, ¿qué se piensa éste?, todavía no le doy el *sí* del noviazgo y ya habla de boda. Entonces tomé la palabra.

–Gaby, creo que es muy prematuro hablar de boda. Además yo también quiero hablarte con franqueza. Primeramente, el día que me case, será con un hombre que acepte que voy a seguir trabajando toda mi vida, porque yo sostengo la casa de mis papás y lo seguiré haciendo mientras vivan. En segundo lugar, adoro mi trabajo y no sé si me adapte a combinarlo con ser ama de casa, esto no quiere decir que menosprecie a las mujeres que lo son de tiempo completo, al contrario las admiro, porque ellas pueden con todo el paquete y yo no sé ni cocinar ni planchar ni usar la lavadora y un larguísimo etcétera.

Gabriel me miro tiernamente, tomó mis manos entre las suyas, como aquel día en la cabina de locutores del canal 5 y respondió suave y cálidamente:

–*Nena*, por eso no te preocupes. Yo lo que deseo es una compañera que me dé el cariño que siempre he necesitado. Podré pagar una chica que haga los quehaceres y a una cocinera. Lo único que pido al cielo es una mujer comprensiva. Además, sé perfectamente que debes cuidar de tus papás, así como yo lo debo de hacer con mi hija Verónica.

–Ese puede ser otro problema Gaby, ¿crees que la niña me aceptará?

–Por supuesto. Verónica está feliz porque ella te ve por la televisión y te admira mucho.

¡Caray, la niña ya lo sabía! Pensé ¡Qué *cuate* tan adelantado! y volví a tomar la palabra.

–Gaby, te reitero y quiero que me entiendas, no sé si esté preparada para esto, no sé si pueda con semejante responsabilidad.

–Tony, yo te voy a dar siempre todo mi amor y apoyo, y si tú estás dispuesta a ofrecerme lo mismo, estoy seguro que seremos muy felices. Además, yo no necesito una madre para mi hijita, porque Vero tiene la suya. ¿Tú crees que si ahora que estoy soltero no me ha querido dar a la niña, lo hará cuando nos casemos? No, definitivamente no.

Así siguió el tono de la conversación, con mutuas y sinceras confidencias. Debíamos dejar muy en claro qué queríamos en el futuro.

TV
mexicana

Semana del 8 al 14
de Septiembre de 1971
Núm. 72          $ 1.50

# Capítulo VII

## Gabriel Fernández Carrasco

G abriel me contó que quedó huérfano de madre a los tres años.

Su padre dilapidó una pequeña fortuna que había amasado con algunos negocios que tenía, se volvió a casar y tuvo tres hijos más. Su esposa era dueña de una farmacia y aceptó que Gabriel y su hermana, Blanquita, se fueran a vivir con ellos. La señora los trataba bien, sin tener ninguna obligación, pero él no se sentía en su casa.

Los domingos, cuando su madrastra llevaba a pasear a sus medios hermanos, Gaby se quedaba como encargado de la farmacia, eso le gustaba hacerlo porque se sentía importante. Pero lo mejor de la farmacia era la empleada que ayudaba allí, una muchacha que lindaba los veinte años y quien sabía mucho de medicamentos y de *otras cosas*, refería Gabriel. Él se aficionó a leer libros sobre medicinas, pero sobre todo, se entusiasmó con las *otras cosas*.

Don Ausencio (don Chencho), tenía una hermana llamada Josefina, de joven, decían, fue una dama que se sentía de la alta sociedad. Tuvo grandes pretendientes, pero se casó con quien no debía y terminó divorciándose, y ya de mujer madura se dedicó a trabajar arduamente, y aprovechando de que su hermano, en sus borracheras, dilapidaba todo el dinero, se fue quedando poco a poco con las dos gasolineras, los servicios de engrasado y la casa familiar.

La tía Jose, como le decían de cariño, convenció a Gabriel para que se fuera a vivir con ella, diciéndole que lo trataría como al hijo que nunca tuvo. Además aprendería a manejar los negocios que más tarde ella le heredaría.. Así que a los 16 años se convirtió en empleado y velador de una de las gasolineras, pero sin sueldo, las propinas que le daban las ahorraba. Un día que él quiso darse un gusto, al buscar sus ahorros vio que no era la cantidad que creía había reunido, entonces en la noche disimuló que dormía, y cuál fue su sorpresa, al descubrir que la tía entraba a su cuarto y le robaba. Cuando le reclamó, ella, por supuesto lo negó y lo castigó encerrándolo en su cuarto y llamándolo ratero.

La hermana de Gabriel, Blanquita, tuvo peor suerte que él, pues era la sirvienta de la mentada tía Jose, además era quien lavaba los overoles, llenos de grasa, de todos los empleados. Los dos hermanos ya no soportaron la situación y, primero Gabriel, dejó Toluca y se vino al Distrito Federal, y luego Blanquita lo secundó. Ella se fue a vivir con su tía Yolanda. Gabriel, que desde siempre le gustaban la radio y los micrófonos, llegó a Radio 6.20, diciendo que era locutor, que había hecho sus primeros *pininos* en la XECH Radio Toluca, por supuesto era una *casi mentira*, les platico por qué. Su primera experiencia como locutor fue a los ocho años, él era acólito en la Iglesia del Carmen, allá en Toluca, y ayudaba a limpiar la iglesia, cierto día se encontraba solo, se subió al atrio, encendió el micrófono y engolando la voz dijo su primer comercial: "Señora, siga los tres movimientos de Fab… Remoje, exprima y tienda." En ese preciso momento entró al templo el padre Rafael Checa, quien lo checó, castigándolo por andar *locutoreando* sin su permiso. Siendo ya adolescente, aprovechaba sus pocos tiempos libres para colarse en la XECH, allí se hizo amigo del operador y dejaba volar su imaginación pensando que algún día alternaría con los grandes locutores de la XEW *La voz de la América Latina desde México*, ¡La Catedral de la Radio! Algunas noches Gaby se escapaba de la gasolinera para ir a la estación de radio, donde su amigo le enseñó a operar los aparatos, pero lo que a Gabriel más le fascinaba era escuchar su voz en el radio. Algunas veces imitaba a Pedro Ferriz, otras a León Michel y cuan-

María Antonieta de las Nieves poco antes de su matrimonio.

do se sentía más importante a don Luis Ignacio Santibáñez, según Gaby, la mejor voz en toda la historia de la radio en América Latina. Lo único malo era que a las dos de la mañana nadie escuchaba el radio en Toluca.

Con esa *experiencia* llegó Gabriel a Ciudad de México y buscó trabajo en Radio 6.20, él pensaba que iba a conquistar a la gran ciudad, pero la mera verdad, la ciudad lo conquistó a él. En esa primera estación de radio, Gaby conoció a Gustavo Armando Calderón, un gran locutor, pero sobre todo una magnífica persona, quien lo ayudó consiguiéndole una planta como operador suplente, así transcurrieron seis meses, y al fin se presentó la gran oportunidad de volverse locutor de verdad, pero eso sucedió en Poza Rica, Veracruz, cuando se inauguró la primera emisora en esa ciudad, su propietario, el Superintendente de Pemex Ing. Jaime J. Merino (concuño del expresidente Richard Nixon), lo nombró Director de Programación y locutor. Aquella aventura duró dos años, posteriormente, Gustavo Armando Calderón, lo llamó para irse a colaborar, en donde desde aquellos tiempos nombraron: *El Paraíso de América… Acapulco*, fue en la poderosa XEBB, la emisora de provincia número uno, perteneciente al grupo RCN, allí Gabriel llegó a ocupar el puesto de Director de Programación, y se desempeñó también como Comunicador, transcurría el año de 1957. Hasta 1960 vivió una época sensacional. Después fue invitado por Víctor Blanco Jr. (dueño de Radio 6.20) para que trabajara junto a grandes figuras de la historia de la radio en México como: Raúl Paniagua, Sergio Olivares, Fernando Balderas, Luis *Pelón* Amador, Armando Rascón, (quienes por desgracia ya fallecieron), entre otros. En esa etapa se sintió muy a gusto y aprendió aún más, pero apareció Radiópolis del Grupo Telesistema Mexicano (hoy Televisa) y comenzó a soñar que alternaba con gente de la talla de: Pedro Vargas *El tenor continental*, el *Ché* Reyes, David Silva, Manuel *El Loco* Valdez, Antonio Andere, Pepe Ruiz Vélez, y más. quienes llenarían estas páginas. Así que a la semana siguiente de la inauguración pidió le hicieran una prueba y una semana después fue aceptado en Radiópolis, en donde trabajó de 1961 a 1994, 33 años (toda una vida), laborando tanto para XEB, XEQ, XEW y canal 5 de televisión, aquí alternó con el ídolo de los niños: Genaro Moreno, con Pepita Gomiz y Juan López Moctezuma. Trabajó en programas inolvidables como: *Estrellas infantiles Tóficos*, *Club Quintito*, *Suspenso Choco Milk*, entre otros, esa fue una época, que muchos recuerdan, como una experiencia de oro en la televisión mexicana. Al mismo tiempo, su voz se escuchaba junto a los grandes locutores de la XEW, quién no recuerda a: Manuel Bernal, Carlos Pickering, Nacho Santibáñez, Dante Aguilar, Luis Cáceres y Ramiro Gamboa, grandes maestros de la locución en América Latina y a quienes Gabriel recuerda con amor infinito y gratitud, por todas sus enseñanzas y consejos. Esa fue la gente que labró La Historia de la Radio en México.

Cuando Gabriel concluyó de contarme la historia que les acabo de relatar, y la cual está escrita con su autorización, me percaté que estaba ante un gran hombre, quien a pesar de haberse creado *prácticamente* solo y de haber tenido tantos altibajos, alegrías pero más tristezas en la vida, no cayó en la tentación de los vicios, y lo que fue mejor, se supo sobreponer a todo tipo de sufrimientos y amarguras. Logró triunfar. Y aunque era alguien necesitado de amor y comprensión, se convirtió en un ser maravilloso. Creo que sin proponérmelo, desde ese momento empecé a quererlo.

Después de dar aproximadamente diez vueltas a la *manzana* donde se ubicaba mi casa, que con la charla nos pareció una, subimos a pedir permiso a mi papá para poder acompañar a Gabriel a casa de un amigo suyo, quien nos había invitado a comer. Mis viejos, como se lo podrán imaginar, accedieron. Su amigo era nada más y nada menos que el locutor y recién elegido diputado: León Michel, quien estaba casado con Lupita Torrentera. Cuando llegamos a su casa en el Pedregal de San Ángel, me quedé asombrada de la preciosa residencia, pero sobre todo, de los maravillosos anfitriones.

Gabriel me presentó como su novia ¡Qué cínico y creído!, ¿no les parece? Yo apenas estaba pensando en darle el *sí* y éste ya pavoneándose con su nueva novia.

Antes de empezar con el último noviazgo de mi vida, el cual comenzó en octubre de 1970 y todavía dura hasta la actualidad, quiero agradecer a todos mis novios y pretendientes, las atenciones, el cariño, el tiempo y sobre todo la parte de su vida que me dispensaron, ¡Gracias, en verdad muchas gracias, por haber sido parte de mi felicidad en la adolescencia y juventud! Los recuerdo a todos entrañablemente.

# Capítulo VIII
## Conocí a *mi hija*

Mi vida la defino en dos etapas: antes de Gabriel Fernández y después de él. Cosa curiosa, también podría ser… Antes de La Chilindrina y después de ella.

Este singular e imperfecto personaje nació de ocho años, en septiembre de 1971 y digo que nació de esa edad porque La Chilindrina siempre tendrá ocho años, sin importar la edad de María Antonieta de las Nieves.

Volviendo al amor de mi vida, les quiero decir que mi noviazgo no fue ni remotamente un cuento de hadas, vale aclarar que menos fue una historia de terror, pero eso sí, fue una serie de circunstancias insospechadas. Comienzo.

El 27 de diciembre, del año en que se celebró el primer Campeonato Mundial de Fútbol en nuestro país, Gabriel iba al canal 5 a trabajar, manejaba su Mustang azul claro, cuando sintió un fuerte dolor en el pecho, sospechando que era un infarto se dirigió al Instituto Nacional de Cardiología, el cual estaba ubicado en Avenida Cuauhtémoc, afortunadamente era el camino a Televicentro y él se encontraba a sólo tres calles de allí cuando sucedió el percance. En cuanto llegó a Urgencias, lo auscultaron y le diagnosticaron: preinfarto.

Cuando Gabriel supo el diagnóstico se asustó mucho, pero lo único que se le vino a la mente fue: "Cuando vea a mis amigos locutores les voy a decir, ¿no que era hipocondriaco?" Gabriel le pidió a las enfermeras que me avisaran y por supuesto también a Blanquita, su hermana. Cuando me dieron el mensaje yo estaba haciendo el doblaje de la serie *La familia Monster*, donde yo le daba voz a *Eddie*, quien ere el hijo de *Herman Monster*, me asusté muchísimo y le pedí al licenciado Ortigoza que me permitiera retirarme pera ir al hospital y saber qué sucedía.

Cuando llegué a Urgencias me llevé una sorpresa muy desagradable, junto a la cama de Gabriel estaba una señora rubia guapísima acariciándole la cabeza a Gaby, y no sólo eso, él le correspondía a sus caricias con una sonrisa, cuando me vio, se puso más pálido que de costumbre, es más, puedo asegurar que su rostro se tornó de un color amarillo transparente, yo me puse rojísima, de muleta de torero, pero por la rabia contenida, mientras que la señora ni siquiera se inmutó; podría decirse que le tranquilizó mi presencia, porque cuando me acerqué hasta quedarme a dos pasos de ellos, ella sonrío y dijo:

–Tú debes ser María Antonieta, ¿verdad?, Gabriel ya me había contado que eras muy joven y bonita, pero nunca me imaginé que fueras tan pequeñita. Ven dame un abrazo.

Me quedé petrificada ¡Cómo se atrevía la exesposa de mi novio a pedirme un abrazo! Iba abriendo la boca para increpar semejante desvergüenza, cuando ella por fortuna se adelantó, comentando:

–Soy la exsuegra de Gabrielito, pero lo quiero como si fuera mi hijo.

¡Por impulsiva, por poco meto la pata y le hago una grosería a esa gran dama! Pero fue *culpa* de ella, quién le manda a doña Aurora que fuera una mujer tan guapa y se conservara tan joven y distinguida. Tampoco sabía ni me imaginaba la relación tan estrecha que existía entre Gabriel y sus exsuegros. Ellos nunca apoyaron a su hija María Luisa cuando les dijo que se divorciaría de Gaby. on Luis Garrido, el exsuegro, (q.e.p.d), decía que Gabriel era uno de los hombres más decentes e íntegros que había conocido, es más, le decía *homo bono*.

Gaby, tuvo la mala fortuna de enfermarse en época de vacaciones, por tal motivo en el Instituto Nacional de Cardiología, sólo estaban de guardia jóvenes doctores practicantes y ¿qué creen? Confundieron una hernia hiatal con un preinfarto, porque los síntomas son bastante parecidos. Así pasaron dos semanas sin que él casi no se moviera, para evitar cualquier esfuerzo por miedo a que se provocara el tan temible infarto.

La enfermedad, trajo sus cosas buenas, pues provocó que me interesara más en Gabriel. Primeramente porque doña Aurora y yo nos hicimos buenas amigas. El día que la conocí nos fuimos a tomar un café y ella me pidió que me casara con Gaby, que lo cuidara como él se lo merecía, que le diera todo mi amor y que lo hiciera todo lo feliz posible como su hija no pudo hacerlo. Cuando le conté a mi mamá la conversación con doña Aurora, ella dijo que la mejor o la peor de las recomendaciones, siempre vendrían de las suegras.

Esa misma tarde mamá Pilla y yo fuimos a Liverpool a comprar el encargo de mi enamorado. Le compramos unas pantuflas, una bata tan larga, que mi mamá tuvo que subirle como treinta centímetros de bastilla y le compré de regalos una loción y un talco *Yardley*. Cuando fui al hospital a visitarlo y llevarle lo comprado, —no se vayan a reír por lo que contaré a continuación–, no me dejaban accesar al hospital porque no se permitía la entrada a personas menores de 14 años, no llevaba identificación que avalara mi edad ni mi personalidad, así que sólo gracias al médico que lo atendía se me permitió la entrada, ya que él adujo, ante el policía de la entrada, que yo era *la hijita* por la que tanto lloraba su paciente. Una vez dentro, por supuesto, saqué del error a aquel atorrante doctor argentino, le dije:

—Quiero agradecerle doctor, que haya intercedido por mí para poder entrar, pero en primer lugar, tengo 21 años y no soy la hija de Gabriel, sino su novia.

—Lo siento señorita, —respondió él con un tono porteño inconfundible– como el señor Fernández dice que echa mucho de menos a su hijita, pensé que era vos.

Ya que me había enfriado, la verdad es que me hizo gracia la confusión, además el médico no tenía la culpa de que yo ese día fuera casi sin una gota de maquillaje, con el pelo largo recogido en una cola, con falda tableada, calcetas y zapatos bajos. El doctor continuó diciendo:

—No sé si usted sepa que el señor Fernández está muy enfermo del corazón y es probable que muera pronto. Le aconsejo que si vos piensa casarse con él, mejor lo olvide, porque no sería justo que se quedara viuda tan joven.

Volví a encenderme. Sentí como si me hubieran echado un balde de agua fría en la espalda, nada serena exclamé:

—Discúlpeme doctor, pero lo que yo piense hacer con mi vida, no le incumbe a usted.

Lo dejé parado a medio pasillo y subí, los tres pisos, corriendo por las escaleras, hasta llegar a cuidados intensivos, en cuanto vi a Gabriel, inmediatamente olvidé el penoso incidente con el *doctorcillo* aquél y saludé con toda la ternura de que fui capaz *al moribundo*, perdón, quiero decir a mi galán. Gabriel se emocionó al ver su bata, ya arreglada, suspiró cuando le coloqué en la cara y en el cuello la loción de regalo, pero cuando le puse talco en los pies, se le llenaron los ojos de lágrimas y exclamó:

—Muchas gracias Tony, ésta es la más grande demostración de amor que nadie haya tenido para conmigo.

No lo dijo fuerte, más bien fue un susurro, con la voz entrecortada por la emoción. ¡Jamás imaginé que una persona pudiera enamorar a otra, con tan sólo ponerle talco en los pies! En ese preciso momento decidí que ese era el hombre con quien quería compartir mi vida, sin importar lo que durara esa unión. Por supuesto, como ya les comenté, los jóvenes practicantes se habían equivocado en el diagnóstico. Fue una hernia hiatal pero, aunque no lo crean, el daño psicológico que sufrió Gaby, le duró como veinte años. Gracias a Dios, Gabriel sigue junto a mí, haciéndome cada día más dichosa.

El recuerdo más tierno, de aquella época, y que viene a mi memoria, es el del día en que Gaby me dijo que su hijita Verónica quería hablar conmigo, por teléfono. Yo realmente no lo quería hacer, porque no me sentía lo suficientemente preparada para asumir la responsabilidad de convertirme en la futura *madrastra* de una niña de cinco años, pero como dicen por ahí: *no hay plazo que no se cumpla ni deuda que no se pague*, y cuando hablamos, la pequeña me dio una gran lección de madurez.

—Hola preciosa, —le dije—, soy María Antonieta, ¿no sé si sepas quién soy?

—¡Claro que sí! Tú eres mi mamá, ¿verdad?

Lo dijo con toda propiedad. No supe si era broma, si estaba jugando o si estaba poniendo a prueba mi inteligencia o mi sentido del humor.

—No, preciosa, yo soy sólo la novia de tu papá.

Se quedó callada tres segundos y respondió:

—Ya lo sé. Pero si al señor que está casado con mi mamá, le tengo que decir *papá*, ¿por qué no te puedo decir *mamá*, si tú me caes tan bien?

Me reí al darme cuenta de la lógica utilizada por una pequeña inocente, pero que demostraba una inteligencia y lucidez increíbles. En ese momento entendí por qué Gabriel adoraba a su hija, no sólo porque fuera suya, sino porque era adorable y sería imposible que alguien no la quisiera. Entonces le respondí:

—A ver cuéntame, ¿cómo es eso que te caigo tan bien, si ni siquiera me conoces?

Entonces se apresuró a contestar:

—Claro que sí te conozco, siempre te veo en la *tele* en el programa de *El club de Shory*, y me gusta mucho cómo cantas y cómo juegas con los niños, se nota que los quieres mucho. Por eso estoy segura que ahora, cuando me conozcas, también me vas a querer mucho, porque si quieres a niños extraños, pues más me vas a querer a mí, ahora que soy tu *hija*.

Estaba completamente sorprendida. Nunca me imaginé que de esa forma pudiéramos resolver lo que yo creí sería una situación difícil, pero los niños siempre nos tendrán guardadas un sinnúmero de sorpresas.

—Está bien —contesté—, Si tú así lo quieres yo seré tu segunda *mamá*, porque la primera es María Luisa, tu mamá verdadera, que es con quien vives.

La pequeña lo pensó unos segundos y —respondió:

—Estoy de acuerdo. Pero creo que ya es tiempo de conocernos personalmente, porque tengo mucho por platicarte de las *viejas* que persiguen a mi papá y quienes a mí me caen *retegordas*.

Solté una gran carcajada. Resultaba que no sólo acababa de tener *una hija*, sino además, ella sólo me quería a mí y estaba celosa de *las viejas galanas* que andaban tras de su papá.

La oportunidad de conocer personalmente a *mi hija* Verónica llegó hasta después de un mes, resulta que a consecuencia del *supuesto infarto* sufrido por Gabriel, se quedó un poco traumado y se comenzó a enfermar de *nervios*. Un ataque de estrés lo postró en cama tres días, así que fui a visitarlo a casa de su hermana y la niña estaba allí. Cuando toqué el timbre escuché que unos pasitos corrían a toda prisa hacia la puerta. La pequeña con gran esfuerzo la abrió y entonces descubrí la cara de una linda niña rubia, con el pelo recogido en una cola de caballo, ojitos verdes y vestido muy femenino y coqueto. Antes de que yo pudiera decir algo, escuché que gritaba nerviosa y con una tierna vocesita:

–¡Ya llegó mi mamá!

Como soy una llorona de primera, no pude contener las lágrimas, lágrimas de emoción y de dicha, entonces, sin disimularlas –le dije:

–¡Hola mi amor!

En ese momento la feminidad de la criatura se transformó y brincó a mis brazos como si fuera un changuito, me decía a toda velocidad, atropellándosele las palabras:

–Mira mamá, mi papá está un poco enfermo, pero no te preocupes pues yo lo estoy cuidando muy bien, ¿sabes qué sería bueno? Que lo saludaras de *rapidito*, y luego lo dejamos descansar, así tú y yo nos podemos ir a tomar un helado porque tengo mucho que contarte.

Así empezó la relación entre Verónica Fernández y María Antonieta de las Nieves. Creo que después de la relación con mamá Pilla y con Gabriel, la que he llevado con *mi hija* ha sido la más entrañable que he tenido en mi vida. No digo que haya sido fácil, al contrario, ha sido la más difícil, pero a pesar de los problemas, de las lágrimas, de los contratiempos y del aprendizaje, de mi parte, por tratar de ser madre antes de tiempo, y de su parte, por adaptarse a ser hija de una persona sumamente ocupada y demasiado joven, a quien veía más como un ídolo de la televisión que como a una persona de carne y hueso. A pesar de todo *el estire y afloje* que hemos llevado durante todo este tiempo… ¡Ha valido muchísimo la pena! Como en las telenovelas…¡Nuestro mutuo amor ha triunfado!

Y así, cuando ella se casó, ya no existía ninguna contrariedad entre nosotras, al contrario, nos volvimos almas gemelas, las cuales se apoyan sobre todas las cosas. Vamos las dos tomadas de las manos hacia el mismo fin… Ser madre e hija para siempre.

El día que conocí a Verónica me di cuenta de que un gran padre soltero con una gran hija, no son un impedimento para formar un matrimonio feliz, ¿les hago una confidencia? La verdad no sé de quién me enamoré primero, si del padre o de la hija.

Gabriel y yo llevábamos seis meses de novios cuando decidimos casarnos en cuanto encontráramos en renta un departamento de unos mil quinientos pesos, de ninguna manera podía ser más caro, porque Gaby no quería que yo aportara económicamente nada, él tenía perfectamente estructurado su presupuesto, compraría los muebles de nuestro hogar de riguroso contado. Gabriel siempre fue muy previsor y le daba terror hacer compras a plazos, por miedo de no poder pagar puntualmente debido a la eventualidad de su trabajo. Yo estaba de acuerdo con todo, mi sueldo se utilizaría para sostener a mis papás y todos sus gustos, además gastaría en mis *chácharas*. Gabo pagaría todo lo relacionado a nuestro nuevo nido de amor, sabía que él ganaba bien y tenía fama de ahorrativo, ¡Pero nunca me imaginé que tanto!

El mismo día que decidimos que ya podíamos casarnos en cualquier momento (yo pensaba que cuando menos tardaríamos un año), Gabriel me dijo que a la vuelta del departamento de mis papás había un edificio pequeño que tenía un letrero de *se renta departamento*, yo ya lo había visto, pero sabía que por el rumbo donde estaba ubicado, debería ser muy cara la renta, además estaba en el tercer piso y no había elevador, entonces –le dije:

–Si quieres vamos a verlo, pero existe una condición para casarnos inmediatamente, quiero vivir en planta baja porque deseo tener un pequeño jardín o patio para cultivar muchas flores y plantas de ornato, además me gustaría vivir cerca de mis padres, a no más de una calle, (el departamento en cuestión estaba a dos y media calles), para estar muy al pendiente de ellos.

Gabriel se quedó muy serio, pero en tono de broma –comento:

–Sí *Nena*… ¿Y tu nieve de qué sabor la quieres?

Solté una sonora carcajada, siempre me ha caído estupendamente su sentido del humor.

–La mera verdad, la quiero de chocolate.

Con el pretexto de la nieve salimos a dar la vuelta y Gaby, adrede, me llevó hacia el edificio donde se rentaba el mentado departamento. Subimos a verlo, era precioso, pero demasiado grande para unos recién casados, contaba con tres recámaras, dos baños, cocina, sala y comedor, pero lo peor, la renta era de dos mil quinientos pesos ¡Una fortuna!

Gabriel se desilusionó, cuando bajábamos por la escalera bromeé, –diciendo:

–Lo siento. Por ser pobre perdiste la oportunidad de casarte mañana.

Llegando a la planta baja el conserje nos preguntó si nos había gustado el departamento. Le respondí que sí, pero que era muy amplio y caro para nosotros. Entonces dijo algo que cambió radicalmente mis planes:

–Aquí en la planta baja vive un decorador a quien acaba de dejarlo su *novio*, y como no quiere vivir con malos recuerdos, lo va a traspasar.

No les hago más larga la historia, lo vimos, nos fascinó, contaba con una recámara, sala y comedor tenían tapizadas las paredes con corcho, la luz era indirecta y un jardincito estilo japonés lindísimo, lo malo era que la cocineta era pequeña y la recámara contaba con un solo clóset, con la cantidad de trajes que tenía Gabriel y mi cantidad de *mugres*, no sabríamos qué hacer, pero nos arreglaríamos. Gaby al día siguiente le dio al decorador el dinero del traspaso, cuatro mil quinientos pesos (¿no que era un tacaño mi Gabo?), según el decorador sólo nos había cobrado lo invertido en arreglar el departamentito. Eso fue en abril y el nueve de julio, o sea, tres meses después nos casamos.

# Capítulo IX

## La boda, la luna de miel y el noviciado

La boda civil se efectuó en el departamento de mis papás. No nos casamos por la iglesia por la situación de Gabriel de haber estado casado anteriormente. Por ello, en mi boda utilicé el tradicional vestido blanco de novia (porque siempre pensé que me lo merecía, lo máximo entre las familias católicas de aquella época, era que la mujeres se casaran vírgenes y por ello merecían la pureza del vestido blanco, es por eso que digo que lo merecía, aunque no cumpliera con ese sacramento de la iglesia). A la boda sólo asistieron nuestras familias. Los testigos por parte de Gaby fueron: el doctor Alfredo Castellanos, y sus grandes amigos, los locutores, Genaro Moreno y Jorge Beauregard; por mi parte lo hicieron: el primer productor del programa de Chespirito, el enorme… Sergio Peña, y mi queridísimo y entrañable compañero: don Ramón Valdés.

Jamás he sido partidaria de grandes fiestas ni recepciones, me hubiera conformado con un pequeño brindis, pero mamá Pilla quería que toda la familia supiera que *se casaba bien* su última hija, su adoración… Su *Nena*. La recepción fue en un pequeño salón que estaba en la Avenida de los Insurgentes, arriba de la pastelería El Molino, ya les comenté que quería algo íntimo, por ello, sólo invité a mis compañeros de doblaje: Sarita Morales, la mujer más linda y querida para mí, y se *colaron* Santiago Gil y su esposa, digo se *colaron* porque cuando él se enteró que me casaba, comentó que no necesitaba invitación porque era como mi hermano y en realidad yo así lo sentía. Por supuesto también asistieron mis adorados compañeros de *Los supergenios de la mesa cuadrada* (aclaro que todavía no existía el programa de *El Chavo*), Chespirito y su esposa Graciela, Rubén Aguirre y su esposa, y Aníbal de Mar. Creo que no invité a mis primos porque eran muchísimos y no nos alcanzó el presupuesto. Por supuesto, no podía faltar mi cuñada Blanquita (quien ha sido una estupenda *suegra*) y Blanca, su hija. Las fotos de la boda revelan que todos estuvimos felices, pero papá Tanis no dejó de llorar.

La primera noche de la luna de miel fue en la suite japonesa del hotel *La casa de piedra* en Cuernavaca, y al día siguiente partimos para Acapulco y nos hospedamos, durante siete días, en un hotelito muy lindo llamado *Maralisa*. Mi luna de miel fue maravillosa, aunque tuvo dos *peros*. El primero fue que, llegando a aquel puerto paradisiaco fuimos a comer arroz con pulpo, a mi estrenado marido le encanta ese platillo, y como a mí también, lo compartimos. Gabriel no tuvo ningún problema posterior, pero a mí cayó *la venganza de Moctezuma* (*un córrele que te alcanzo* superlativo), y si de por sí la diarrea es molesta, imagínenlo en plena luna de miel. A mí todo me daba pena, así que, para evitar que mi esposo escuchara el ruido que yo hacía cuando entraba en el baño, le pedía que saliera de la habitación. El segundo *pero* fue... *chan, chan, chan, chan,* que por primera vez me hizo llorar. Recuerdo que estábamos en la piscina, él dentro de ella y yo tumbada en un camastro asoleándome, Gabriel tenía una de sus manos (por no decirle *manopla*, pues las tiene enormes y regordetas) recargada en la orilla de la alberca y se me ocurrió la poca oportuna idea de pisarle con cuidado la mano, pensando que a él, ver mi piecito encima de su *manota* le haría gracia, y tal vez, me daría un furtivo beso en mi pie de *Cenicienta*, pero ¡oh desilusión! Por respuesta recibí lo siguiente:

—¡Fíjate en dónde pisas, no recuerdas que tengo una cortada en la mano!

Era verdad, dos días antes, Gaby se había casi rebanado el dedo con una navaja de afeitar que estaba en la cajuela de mano del auto, y yo no lo recordé hasta ese momento. Pero aun así, la respuesta de mi marido me pareció tan dura que me subí a la habitación y estuve encerrada llorando durante dos horas, la única manera que encontró Gaby de consolarme, fue llevándome a bailar esa noche, a *La perla* del hotel *Mirador* ubicado en la famosísima atracción turística: *La Quebrada*. Como dato curioso agregaré que en todos los años de casados que llevamos, ha sido la única vez que hemos ido a bailar, estoy pensando seriamente en cortarle un dedo y luego pisarle otra vez la mano, porque a mí me fascina bailar.

Durante los ocho días que duró el viaje bajé cuatro kilos de peso, al llegar a la Ciudad de México, antes de continuar nuestra luna de miel en Disneylandia (fue la vez que conocí ese maravilloso parque, pensarán ustedes, porque yo sí, qué luna de miel tan infantil, pero la disfruté al máximo), lo primero que hice fue correr a ver a mi mamá para contarle lo feliz que estaba, mi mamá, *preocupona* como siempre, quiso llevarme al doctor para que me revisara, pero en ese preciso momento me di cuenta de que ya no tenía ni el más mínimo atisbo de movimientos intestinales. Para acabar pronto, la diarrea fue psicosomática, en cuanto vi a mi mamita linda, se terminaron los malestares estomacales como por encanto, y en Disneylandia no sólo repuse los cuatro kilos perdidos sino que subí dos más.

En ese viaje, aparte de conocer Disneylandia, también conocí cómo era en realidad Gabriel Fernández, el amor de mi vida. Ahora que han pasado tantos años, me doy cuenta de los graves errores de antaño que cometían nuestros padres al cuidar tanto de sus hijas, no permitiéndoles conocer mejor a sus futuras parejas, y no me refiero sólo sexualmente sino en todos los demás aspectos. Mis papás eran tan estrictos que Gabriel y yo nunca tuvimos una o dos horas a solas, y aprovecharlas para decirnos mutuamente lo que nos gustaba o no, o simplemente debatir por pequeñas diferencias o pelearnos por grandes, para después contentarnos cariñosamente como lo terminan haciendo todas las parejas. En Disneylandia, me puse mi primera borrachera, antes, en casa de mis papás, sólo tomaba rompope, y muy de vez en cuando Cinzano, y sidra en Navidad.

La noche de mi primera borrachera nos la pasamos hablando, por primera vez, ocho horas sin parar y el alcohol nos hizo decir, sin inhibiciones, lo que queríamos y esperábamos el uno del otro. Gracias a Dios resultamos la pareja *casi perfecta*, pero, ¿qué hubiera pasado si esa noche nos hubiéramos dado cuenta que éramos completamente incompatibles? Siempre he pensado que es muy arriesgado casarse sin conocer a fondo a la pareja con quien compartirás el resto de tu vida, bueno, así lo creo yo, no sé ustedes.

Al regreso de aquel magnífico viaje, comenzó nuestra vida juntos. Dicen que el primer año paga uno el tan famoso *noviciado*, y yo lo pagué con creces. Los primeros cuatro meses fueron de adaptación, mi horario y rutina de trabajo estaban peleados con los de mi marido. Yo me levantaba a las seis de la mañana porque mi primer llamado en el doblaje era a las ocho, cortábamos una hora para comer, por lo cual, no me daba tiempo de ir y venir a casa. Regresaba entre las siete y nueve de la noche, entonces hablaba por teléfono o en una carrerita iba a ver qué se les ofrecía a mis papás. Al llegar a mi hogar lo primero que hacía (y lo sigo haciendo hasta la fecha), era quitarme la ropa y ponerme el pijama (en esa fecha usaba negligés sexys hasta que Gabo me dijo que le gustaba más con mi pijama de Micky Mouse), checaba que toda la casa estuviera en orden, la ropa limpia y en su lugar.

La rutina de Gaby era más o menos de la siguiente manera: entre nueve o diez de la mañana se bañaba, desayunaba como a las once (cuando tenía que hacer algún comercial temprano, entonces la rutina cambiaba, se levantaba dos horas antes del llamado), hablaba por teléfono a las agencias de publicidad o iba a cobrar sus cheques de pago, comía en el restaurante de Televicentro que estaba ubicado en Avenida Chapultepec, porque entraba a trabajar al canal 5 a las tres de la tarde y salía a las siete de la noche, eso de *salir* era una metáfora porque se quedaba a presentar en horario estelar todos los programas importantes de aquella época como: *Los intocables*, *Los locos Adams*, *Misión imposible*, *Los vengadores*, *Hechizada*, entre otros. Todas las series dobladas de esos tiempos las patrocinaba la agencia *Noble y asociados* o *Mckan Erickson*, y le pagaban a Gabriel por presentarlas, realmente mi marido ganaba muy bien con los *brokers* (compañías de publicidad y productos como brandys, wiskys, cigarros, automóviles, etcétera). Su sueldo como locutor de cabina era simbólico, pero el estar en canal 5 le abría muchas puertas. Algunas veces salía de trabajar hasta la una de la mañana, eso también incluía sábados y domingos. O sea, que con toda seguridad llegaba a casa pasadas las doce de la noche, a esa hora cenábamos, yo quería quedar bien, y le preparaba enchiladas suizas o chilaquiles con pollo o mole poblano con arroz, etcétera, algo ligerito ¿verdad? Por supuesto, después de ese atracón podía conciliar el sueño hasta las cuatro de la mañana, no sin antes esperar a que yo me durmiera, para que de esa manera no me diera cuenta de que entraba al baño a tomarse unos Alka Seltzer para evitar las agruras. Fue hasta tres meses después de casados que me confesó, "todos los días cerca de las nueve de la noche me como una torta para aguantar hasta que ceno contigo". Desde ese día, a la hora que llegara tenía su cena lista en el buró de la recámara: un vaso de leche y un pan tostado Bimbo.

En verdad es que casi no nos veíamos, y para poder estar con él, los sábados y domingos lo acompañaba a la cabina del canal 5, allí nos pasábamos cuatro o cinco horas tomados de las manos viendo la programación del canal y comiendo tacos y tortas que pedíamos de una cantina cercana.

Nuestra rutina cambiaba cuando nuestra hija Verónica venía a visitarnos los fines de semana. Como el departamento era muy pequeño y sólo existía una recámara, entonces la niña dormía en mi habitación de soltera en el departamento de mis papás. Esos sábados y domingos que podíamos dormir hasta tarde ¡Nos levantábamos tempranísimo!, porque Vero llegaba, se nos metía en la cama, nos jalaba las cobijas y nos molestaba hasta que nos obligaba a levantarnos para llevarla a jugar al parque y después a comer fuera de casa. Recuerdo que los domingos, Vero y yo, llevábamos a Gabriel al trabajo y de allí partíamos a un cine exclusivo para niños: Continental, ubicado en Avenida Coyoacán y Xola, saliendo de la función íbamos a cenar a un café de chinos

Llegó la época de mi primera Navidad ya estando casada, y según yo, pobre ilusa de mí, pensé que iba a ser la más maravillosa de todas. Jamás me imaginé la broma macabra que me tenía preparada el destino. Les cuento. El seis de diciembre de 1971 mi hija Verónica cumplía años, Gabriel estaba sumamente ocupado en el trabajo, y me pidió como un favor muy especial, que le llevará a Vero su regalo, que le comprara una piñata y la llenara de dulces, fruta y juguetitos. Realmente la petición no me hizo ninguna gracia porque todo lo debía llevar a la casa de la mamá de la niña, por obvias razones allí se desarrollaría la fiesta. Cuando llegué, toqué el timbre y la muchacha del servicio me preguntó, a través del interfón, qué deseaba. Le expliqué que iba de parte del señor Gabriel Fernández a entregar unos obsequios. Esperé como dos minutos afuera del edificio, es eso escucho que abren la puerta, volteo y veo salir a una joven muy bonita y muy bien arreglada, quien con el mayor desparpajo me dijo:

–¡Qué tal María Antonieta, qué bueno que viniste! Mi hija Vero me ha contado mucho acerca de ti, pasa por favor.

Como se lo han de estar imaginando era María Luisa, la exesposa de Gabriel. Realmente era una muchacha muy bella, rubia natural, con pelo corto y unos preciosos ojos verdes que adornaban unas enormes pestañas negras.

–Te agradezco la invitación María Luisa –tratando de parecer mujer de mucho recorrido por el mundo–, pero tengo que regresar a trabajar, por favor dale este regalo de mi parte a la niña. La piñata y los dulces son de parte de su papá.

Me sonrió y en un tono sumamente amable exclamó:

–Dile a Gabriel que me encantó conocerte. Que me llame por teléfono para ponernos de acuerdo y salir a tomar una copa o a bailar ustedes dos, mi esposo y yo ¿cómo ves?

En verdad no supe si me lo decía en serio o sarcásticamente, pero lo averigüe muy pronto, porque cuando se lo mencioné a mi marido, él me dijo que ya en otra ocasión María Luisa le había comentado lo mismo, pero no me lo había dicho porque no se imaginaba cuál sería mi reacción. No sé por qué Gabriel pensó que podría enojarme, si soy tan tranquila, la verdad es que, ¡me puse furiosa! Se me hacía inverosímil que ella llegara a pensar que una mujer como yo, se atreviera, ni siquiera a pensar, en poder departir con la exesposa de él, con su nuevo marido y con mi marido. Sólo faltaba que yo aceptara y luego les propusiera: ¡un intercambio de parejas! A Gabriel le pareció exagerada mi reacción, y en realidad tenía razón, lo que sucede es que hasta la fecha soy de ideas demasiado conservadoras, y hay cosas modernas que las entiendo y soporto, pero que no las comparto.

La vida nos da lecciones imposibles de olvidar, continúo con la *broma* preparada por el destino, ese seis de diciembre, juzgué duramente a una mujer, es más, llegué a pensar que lo más difícil de mi relación matrimonial iba a ser tener que soportar que mi esposo viera a María Luisa, aunque fuera solamente al momento de recoger y dejar, en su casa, a la niña. Al día siguiente, Vero habló a la casa para agradecernos los regalos, como no encontró a su papi, pidió hablar conmigo:

—¡Hola mamita!, estoy muy enfadada contigo, porque mi mamá María Luisa me comentó que no te quisiste quedar a la fiesta, y yo te quería presentar a todos mis amiguitos, porque ninguno me cree que tú eres mi mamá.

La ternura de la niña me hizo sentir pésimamente y contesté:

—Mi amor, te prometo que el año entrante yo te celebro tu fiesta de cumpleaños aquí en la casa.

Jamás pensé que esas palabras fueran a ser premonitorias. El nueve de diciembre, tres días después de la fiesta, nos asustó el repiqueteo del teléfono. Eran las seis de la mañana, todavía estábamos dormidos, Gabriel contestó y lo que escuchó al otro lado del auricular hizo que se sentara en la cama, como impulsado por un resorte. Me alarmé al verlo tan pálido, el receptor del teléfono se le había ido de la mano hasta el piso y el pobre hombre no hacía ni el más mínimo intento por levantarlo.

—¡Qué te pasa, Gabriel!

No contestaba.

—Gabriel, ¡por favor, qué pasa, qué tienes, qué sucede!

Él no lograba articular palabra, tomé la bocina para enterarme de lo que sucedía. Al escuchar la noticia me quedé igual que mi marido, atónita, con la diferencia de que yo sí logré colocar el auricular encima de la base, pero tampoco dije nada. La muerte de cualquier familiar cercano es una pérdida irreparable y un golpe emocional fortísimo, pero el tan inesperado deceso de María Luisa, mujer de 26 años que dejaba en la orfandad a sus dos pequeños, una nena de seis años y un varoncito de dos, era algo que dejó una enorme huella y un hueco imposible de llenar.

Mi reacción inmediata fue ir por la niña, por supuesto, no le dijimos nada del accidente sucedido a su mamá. Ella pensó que la llevábamos con nosotros simplemente de vacaciones. Gabriel al día siguiente fue al velorio, cuando regresó me dijo algo que me desconcertó por completo:

—Todos los hermanos de María Luisa y, obviamente también doña Aurora, quieren quedarse con Vero y yo quiero saber ¿qué opinas?

Lo miré fijamente a los ojos y respondí:

—Gabriel, la niña no es huérfana, te tiene a ti que eres su padre y ella debe vivir contigo.

Jamás pensé que él tuviera, en una situación como esa, alguna duda al respecto.

Boda por el civil.

—Pero es que tú eres muy joven para echarte una responsabilidad tan grande —hablaba con los ojos llenos de lágrimas—, además cuando nos casamos te dije que mi hija no necesitaba una nueva madre porque ya tenía una…

En ese momento lo interrumpí y grité:

—¡Por supuesto que tiene una madre… Y esa soy yo! Escúchame bien, por ningún motivo voy a permitir que nos la quiten, cuando la conocí, ella me adoptó como su mamá y en ese instante me enamoré de ella. Cuando nos casamos formamos una sola familia: tú, nuestra hija, mis papás y yo. Así que te ruego que le des las gracias a la familia Garrido, pero la niña se queda para siempre con nosotros.

Cuando los Garrido se enteraron de nuestra decisión, no se quedaron con los brazos cruzados, ellos debían de hacer algo, y vaya si lo hicieron: me adoptaron como su hermana y como madre de Verónica. Siempre me ha parecido increíble, que dada la situación del parentesco que Gabriel llegó a tener con ellos, yo haya tenido tanta unión con la familia a partir de la muerte de María Luisa.

La parte más difícil de todo este acontecimiento, fue que a mí me cedieron la enorme responsabilidad de decirle a mi *hijita* que su mamá se había ido al cielo, pero Vero, como ya les había comentado, era extremadamente madura para sus escasos seis años de vida y lo asimiló muy bien. Todos los días le rezábamos a su mamita.

Es muy cierto que la llegada del primer hijo siempre cambia a la familia, y en nuestro caso, más aún cuando éste llega de manera inesperada. Por principio de cuentas, como lo había supuesto Gabriel, yo no estaba preparada para ser la madre de una niña de seis años con los problemas propios de su edad, al principio la trataba de manera muy blanda, porque pensaba que si la regañaba cuando hacía algo mal, Gaby podría molestarse conmigo, así que Vero se *me subió a las barbas*, como coloquialmente se dice.

Como nuestro primer nido de amor era pequeño, le pedí a mi mamá que la niña durmiera, como cuando venía los fines de semana, en mi recámara de la casa de ellos, pero a mi mamá, como siempre una viejita sabia, se le ocurrió algo mejor y me dijo:

—Mira *Nena*, ¿qué te parece si dejamos los departamentos tal como están y lo único que hacemos es cambiar de inquilinos, ustedes tres se vienen para acá, y tu papá y yo nos vamos al otro departamento, acá hay tres recámaras y estarán muy a gusto.

Mi linda viejecita siempre se sacrificó por su *Nena*. ¿No creen que era adorable?

Mi primer cambio de casa fue facilísimo, solo saqué las cosas del único clóset que teníamos y lista la mudanza. Pero el problema se presentó cuando quisimos ubicarnos en el nuevo hogar. Mi hija Verónica quería quedarse en la recámara principal, alegando que era en la que se quedaba cuando iba de visita con mis papás. La convencí, diciéndole que podría dormir con nosotros cuando quisiera, como se podrán imaginar, fue un pésimo arreglo. Todos los días quería sacar a su papá de la recámara, porque ella quería dormir con su mamita, yo le propuse que sólo un día a la semana podría dormir en nuestra habitación, pero que su papá, por ningún motivo se iría a dormir a otra recámara, por supuesto no le gustó mi idea. Todas las noches, cuando Gabriel y yo ya estábamos dormidos, la chiquita entraba sin hacer ruido, y en el lado donde van los pies, se acostaba en el suelo para que no la viéramos. Entonces opté por cerrar la puerta con llave, la primera noche lloró de pie hasta que se agotó y se quedó dormida, tapada con su colcha, en la alfombra del pasillo. Al mismo tiempo que ella lloraba, yo hacía lo mismo, me sentía infeliz, parecía la madrastra de *Blanca Nieves*, pero tenía que aguantarme. Por fortuna Verónica se dio cuenta que no íbamos a ceder y la primera batalla… La gané yo. Vero aprendió a dormir sola, pero rodeada de las 64 muñecas, que había yo coleccionado durante mi etapa de soltera, además de no sé cuántos peluches y todos los juguetes que le comprábamos. Creo que muchas veces los papás nos pasamos, no es nada recomendable tratar de criar a los niños con lástima o sentimiento de culpa, lo que debemos hacer es asumir nuestra responsabilidad de por qué hacemos las cosas, porque creo, que las hacemos pensando siempre en beneficio de nuestros hijos.

La muerte de María Luisa me trajo sensaciones y sentimientos encontrados. Primeramente, me sentía culpable por tener la tranquilidad de saber que ella no iba a influir en la relación con mi marido y mi hija, y por otra parte, me sentía feliz de poder cumplir con el sueño de mis papás y mío, casarme por la iglesia.

La ilusión me duró muy poco. Aproximadamente al mes de la tragedia, fuimos al ex Convento y Parroquia de Santo Domingo de Guzmán,

## Semana del 8 al 14 de Septiembre de 1971

**televisión**
**teatros**
**cines**

EDITORA Y DIRECTORA: LUZ MARIA AMBRIZ
ADMINISTRADOR: ALBERTO PEREZ C.
RELACIONES PUBLICAS: ANGEL GONZALEZ

### Nuestra Portada

T. V. MEXICANA ha sido una tribuna permanente para exaltar los nuevos valores de nuestra televisión, desde que nació a la vida pública, por eso en esta ocasión dedica su portada número 123 a la joven actriz **MARIA ANTONIETA DE LAS NIEVES**, una de las noveles artistas que se ha destacado en Televisión Independiente de México (Canal 8), en su cuadro humorístico.

**MARIA ANTONIETA DE LAS NIEVES** sobresale en su carrera cómica casi al mismo tiempo que nace en nuestra capital el Canal 8 de Televisión, en las series que escribe Roberto Gómez Bolaños "Chespirito", como la ya popular "Mesa Cuadrada", programa que cuenta con un grandísimo teleauditorio en toda la República y que se transmite los jueves por la nueva imagen de México a las 9 de la noche, ahora bajo el nombre de "Chespirito".

**MARIA ANTONIETA DE LAS NIEVES** es un baluarte de primerísimo

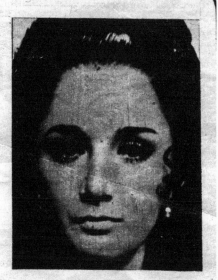

orden en el grupo cómico de Canal 8, pues se acomoda y caracteriza con extraordinaria facilidad los personajes más difíciles, que le permiten sacar el mayor provecho de los libretos que interpreta.

Publicada por "Editorial Vasco de Quiroga". Oficinas Gutemberg 34-22 y 25, México 5, D. F. Departamento de Publicidad: Tel. 531-42-96. Dirección Postal: Apartado 10798, México 1, D. F. PUBLICACION SEMANAL, autorizada por la Secretaría de Educación Pública, según oficio No. 1067/69 y autorizada como correspondencia de 2da. clase por la Dirección General de Correos, con fecha 25 de marzo de 1970. No. de control 1346. Los artículos firmados no representan, necesariamente, la opinión de "T. V. MEXICANA".

Esquela *Los supergenios de la mesa cuadrada.*

ubicado en Cánova 2 esquina con Campana en la colonia Insurgentes Mixcoac, muy cerca de donde vivíamos en la calle de Actipan, para informarnos acerca de cuáles serían los trámites necesarios para poder llevar a cabo el matrimonio eclesiástico. La persona que nos atendió, un párroco con muy poco criterio, por decirlo de una manera adecuada y decente, nos solicitó un sinnúmero de requisitos, los cuales por lógica elemental no podríamos cumplir, me imaginé que esa era su intención. Cuando nos habló de los enormes arreglos florales y la magnificencia de la música, le comenté que no requeríamos nada de eso, puesto que a la boda sólo iríamos acompañados de mis papás y de la hermana de Gabriel, además no importaba ni la hora ni el día porque queríamos casarnos de manera muy íntima y lo más pronto posible. El sacerdote frunció el ceño, como dudando de nuestra honorabilidad. Gabriel le explicó el motivo de nuestra premura y el padre nos sorprendió con lo siguiente:

—¿Entonces ustedes ya tienen cinco meses viviendo en pecado?

Lo dijo en un tono sumamente ofensivo. Como ya saben, me altero fácilmente cuando de injusticias se trata, pero jamás pensé que reaccionaría como lo hice, gritando, contesté:

—Sí usted se refiere a que llevamos cinco meses manteniendo relaciones sexuales… Pues está en la razón, sí, llevamos cinco meses casados por lo civil, y si no nos casamos *como se debe*, fue por lo que ya le explicó mi esposo, él estaba divorciado, y nunca esperamos que su exesposa se muriera tan prematuramente, ¿Entiende la situación o se la vuelvo a explicar?

El sacerdote se quedó pasmado con mi respuesta, pero, ¿qué creen que contestó?

—Así que el señor aquí presente ya se casó por la iglesia, se divorció, se volvió a casar y poco tiempo después muere su exesposa, esto está muy raro. Primero deberíamos averiguar si el señor no tuvo nada que ver con el accidente.

Para serles franca, ese fue el segundo gran golpe recibido en mi poquísimo tiempo de casada. Llevaba 21 años creyendo fielmente en mi religión y en los sacerdotes, y ahora no estaba dando crédito de lo que escuchaba, así que reuniendo toda mi voluntad para contenerme de lo que podría ser capaz de hacerle a ese sujeto respondí:

—Olvídese de que quiera casarme por la iglesia. Por personas como usted los feligreses dejamos de creer. Déjeme decirle una cosa más, el

Vaticano debería escoger muy bien a quienes lo van a representar, porque los sacerdotes como usted hacen demasiado daño.

Salimos de la iglesia, yo llorando de impotencia, Gabriel un poco enojado, pero ecuánime. Les juro que de haber sido varón, aunque ganas no me faltaron aunque era mujer, lo hubiera golpeado, estaba iracunda. Gaby trató de tranquilizarme y me pidió que fuéramos a hablar con otro sacerdote. Me negué, no quería volver a saber nada de la iglesia ni de la religión y menos de sus representantes. En alguna reunión organizada por Chespirito, en su casa, Graciela, su esposa, gran dama, gran mujer y muy católica me hizo creer nuevamente en mi religión, así que volví a ir a misa y a confesarme, pero no quise volver a tocar el tema de la boda. Yo no contaba con amigas para platicarles mis problemas y Graciela con sus consejos fue una gran guía para mí. Aprovecho para decirlo aquí y ahora: Chespirito y Graciela ¡Eran mi ideal como pareja!

TV mexicana

SEMANA DEL 26 DE MAYO
AL 1o. DE JUNIO DE 1971.
No. 108          $1.50

Guía de: TELEVISION
CINES - TEATROS

# Capítulo X

## Otro tipo de amor

Por hablar de mis vidas sentimental y familiar, por supuesto que son lo más importante, he olvidado hablarles de mi carrera, así que los pondré al tanto, ¿les parece?

Un poco antes de casarme, comencé a trabajar muchísimo en el canal 8 de televisión. No sólo tenía el programa con Chespirito, donde, como les he venido contando, por ser la única mujer del grupo obviamente interpretaba todos los papeles femeninos. Además trabajaba en otros programas como *Loquibambia*, estelarizado por Fernando Luján y en donde yo tenía algunas participaciones. También en concursos de aficionados, en donde llegué a ser sinodal, de este programa quiero compartirles un recuerdo: se debía hacer un esquetch donde se personificaba a una *vieja* fodonga y chismosa, de esas de lavadero. Había tres participantes, una de ellas antes de comenzar el programa, que era en vivo, se me acercó y me pidió consejo de cómo debería interpretar al personaje. Yo sentía que no era nadie como para poder aconsejarla, pero aquella muchacha, como de mi edad, me insistió, así que le di mi consejo, ella quedó encantada con mi comentario, pues argumentó que me admiraba mucho. De las tres participantes ella fue la mejor, por supuesto mi voto le dio el triunfo, al

# Surge una Gran Actriz Cómica

# María Antonieta de las Nieves

ARIA Antonieta de las Nieves es una muchacha menudita, de cara agraciada y muy modesta, a quien hemos visto con agrado desde que, saliéndose de la simple lectura de noticias y otros menesteres menores en la televisión, surió al lado de Chespirito en una serie cómica que también dio a conocer a otro valor, gran valor de la comicidad, que es Ramón Valdés.

Desde que "la mococha pechiocha", como se le bautizó en aquella serie, se inició un franco plan de actriz cómica, aventuramos que, a la larga, iba a quitar muchos moños a entronizadas actrices, con muchos años en la carrera, aunque al presente nuestros vaticinios no se han cumplido cabalmente, por virtud de la fama de que gozan esas otras actrices, seguimos en nuestra impresión inicial: hay en María Antonieta de las Nieves, ya no en forma simplemente potencial, una extraordinaria actricita cómica que ha dado fuerza a un intrascendente programita que se conoce como "el Chavo del ocho", en el que el crédito principal lo lleva Chespirito y nos suponemos que por la misma razón de ser él el de más nombre y fama al presente, pero, si hubiera justicia, el crédito debiera ser comparado en cuantificaciones iguales, ya que ambos están verda-

Para el público, que, pese a lo que se diga en contrario, nunca se equivoca, este reparto en créditos ya está resuelto; Ya la ha colocado a María Antonieta, como estrella del programa, sin que esto signifique mengua de ninguna especie para el actor principal.

La calidad se impone y "la

que ya no ven a la larga, puesto que se p pa ya la gran simpatía con le que el televidente acoge cada una de sus actuaciones.

Y que conste que, si nos hemos desatado en tanto adjetivo encomiástico, es porque estamos seguros de lo que estamos calificando. ¿No está

Interior de TeleGuía.

terminar el programa me buscó para darme las gracias, se presentó: "me llamo Florinda Meza", dijo con soltura.

Cuando me casé, todavía no existía La Chilindrina. Fue en septiembre de 1971 cuando por vez primera hice la caracterización de una niña con pecas, lentes, colitas chuecas en el pelo, sin un diente central y mal portada, para mí fue una más, pero a Chespirito le encantó, recuerdo que en esa ocasión le dije:

–Deberías crear un esquetch donde todos los del grupo saliéramos de niños.

Chespirito fue renuente, argumentando que yo sí podía hacer esa interpretación por mi edad y físico, pero que todos los demás ya eran mayores de edad para eso. De los integrantes del grupo, quien menos años era mayor que yo, era Rubén Aguirre.

A propósito de Rubén, él tenía su propio programa llamado *El club de Shory*, y me invitó para que lo condujéramos juntos. Los dos cantábamos en vivo, yo bailaba y montaba coreografías con los niños y algunas veces hasta llegué a declamar.

Rubén también invitó a un fotógrafo del periódico *El Heraldo* a realizar fonomímica, a este muchacho le encantaba imitar a Pedro Infante y Jorge Negrete, pero a quien imitaba con maestría era a Jerry Lewis en el *Profesor chiflado*, tenía todas sus películas y se sabía de memoria los diálogos. En el programa hacía el *playback* de Elvis Presley en el *Rock de la cárcel*, y también interpretaba otros pequeños papeles. Actuando con Rubén y conmigo este chico se hacía llamar *Pirolo*, pero su nombre verdadero era: Carlos Villagrán.

Cabe mencionar que Rubén fue el primero que dejó el grupo de Chespirito, no estoy segura si lo invitaron a ser ejecutivo de la televisora o como productor de un programa, pero la realidad es que hizo mucha falta, porque aparte de ser actor, era el locutor que daba los créditos al inicio del programa y realizaba las narraciones que requerían las historias presentadas.

Chespirito necesitaba sustituir el esquetch de *Los loquitos*, donde Rubén hacía el papel de *Lucas Tañeda*, y él interpretaba a *Chaparrón Bonaparte*, así que decidió crear *La Vecindad de El Chavo*, de inicio pensó que ese segmento del programa debería llamarse *Los chavos*, refiriéndose a él y a mí, yo caracterizaría el personaje de la niña que tanto le había gustado, pero después decidió que el esquetch se llamara *El Chavo del Ocho*, no sólo porque él viviera en el número ocho, sino porque era el programa estelar y con más rating de toda la programación del canal 8. Así surgió la idea de *El Chavo del Ocho*. Al principio pensamos que sería un segmento del programa como cualquier otro, no olvidemos que ya existían los esquetchs de *El Chapulín Colorado*, donde yo interpretaba a la dama joven, *El Doctor Chapatín*, yo interpretaba a la enfermera, *Los caquitos*, donde yo le daba vida a varios personajes, *Los famosos entremeses*, que eran chistes cortos, *Los personajes de la Historia*, en ése me tocó caracterizar a todas las mujeres célebres (Cleopatra, Popea, la Reina de Saba, "my Fair Lady", entre otras), bueno ¡fui hasta travesti!, interpreté al hijo de Guillermo Tell, a quien cuenta la leyenda, le colocó la manzana en la cabeza y la partió a la mitad con una flecha. Para completar el elenco de *El Chavo*, Chespirito necesitaba un papá para La Chilindrina, así que contrató a nuestro querido amigo, compañero y enorme cómico nato (así como actuaba era en la vida real), Ramón Valdez. También necesitaba otro actor, para que él pudiera darle vida a *El Chavo*, entonces recordó que en una fiesta en mi casa, Rubén y Carlos Villagrán habían realizado un *numerito* donde Carlos interpretaba a un muñeco de ventrílocuo, inflando los cachetes, así que allí nació Quico. Nunca supe si el público se haya dado cuenta que Quico era la imitación de Jerry Lewis, pero con los cachetes inflados, pero no por eso dejó de ser una genialidad de Carlos. Así las cosas, Quico necesitaba una mamá, y el director de escena, Lalo Alatorre, recomendó a Florinda Meza, ¿recuerdan el programa de aficionados?, el premio fue interpretar a una vieja fodonga y chismosa en *Loquibambia*, y para interpretar a la mamá de Quico, pues ni mandada a hacer, así fue como se integró al elenco Florinda. Para completar el cuadro sólo faltaba una solterona ridícula. Chespirito de inmediato pensó en esa grandísima actriz, que en paz descanse, ANGELINES FERNÁNDEZ, ella se merece escribir su nombre con mayúsculas. Pero no podía existir vecindad sin arrendador, entonces Chespirito contrató a un estudiante de medicina que empezaba a hacer sus *pininos* como actor, él se llamaba Edgar Vivar y le daría vida al señor Barriga.

Así se conformó el elenco que dio inicio al programa de comedia mexicano más popular en nuestro país, en toda América Latina, Estados Unidos, el Caribe y, últimamente, en Europa: *El Chavo del Ocho*.

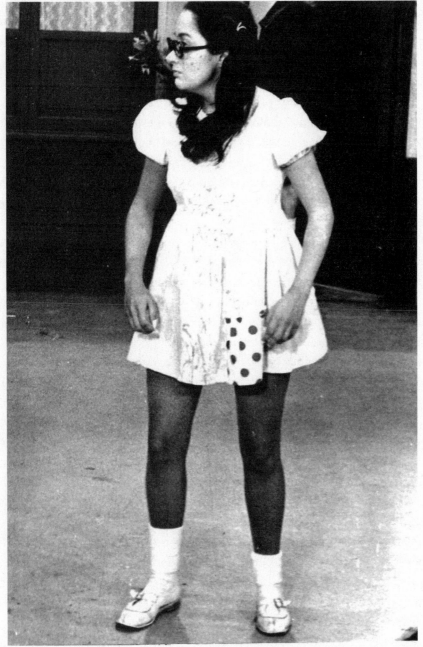

Primera Chilindrina. Septiembre de 1971.

Cada vez que nos preguntaban, en las entrevistas, cuál era el éxito del programa, Roberto decía que se debía a que contaba con los mejores actores de México, yo siempre dije y lo sigo diciendo, el éxito radicaba en el libreto, el escritor lo escribía sin ninguna clase de favoritismos, trataba a todos los actores y sus personajes por igual, y le gustaba que todos y cada uno nos luciéramos por igual, sin importar quién llevara el primer crédito, por supuesto el éxito radicaba en Chespirito, quien para mí, es el mejor escritor de comedia de televisión que haya existido en México.

Mi vida en el negocio del espectáculo iba viento en popa, pero mi vida privada entraba en la etapa más dolorosa y complicada. Todavía no había cumplido un año de casada y mi mundo se me estaba desmoronando, se me venía abajo.

Cierto día estábamos jugando boliche mi papá, mi mamá, mi hija y yo, cuando vi que después de lanzar la bola, mi mamá se quejó de un dolor en la axila, todos pensamos que se trataba de un desgarre muscular, menos mi mamá. Al tocarse debajo de la zona que le dolía, descubrió unas pequeñas protuberancias, pero no quiso decirnos nada, hasta estar segura de lo que temía. Con ese gran temple que siempre la caracterizó, mi madre se fue sola a consultar a un médico, éste la mandó a practicarse algunos exámenes, una vez que se los presentó y él dió el diagnóstico, mamá Pilla nos mandó llamar a sus seis hijos y en mi departamento, delante de papá Tanis nos dijo:

–Los he reunido a todos, porque siempre he pensado que en los peores momentos, la familia debe de estar unida, y por eso, ahora les pido a todos que deben apoyar a su papá.

En ese momento pensé que mi papá tenía una enfermedad grave, pero mi mamá me sacó del error inmediatamente, al decirnos *a boca de jarro*:

–Me acaban de diagnosticar un cáncer muy avanzado, me encontré por casualidad unos *bultitos* en la parte inferior de la axila, que resultaron ser ramificaciones de un tumor canceroso en el seno, con toda seguridad me lo tendrán que extirpar, y como no sé lo que me pueda suceder, les encargo que no dejen solo a mi viejo.

¡Esa era mi madre! Hasta en los momentos más terribles, pensaba primero en los demás, en que mi papá no sufriera, aunque ella sí. En verdad es que tengo borrada de la mente la manera en cómo reaccioné, lo que sí recuerdo es que la primera Navidad estando casada, fue la peor de mi vida.

El siguiente año, fue de visita en visita a distintos hospitales y con diferentes médicos. Todos los gastos, por supuesto, corrieron por mi cuenta. La ayuda de mis hermanos era acompañar, algunas veces, a mamá al médico. En un momento pensé en que deberíamos vender la casa de Calzada de Tlalpan, para poder pagar la operación en un hospital privado, pero mi mamá se opuso rotundamente, argumentando que no era justo que mis ahorros de toda mi vida, la casa era mía, se gastaran en algo que de todas maneras ya no tenía remedio.

Dios es muy grande y no nos podía abandonar, así que nos mandó un Ángel de la Guarda convertido en mujer: Bety. Esa gran persona fungía como secretaria del Secretario General del Sindicato Nacional de Trabajadores del Seguro Social, y gracias a su recomendación, logramos que mi mamá fuera ingresada al Instituto Nacional de Cardiología del IMSS. La atención siempre fue magnífica, pero el cáncer realmente estaba muy avanzado. Mi queridísima madre sufrió la supresión del seno, más no sé cuántas radiaciones de cobalto. Las suturas se le abrieron una gran cantidad de veces y le supuraba la incisión. Hubo un corto lapso en el cual los doctores nos hicieron abrigar esperanzas, porque mi mamá Pilla comenzó a recuperarse un poco.

Pero la mala fortuna nos perseguía, fue entonces que mi papá se puso grave, le vino un coma diabético y estuvo internado un mes en el hospital, después un mes más, restableciéndose en mi casa. Recuerdo que cuando se le subían los niveles de glucosa, empezaba a delirar muy *chistoso*, ¡decía que era *El Chapulín Colorado*! Y decía todas las frases de tan singular personaje. Gabriel ahorró algo de dinero para dar el traspaso de un departamento en el mismo edificio en donde vivíamos nosotros, para que mis papás allí vivieran y así fuera más fácil para mí estar al pendiente de todo (casa y trabajo), y de todos, (papás, esposo e hija). Para seguir con la mala racha, en ese mismo tiempo fue que Televisa acabó con todos los *brokers* (agencias de publicidad que compraban el tiempo comercial de los mejores programas y revendían los espacios comerciales a las marcas más prestigiosas) y asumió directamente la comercialización de toda la programación de todos sus canales. Los locutores que manejaban varias cuentas y programas con los *brokers*, y a quienes les iba estupendamente bien, como a mi marido, ahora tendrían sólo el sueldo base que les ofrecía la empresa y deberían trabajar el mismo número de horas. Así que en un santiamén, Gabriel sólo contaría con el diez por ciento de los ingresos que antes tenía, este evento lo estresó tanto que se puso muy enfermo del corazón, así que fuimos a visitar a nuestro muy querido amigo y eminente cardiólogo, Teodoro Césarman, quien le dijo:

–Gabrielito, es urgente que en este momento tú y tu esposa se vayan a Houston, porque el doctor Debecky te tiene que hacer un cateterismo, pues es muy probable que necesites una intervención en el corazón.

A Gaby, en ese momento, por poco y si le da el tan temido infarto, porque nuestra situación económica no era nada boyante como para poder sufragar un gasto de esa naturaleza, así se lo hicimos saber a Teodoro, ¿se pueden imaginar cuál fue la reacción de nuestro entrañable amigo? Nos miró como diciendo para sus adentros: "par de tontos". Toma el teléfono y le dice a su secretaria:

–Señorita, solicité dos boletos de avión, viaje redondo México–Houston–México, a nombre del señor Gabriel Fernández y señora. También hable a Houston, al San Lucas Hospital, para que reciban al señor Fernández en cuanto llegue, que le realicen todos los estudios que deban de hacerle, dígales que los gastos corren por mi cuenta, lo mismo haga con la agencia de viajes.

En ese momento volteé la mirada hacia Gabriel y nos miramos a los ojos, los dos estábamos llorando, me levanté de la silla y le di un beso en la frente a tan insigne personaje, pero mejor amigo.

–Teodoro, –dijo Gabriel emocionado–, te agradezco infinitamente tu ofrecimiento, pero no podemos aceptarlo. Gracias a Dios tenemos ahorrado suficiente dinero para el viaje y el chequeo. Pero si necesito la operación, nos regresamos a México y que me la practiquen en el Seguro Social.

Teodoro se quitó los lentes, los limpió con una parte de su bata blanca, pausadamente se los volvió a colocar y con un tono de voz sereno ordenó:

–Ustedes van a hacer lo que yo diga. Se van mañana. En cuanto estén los resultados me avisan, y si el doctor Debecky instruye que necesitas la operación, inmediatamente que te opere, yo liquido la cuenta y ustedes me van pagando como puedan, ¿estamos?, ¿quedó claro?

Gracias a Dios, y a Teodoro, quien siempre nos atendió sin cobrarnos un solo centavo, pudimos salir del susto. Los gastos del viaje, el chequeo y el cateterismo los pagó Gabriel, y por fortuna, no hubo necesidad de operación, la única recomendación del doctor Debecky fue:

—Señor Fernández, usted lo que necesita es usar una barra de mantequilla diariamente.

Nos extrañó que nos dijera eso, pues mi esposo tenía altos los índices de colesterol y el doctor lo debería de saber.

—Observando cómo me miran, les quiero explicar —continuó hablando el doctor—, la mantequilla no es para comer, es para untársela en el cuerpo, de esa manera todo se le resbalará, porque si usted sigue preocupándose hasta porque vuela una mariposa, muy pronto sí podré venderle una operación, en este momento usted es un mal cliente para mí —concluyó.

Cuando regresamos a México y le contamos a mi mamá de los resultados de Gabriel, ella aprovechó para enseñarnos el avalúo que le habían hecho a la casa de Calzada de Tlalpan, mi linda y buena viejecita estaba dispuesta a sacrificar su casa por nosotros y dijo emocionada hasta las lágrimas:

—Los grandes bienes son para remediar los grandes males.

¡Así era mi madre... Sensacional!

Pero, por si me faltara algo y fueran pocos mis problemas, había que aumentar la hiperactividad de mi hija Verónica, sus travesuras eran peligrosísimas.

En aquella época Luis Manuel Pelayo conducía un programa de concursos, su exitosísimo *Sube Pelayo Sube*, pero tuvo dificultades con el productor y lo dejó. Entonces Sergio Peña nos invitó a conducirlo a Jorge Gutiérrez Zamora, a Víctor Manuel Barrios Mata y a mí. Aquel día del que les voy a contar, estábamos en el programa, el cual se transmitía en vivo, cuando en un corte comercial me habla el *floor manager* para decirme que me solicitaban en la cabina. Me extrañó, pensé que me iban a regañar por algo que había hecho mal sin darme cuenta, pero no, Sergio Peña me dijo que me fuera rápido a la Cruz Roja porque mi hija había sufrido un accidente. ¿Qué pasó? Resulta que Vero estaba en la terraza asomada por

El elenco de la vecindad de El Chavo en diferentes etapas.

el balcón viendo a un niño que vivía en el piso de abajo, de pronto sintió que se iba a caer y se echó para atrás, con la espalda rompió el ventanal de tres por cuatro metros, ¡en ese primer momento no le pasó nada!, pero como se asustó tanto, en lugar de salirse por la puerta, se salió por un agujero del ventanal roto y se hizo varias cortadas, la más profunda fue en la espalda. El doctor me dijo que había corrido con mucha suerte, pues si la herida hubiera sido un centímetro más profunda hubiera involucrado a la columna vertebral y quién sabe de lo que estuviéramos hablando. Creo que ese día fue el más difícil de mi vida, estaba tan deprimida por todo lo que me estaba sucediendo, que pensé que al siguiente problema me moriría de la angustia, pero no, no me morí y sí se presentó un problema más. Así, repentinamente, me quitaron del programa para incorporar a una locutora muy mala pero que estaba *muy buena*, su nombre: Yolanda Lievana, estaba iniciando su carrera, tiempo después mejoró muchísimo en la conducción y nos hicimos muy buenas compañeras de trabajo.

En fin, mi primer año de casada fue trágico. Gracias a Dios me casé con un hombre extraordinario quien siempre me apoyó en todo. Por el mismo tenor fue mi segundo año de vida conyugal, pasó entre enfermedades, problemas económicos, travesuras y expulsiones de mi hija Verónica de distintos colegios. Llegó la Navidad de 1972, entre lágrimas, buenos deseos, pocos regalos, pero mucho amor. Estuvimos en la cena sólo mis papás, mi marido, mi hija y yo.

Ese 24 de diciembre mi mamá Pilla me hizo una petición y al mismo tiempo una confesión:

—Hijita, jamás me he entrometido en tu matrimonio, y no voy a empezar a hacerlo ahora, pero te quiero pedir que antes de morirme quisiera conocer a mi primer nieto, para que me entiendas, un hijo tuyo.

Por un momento pensé que mi mamá estaba bromeando, porque tenía una gran cantidad de nietos.

—Sí, ya sé que tengo veinte nietos —continuó—, pero te debo confesar que nunca los apapaché ni los consentí como hubiera querido, tú eras tan celosa que nunca lo permitiste, y como eras mi bebé, nunca pensé que necesitara nietos para tener más alicientes para vivir.

Mi mamá me dejó pensando, más que pensando… Me dejó recapacitando. Dicen, por ahí, que a los nietos se les quiere más que a los hijos, personalmente no lo creo así. Cuando mamá tuvo a su primer nieto, yo todavía no contaba con dos años de vida, o sea que mis papás tenían a su propio bebé: yo. Es más, casi toda la gente pensaba que mis papás eran mis abuelitos, sobre todo mi mamá, pues desde los cuarenta años tuvo el pelo blanco, y cuando yo nací, ella tenía cuarenta y pocos. Siempre fui una niña muy consentida, no me gustaba que mis papás fueran cariñosos con mis sobrinos. Así las cosas, si doña Pilla quería ser abuela, entonces yo tendría un hijo.

Cuando hablé, al respecto, con mi marido, me hizo ver, que él pensaba, no era el momento adecuado, por toda la cantidad de problemas que estábamos enfrentando, pero aun así, entendió mi punto de vista: era el último deseo de mi mamá. Y terminó diciendo:

—Si Dios nos bendice con un hijo, el deseo de doña Pilla será cumplido.

Desde ese día dejé de tomar las pastillas anticonceptivas, Gabriel y yo nos pusimos a *chambear*, y en enero de 1973... Me embaracé. Mi mamá no cabía en su felicidad, inmediatamente me hizo otro vestido para La Chilindrina, pero ahora de maternidad, no sé si lo recuerden, era blanco con rayas naranjas y un parche con bolitas rojas. Además me hizo una crinolina con un agujero en la *panza*, y con un holán abajo del vientre, así la batita disimulaba el embarazo y me vería *gordita pareja*. En cuanto lo terminó, mi mamá entró en la última fase de su enfermedad y se internó en el área de Oncología del Centro Médico del IMSS. Iba a verla todos los días y trataba de distraerla contándole chistes y haciéndole bromas. El día que cumplí tres meses de embarazo, estaba en el hospital con ella, la tenía tomada de las manos, en eso, sentí el primer movimiento del bebé.

—Mamá, mamá —le dije en voz baja—, se acaba de mover mi criatura.

Mamá Pilla se emocionó hasta las lágrimas y contestó:

—Hija, da gracias a Dios, va a ser un varón. Por experiencia te digo que los niños comienzan a moverse antes que las niñas.

Me puse feliz, deseaba un niño para que mi hija Verónica no se sintiera desplazada con la llegada de una hermanita.

—En cuanto me sienta un poco mejor —continuó mi mamá—, le vamos a comprar a mi nieto todo lo que necesite, ¿te parece?

Asentí dándole un beso en la cabeza, pero sabía que eso sería imposible, el doctor nos había dicho que le quedaban unos cuantos días de vida.

Pero, ¡los milagros existen! Al día siguiente mi mamá se sintió muchísimo mejor, le pidió permiso al doctor para poder salir del hospital. Fuimos a Liverpool, le compró todo a mi bebé y regresó al hospital para ya no volver a salir.

El 21 de abril de 1973, falleció mi mamá en el Centro Médico Nacional. Quiero agradecer con todo mi corazón, desde estas páginas, a mi *hermana adoptiva*, Bety, por todo lo que hizo por nuestra mamá Pilla y por supuesto, merecen mi respeto y admiración todos los médicos y enfermeras por el esmerado cuidado que pusieron en la atención de mi mamá. Gracias, mil gracias: Bety, Centro Médico Nacional y a todos y cada uno de los que trabajan y *dan su vida* por los enfermos. ¡Qué Dios los bendiga a todos!

# Capítulo XI
## Gracias, mamá Pilla

Las emociones y vivencias que les contaré a continuación, podrán parecerles crueles o brutales, pero quiero ser honesta con ustedes, pero sobre todo conmigo. No me había enfrentado, presencialmente, a ninguno de los fallecimientos de mis seres queridos. Cuando vi el cadáver de mi mamá me impresionó no sentir nada por ese cuerpo inerte que estaba en el féretro. La verdad, creo que el espíritu, alma, energía o como quieran llamarlo, en el caso de mi mamá, no se fue con nuestro Señor inmediatamente después de haber dejado su cuerpo. ¡Mi mamá se quedó junto a mí hasta el momento *que di a luz* a mi hijo Gabriel!

Cuando mi mamá falleció, llevaba cuatro meses de embarazo, así que los siguientes cinco, los dediqué a trabajar, a consentir a mi papá (quien inmediatamente se había venido a vivir conmigo), a platicar con… Mi mamá, sí, leyeron bien, yo platicaba con mi madre en voz alta, porque sabía perfectamente que me escuchaba, la sentía junto a mí, la olía, casi podía tocar su aura. Estoy tan loca, que varias veces le pedí que se materializara y apareciera, porque necesitaba sus consejos y deseaba tenerla junto a mí, pero… *No quiso o no pudo*, tal vez pensó que me asustaría al verla, pero no, ¡me habría puesto feliz! ¡Me habría encantado ver el *Fantasma de doña Pilla*.

Como se habrán dado cuenta, mi mamá Pilla significó muchísimo en mi vida. Creo que nuestra relación fue aún más estrecha que la de cualquier hija con su madre. Obedecía y creía en mi mamá con devoción.

Todo lo que tengo se lo debo a mamá Pilla. Mi carrera, mi marido y mi hijo. Si no hubiera sido por el gran apoyo que ella me dio cuando, a los tres años, quise bailar, y a los seis actuar, no estaría en el ambiente artístico.

Las siguientes palabras te las dedico a ti… Amada mamá Pilla.

Fuiste un gran ejemplo a seguir. Nunca he conocido a una mujer más honesta, responsable, generosa y trabajadora. Te molestaban las injusticias y te enfurecían las mentiras. Nos educaste para aprender a pagar hasta el último centavo de nuestras deudas. Siempre nos enseñaste normas de conducta, las cuales, he tratado de seguir toda mi vida. Algunas veces tenías un genio *endemoniado*, y gritabas y rompías platos, pero nunca te escuché proferir una mala palabra y menos insultar a alguien. Si en alguna ocasión llegaste a juzgar a alguna persona, siempre lo hiciste de manera justa. Siempre me educaste para saber perdonar y no guardar rencor. Con tu ejemplo aprendí el secreto del matrimonio, pues me inculcaste que lo más importante en esa empresa es: ¡la pareja! Así como para ti lo más significativo era papá, para mí, Gabriel está antes que mis hijos y mi carrera. ¡Qué sabias enseñanzas me dejaste!

Cuando tenía 23 años, partiste hacia un descanso eterno, y hasta que nos volvamos a reunir, te seguiré queriendo y echándote de menos.

Yo, María Antonieta de las Nieves, soy con mis grandes defectos y virtudes… Hechura tuya. ¡Gracias mamá!

Como podrán imaginarse, para mis hermanos y para mí, fue muy difícil enfrentarnos a la realidad de que mamá había emprendido el viaje sin retorno, pero para nuestro pobre papá Tanis, el suceso fue indescriptible. Parecía fantasma, vagaba, desde las cinco de la mañana, por el departamento, con una tazá de café en una mano y un cigarrillo en la otra. Mis viejitos eran muy unidos, papá nuca tuvo un solo amigo, jamás salía sin mamá, no tenía *hobbies* ni le gustaba el cine. En la televisión, sólo veía los programas en que yo participaba y los noticieros. Afortunadamente siempre le gustó leer mucho, pero ahora, no estaba más a su lado la compañera de siempre. En aquellos momentos, él tenía un reclamo solamente —y nos lo manifestaba:

—¿Por qué Dios se llevó a mi novia, si apenas teníamos 43 años de luna de miel?

Cuando supimos que mi mamá padecía cáncer, en nuestro país estaba de moda un curso de control mental: *Silva Mind Control*, y sin menoscabar nuestra fe cristiana, necesitábamos asirnos a todas las ayudas posibles para superar el trance, de tal manera que, mis papás, Gabriel y yo tomamos el curso. Ahora que me faltaba mi mamá, eché mano de lo aprendido y pude controlar esos momentos tan difíciles. Me olvidé de la tragedia que estábamos viviendo y me concentré en darle todo el apoyo posible a mi papá. Acto seguido, me puse a pensar cuál era la prioridad en mi vida e inmediatamente le di la máxima importancia a mi maternidad, porque sabía que los bebés desde su primera etapa de formación sentían y entonces me dediqué en cuerpo y alma a darle todo mi amor y cuidado a mi bebito.

# Capítulo XII
## Volví a creer en Dios

Había pasado, escaso un mes, de la muerte de mi mamá, cuando Gabriel y yo nos encontramos en canal 8 al licenciado Eduardo Ricalde, director del canal. Al notar mi embarazo nos recriminó por no haberlo invitado a la boda. Le expliqué que había sido una boda íntima porque no nos habíamos casado por la iglesia. Se asombró porque él era una persona muy religiosa y sabía que para mí era muy importante la religión, al darme cuenta de su sorpresa le expliqué lo que nos había sucedido, el divorcio de Gabriel, la muerte de María Luisa y el desagradable percance con el sacerdote que se negó a casarnos, arguyendo que, posiblemente *algo* habíamos tenido que ver con la muerte de la exesposa de mi marido. Eduardo se quedó callado como pensando en lo que había acabado de contarle, súbitamente cambió de tema y nos invitó a cenar, el miércoles siguiente, a su casa.

La reunión en el hogar de los Ricalde fue sensacional, verdaderamente divertida, tomamos unas copa, contamos chistes, recuerdo que Gabriel me regañó, un poco en broma, porque conté algunos *subidos de tono*, frente a un amigo de Eduardo que apenas conocimos esa noche. Pedro, se llamaba, era un señor tan apuesto que podría haber sido un galán maduro en las telenovelas, tenía alrededor de cincuenta años, medía ciento ochenta centímetros, pelo entrecano, y muy decente, como todos los amigos de Eduardo. Llegó la hora de la cena y antes de empezar a comer, Pedro tomó la palabra para orar en agradecimiento por los sagrados alimentos que íbamos a disfrutar. Todos guardamos respetuosamente silencio mientras él decía su breve pero emotiva oración. Al terminar de escucharlo, no pude evitar que los ojos se me llenaran de lágrimas (de por sí soy chillona, pues embarazada lo era aún más), pero me sobrepuse y le dije:

—Pedro, no sé a qué te dediques, pero hablas tan bonito y elocuente, que fácilmente podrías pasar por sacerdote.

Se hizo un silencio, en el cual, los Ricalde intercambiaron miradas risueñas con él, y entonces, volvió a tomar la palabra.

—Pues qué bueno que parezca lo que soy —dijo Pedro sonriendo—, pues llevo más de veinte años que me ordené como sacerdote.

Me quedé asombrada. Mis maravillosos amigos habían planeado la cena de esa manera, sin imaginarse que me darían una de las más grandes lecciones de mi vida. Les platico por qué. Yo ya no creía en los sacerdotes, y por culpa de dos desagradables acontecimientos, perdí la fe en la iglesia. El primero ya lo conocen. El segundo sucedió cuando estaba muriéndose mi mamá, entonces ella nos pidió que fuéramos a buscar a un sacerdote para confesarse. Gabriel y yo corrimos al templo más cercano, y hablamos con un tipo a quien no puedo llamarlo sacerdote, le explicamos la urgencia del caso, y sin más ni más nos dijo:

—Lo siento, no puedo acompañarlos, el Centro Médico no está dentro de la jurisdicción de esta iglesia.

Nos los dijo sin el más mínimo asomo de sensibilidad e interés. Me hizo sentir que quien se estaba muriendo era un perro sarnoso y no un ser humano. Me enfurecí tanto al escucharlo que le dije a mi esposo:

—Gabriel, trae la pistola que tengo en el auto, porque voy a obligar a este *tipejo* (en realidad le dije una grosería, a este cabr…) a que vaya a darle los santos óleos a mi mamá, yo no lo necesito para nada, porque si esa es su reacción ante el dolor cristiano, entonces no merece ser sacerdote y pregonar en un altar, desgraciadamente mi madre todavía cree en ellos y lo necesita para morir en paz.

En verdad es que no siempre soy tan agresiva, además nunca he tenido una pistola, sucedió que mi dolor era tan profundo que por ello reaccioné de una manera terrible. El sacerdote accedió a acompañarnos y a asistir a mi mamá, ella se mejoró un poco, pero yo me deprimí mucho por cómo el acontecimiento.

Regresemos a la cena en casa de los Ricalde. El padre Pedro escuchó con atención todas mis quejas en contra de sus colegas. Me dio la razón, pero me hizo entender que ni la religión ni su sagrada institución tenían la culpa de que existieran sacerdotes poco dignos de credibilidad. También me dijo que, en el momento que yo quisiera nos podría casar por la iglesia, que él sólo sería el intermediario, porque realmente mi esposo y yo nos casaríamos directamente con Dios. El padre Pedro había logrado volver a la oveja descarriada al rebaño. Esa noche… ¡Volví a creer en Dios!

En esa cena, Gabriel y yo tomamos una de las decisiones más importantes de nuestras vidas. Nos casaríamos, pero ahora por la iglesia. Estaba tan feliz que me compré otro vestido de novia, por supuesto blanco, aunque fuera de maternidad. Dos días después, en la Iglesia de Nuestra Señora de Fátima, en la colonia Irrigación, nos casamos. Tenía cinco meses de embarazo, mi hija Verónica me levantó la cola del vestido y sólo hubo 13 invitados en la ceremonia de mi nueva boda, ellos fueron: Lalo Ricalde y Dora, su esposa; Chespirito y Graciela; Jorge Gutiérrez Zamora y su mujer; Myriam Estrella, mi única amiga, y Arnulfo; mi papá; Blanquita; la hija de los Ricalde; y mi hija, dirán que falta uno, claro está que era mi bebé, quien venía en camino para llegar a un verdadero matrimonio cristiano. El pastel de bodas fue una cuna con un bebé dentro.

Gracias Eduardo Ricalde y padre Pedro por haber hecho realidad uno de mis grandes sueños. Nunca pensé que mi boda por la iglesia me diera tanta tranquilidad espiritual.

La vida siguió su rumbo, seguí en el programa de Chespirito y engordando de lo lindo. El último programa que hice, estando embarazada, se trató de que yo sola me comía un enorme pastel que la *Bruja del 71* le había preparado a mi papá, Don Ramón. La última toma fue un gran *close up* (acercamiento) de mi barriga, la cual ya era de ocho meses de embarazo, claro, se suponía que la *barrigota* se me había formado por haberme comido todo el pastel, cuando el *floor manager* (jefe de piso), contó los consabidos, cinco, cuatro, tres, dos y dio la señal de empezar a grabar, entonces, mi hijo Gabriel, obviamente todavía en mi vientre, hizo su debut televisivo, se empezó a mover con tanta fuerza que juré que lo había captado la cámara. Cuando se lo conté a mi marido me dijo que era pura imaginación mía. El día que transmitieron ese programa, pude ver ese pequeño pie o codo, *clavarse* de un lado a otro en la *panza* de la tragona de pasteles llamada La Chilindrina. En 1973 no existían las videocaseteras, por ese motivo no pude ni grabar. Fue hasta hace unos años, que un día llegando a casa, Gabriel, mi hijo, de veintitantos años me dijo:

—¿Qué crees Má?, acabo de grabar un programa antiguo de *El Chavo del Ocho*, donde tú sales embarazadísima y te juro que en la última toma —se la hacen a tu *panza*—, vi como si me hubiera movido y tú presumiendo que allí estaba tu *Chilindrinito* hijo. ¿Quieres que lo veamos juntos?

En ese preciso momento volví a sentir la misma emoción que me embargó un día de agosto de 1973. Mi hijo Gabo y yo nos tomamos de la mano, vimos cuadro por cuadro el video del programa y lloramos por nuestra primera experiencia juntos frente a una cámara de televisión. Posiblemente millones de personas hayan visto ese capítulo, pero es poco probable que alguien se acuerde de él. Pero para mi hijo y para mí, esa es la escena más tierna y llena de amor que hemos hecho en nuestras vidas.

Casi para finalizar mi embarazo se suscitaron dos acontecimientos que cambiaron mi destino, tanto artístico como económico. Cuando nos casamos, Gabriel, de regalo de bodas, me dio todos los ahorros de su vida, los cuales los tenía invertidos a plazo fijo y el cual venció dos años después, en 1973, así que utilicé el dinero para comprar de contado un terreno en Circuito Fuentes del Pedregal donde construiríamos nuestra casa, para la construcción contratamos al arquitecto Madero, y como no contábamos ya con efectivo para comenzar a edificar, decidí vender la casa de Calzada de Tlalpan, la cual se la teníamos rentada a mi hermano Sergio *El millonario*, así lo apodábamos los demás hermanos. Cuando le pedí mi casa a Sergio, su respuesta me dejó atónita.

—Mira *Nena* —dijo muy serio—, si quieres la casa me vas a tener que dar —no recuerdo cuántos ceros debía de llevar el cheque—. Me pareció excesiva su petición, la casa mi mamá se la rentaba en una bicoca y, por supuesto, nunca le hizo ningún contrato ni nada por el estilo. Cuando Lulú y Sergio se fueron a vivir para allá, reconozco que le hicieron algunas modificaciones, pero si hubieran pagado la renta justa, yo me habría visto en la obligación de que dichas modificaciones, y algunas más, corrieran por mi cuenta. Me dolió mucho el hecho de que él, quien era el único de mis hermanos que tenía dinero en aquellos tiempos aciagos de las enfermedades de nuestros padres, nunca nos ayudara. Y ahora que mi mamá no estaba para defenderme, me pedía dinero para entregarme la casa que yo les había comprado a mis papás. Como era lógico, mamá Pilla me había heredado todo, pero aun así, Sergio me amenazó que si no le entregaba el dinero, me demandaría por no haber hecho nunca contrato ni haber entregado recibos de renta, ¡el favor que me hizo su esposa, al prestarme dinero para el enganche de mi departamento, me salió carísimo! Le di lo que me pidió, vendí la casa y comenzamos a construir. Se nos terminó el dinero, todos los materiales subieron exorbitantemente. Tuvimos que traspasar el departamento de mis papás para seguir con la obra.

Pero lo peor era que corrían fuertes rumores de que Raúl Astor, en ese tiempo jefe de producción de programas unitarios, quería sacar del aire el programa de Chespirito para insertar *La Cosquilla*, el cual, también era una emisión de humor que él protagonizaba y contaba con un extraordinario elenco de comediantes. Mi marido estaba asustado porque cada semana nos quedábamos sin ni un centavo. En ese momento, don Luis de Llano Palmer (q.e.p.d.) –aprovecho para desde aquí enviarle mis mayores respetos a ese gran hombre, quien conocía la televisión como nadie–, se fue a dirigir el canal 13, y entre sus planes estaba crear una barra infantil con tres horas diarias de duración y la cual amalgamara: concursos, consejos de interés, canciones infantiles, fábulas, deportes, caricaturas, etcétera. Realmente en aquellos días, la única joven que estaba trabajando para niños era yo. Cuando don Luis me hizo favor de llamarme para conducir *Pampa Pipiltzin*, nombre náhuatl que quiere decir *Algo para los niños*, y me dijo que iba a compartir créditos con Julio Lucena, me puse feliz, Julio (q.e.p.d.) era la persona más simpática y talentosa que yo conocía, además de ser un gran amigo.

Honestamente, me costó mucho trabajo decidirme a dejar a Chespirito, pero si con él ganaba cien pesos a la semana, en canal 13 iba a ganar doscientos pesos por programa, o sea, mil pesos por semana, mi mente se puso a sumar rápidamente cuántos ladrillos podría comprar, además me dieron el estelar femenino de una comedia llamada *Las aventuras de Peter Pérez*, que estelarizaban Guillermo Orea y doña Sara García, donde interpretaba a Rosita, la novia de Peter Pérez.

Organicé una cena en mi casa para despedirme de Chespirito y de mis queridos compañeros, a quien quería como a mi propia familia, en esa ocasión, a la mera hora me retracté de irme a trabajar con la competencia, pero a los pocos días me encontré, por casualidad, en los pasillos de canal 8 a Raúl Astor y él me confirmó los rumores.

–Mirá, María Antonieta, –me dijo con su inconfundible acento argentino, el cual, a pesar de ya llevar treinta años viviendo en México, nunca había perdido–, el programa de Chespirito es muy bueno, pero ya está por concluir su ciclo, así que si tenés esa magnífica oferta y si me permitís un consejo, no la perdás. No te vayás a quedar como el perro de las dos tortas.

Con todo y mi vergüenza a cuestas, tomé la determinación de darle las gracias a Chespirito por permitirme conocerlo como maestro y amigo. Fui a su casa, allí, Graciela, su sensacional esposa y una gran dama, en toda la extensión de la palabra, me recibió, escuchó con toda atención mi problema y me dio la razón. No era la primera vez que ella me sirviera de paño de lágrimas, como ya no tenía la guía de mi mamá, ella era la única persona íntegra en quien podía confiar. Chespirito lamentó mi decisión, pero también entendió mi situación y me dio a entender que podría regresar al programa cuando quisiera, porque mi lugar no lo iba a ocupar nadie.

La vida es un sendero de encrucijadas y muchas veces toma uno el sendero equivocado ¡Todos cometemos errores! Me contrataron en canal 13. Me iban a esperar a que pariera y, mientras tanto, descansaría un mes más, así que esos últimos treinta días embarazada los dediqué a consentirme y a comer todo lo que no pude durante los ocho meses anteriores. La presencia de mi mamá se acercó aún más en los últimos días, los cuales se tornaron muy molestos. El 28 de septiembre de 1973, aproximadamente a las ocho de la noche comencé a sentirme molesta, le hablé por teléfono al doctor y me dijo que fuera a verlo al día siguiente para que me revisara. Esa noche no pude dormir por las molestias, pero sobre todo por la emoción, lo único que ya deseaba era tener entre mis brazos a mi bebé. Al día siguiente, cerca de las once de la mañana entré al Sanatorio de la ANDA, ubicado en la esquina de Artes y Altamirano, y ya no me dejaron salir y entonces llegó el momento más esperado y culminante de mi existencia: ¡Estaba pariendo!

# Capítulo XIII

## La mejor creación de mi vida...
## Mi hijo Gabriel Antonio

Se llama así por los nombres de mi esposo y el mío. Gabito, nació el 30 de septiembre de 1973 a las cero horas con veinte minutos. Después de haberlo limpiado, lo colocaron en mi pecho, en ese momento olvidé todo el sufrimiento pasado, lo único que importaba era: nuestro primer encuentro, comencé a hablar:

–Hola mi amor, yo soy tu mamá y… ¡Dios mío, eres igualito a tu papá! Por favor no llores. Te prometo que vas a ser muy feliz, porque siempre te voy a proteger, a cuidar y a darte todo mi amor.

Aunque no lo crean, mi bebé se tranquilizó, cerró sus *ojotes* y suspiró.

Me llevaron a mi cuarto a las dos de la mañana. No pude dormir, debería estar feliz, pero no, me sentía sumamente deprimida. A las ocho de la mañana ya estaba perfectamente arreglada (en lo que cabe cuando se está en un hospital), lista para aprender cómo se baña, se cuida y se alimenta a un recién nacido. ¡Fue una experiencia maravillosa tener la dicha de gozar y cuidar a mi hijo! Desde que nació fue un niño adorable, con una sonrisa divina y un carácter sensacional, hasta hoy día sigue siendo así. Nunca nos ha dado mortificaciones. Siempre ha sido obediente… Aunque casi siempre se le olvida hacer nuestros encargos, bueno, ¡algo malo debía de tener! Sino, qué aburrido ¿no creen?

De bebé era muy alegre, desde que despertaba estaba sonriendo, su primer apodo fue: *el bombero*, porque en cuanto le quitaba el pañal, soltaba el chorro de *pipí*. Su siguiente apodo fue: *el pollo*, porque todo el día se la pasaba balbuceando *pi, pi, pio, pio*. Por eso, cuando cumplió un año, su papá le trajo de Europa un pollo de peluche, el cual resultó ser un pato, mi marido jura y perjura que se lo vendieron como pollo.

Tenía tres años la primera vez que lo llevé a Televisa. Estábamos en el departamento de maquillaje, comenzaba la transformación de María Antonieta de las Nieves a La Chilindrina y Gabito estaba parado junto a mí observando con los ojos bien abiertos lo que me hacían en la cara. Ya estaba casi lista, con pecas, colitas y sólo faltaba el último toque, cuando la maquillista me secó, con un Kleenex, el diente central y me lo pintó de negro, Gabito con cara de asombro exclamó:

—¡*Chininina… Mamaaaá*!

En ese momento se dio cuenta quién era su mamá. Todos los actores y maquillistas soltamos la carcajada. Hasta ahora, siendo ya un hombre de 1.75 metros de estatura, quien me ha bendecido con tres hermosos nietos, todavía, de vez en cuando me dice: ¡*Chininina Mamá*!, pero no de asombró, sino recriminándome cariñosamente cuando hago alguna *travesura*.

Su siguiente apodo fue, por supuesto: *Chilindrino*, y la verdad le iba estupendamente, porque era un *verdadero Chilindrino*, les platico, durante toda su infancia y adolescencia, vivimos en una privada preciosa por el rumbo de San Ángel, la cual la constituían 11 casas, siete perros (incluyendo a nuestro *Mickey*) y siete niños, ¡ah!, también estábamos las cuatro alegres comadres: Gisela (alemana) Esperanza (española) Linda (gringa) y una servidora (más mexicana que el chile), quienes éramos muy felices compartiendo pleitos, juegos y cumpleaños de nuestros hijos, esa privada era… ¡*La Vecindad del Chilindrino*!, de lujo, pero al fin y al cabo vecindad. De cierta manera, cada uno de los niños que vivía allí, tenía la personalidad parecida a los niños de mi programa, bueno, hasta había un *Chavo*, ese era Alfonsito, el hijo de mi *loquísima* comadre Linda, a quien tanto quiero. Aunque Gabito no tuvo hermanos, más o menos de su edad, para poder jugar con ellos, no le hicieron falta, porque en su *privada-vecindad*, siempre existieron como sus medios hermanos sus completos amigos. Realmente, nos llevábamos tan, pero tan bien las cuatro alegres comadres, que hasta nos íbamos de viaje juntas, en tres ocasiones nos fuimos de crucero con los hijos y nuestro único marido: Gabriel, mi esposo. En alguna ocasión también nos acompañó otra vecina, Irma Rebstcher (alemana), aunque sus hijos ya eran mayores y no *jalaban* con nosotras, ella siempre *aguantó* a nuestros hijos.

Dice mi hijo que él recuerda con mucho cariño su infancia, porque fue muy feliz, desde muy pequeño compartió con su papá y conmigo nuestro trabajo. Cuando llegaban las vacaciones nos acompañaba a las giras. Una vez, estando el Circo de La Chilindrina en Guadalajara, me pidió regaladas cinco fotografías mías para dárselas a unos niños que estaban entre el público y quienes se las habían pedido, pero él no se las regaló, ¡se las vendió! Ese día descubrió que le gustaba hacer negocios, así que negociamos, a los seis años vendía fotos, pósters y casetes, lo único malo era que se parecía tanto a mí, que hubo veces que lo llamaban desde la última fila y cuando llegaba, cargando su mercancía, sólo era para decirle:

—Oye niño ¿eres hijo de La Chilindrina, verdad? Porque eres idéntico.

Gabito los miraba con rabia, porque lo hacían perder el tiempo y sólo atinaba a contestar:

—Si fuera hijo de La Chilindrina, ¿creen que estaría vendiendo productos como cualquier empleado? Mejor compre fotos o un casete, es más si me compra las dos cosas, como promoción única del circo, le regalo una calcomanía de La Chilindrina contestaba con firmeza.

Gabito era tan buen negociante que, una vez le traje de Venezuela una caja con cincuenta bolsas de unas frituras llamadas *Yupis*, como todos los del elenco de *El Chavo* habíamos hecho comerciales para esa marca, adentro de las bolsitas venían una figuritas con nuestra imagen. Como habrán de imaginar mi pequeño *Abraham*, no les regaló las bosas de *Yupis* a sus amigos, sino que ¡Improvisó un puesto! en la calle de Altavista, afuera de la privada, y como vendedor de La Lagunilla, pregonaba: *Pásenle, pásenle, compren estas bolsitas de* Cheetos, *que no son* Cheetos, *son* Yupis *importados de Venezuela, sólo yo los vendo en exclusividad, además como regalo, adentro coloqué figuras de todos los personajes de* La Vecindad de El Chavo del Ocho.

Como estudiante, nunca se destacó mucho que digamos, sólo *cumplía*, pero le encantaba el ambiente artístico igual que a mi hija Verónica. En alguna ocasión, regresando de una gira, me encontré con la novedad de que mi hijito Gabriel estaba estudiando en el Centro de Capacitación

Infantil de Televisa. Mi hija Vero, sin pedirnos permiso lo llevó a unas audiciones para una telenovela que se iba a llamar *Garabato*, audicionaron cientos de niños, pero sólo aceptaron a 14, entre los cuales se encontraba mi hijo. Me puse feliz, mi marido furioso, porque recordó todo lo que los niños actores dejan de disfrutar su infancia por trabajar. Además yo le había contado todas las desilusiones tan grandes que había sufrido, siendo una niña, por causa de proyectos frustrados. Pero en fin, entre Vero, Gabito y yo, convencimos a papá Gabriel, de dar el permiso. Gabito, junto con los otros cinco niños, quienes serían los estelares, estudiaron durante un año, cuando ya estaban preparados, el productor nos mandó llamar, por separado, a los padres de los seis niños para darnos las instrucciones acerca de las grabaciones. Cuando me entrevisté con el doctor Moret, quien fungía como productor, pensó que iba a solicitarle trabajo en la telenovela, porque nadie sabía que Gabrielito Fernández era hijo de María Antonieta de las Nieves. Desgraciadamente mi esposo tuvo razón, pospusieron la telenovela, afortunadamente mi hijo no lo tomó como una tragedia, yo sí lo hubiera hecho. Lo único bueno y divertido que sacó mi hijo de esa experiencia, en palabras de él, fue que conoció a los integrantes de *Timbiriche*, porque como prácticas de campo para ensayar actuación y desempeño ante las cámaras, el director del proyecto, Pedro Damián, llevaba a sus niños estudiantes, a los *Especiales de Timbiriche*, para que sirvieran de extras.

Mis dos hijos nos pidieron permiso para seguir en el ambiente artístico, pero papá no quiso. Les prometí que los apoyaría cuando terminaran la preparatoria. Les aconsejé que, insistieran durante un año, estudiando y consiguiendo trabajo en ese ambiente tan difícil, pero que si no les resultaba, estudiarían otra cosa.

Gabito se consoló formando su propio conjunto musical, en el cual participaban todos sus amigos de la *privada-vecindad*, ensayó escuchando todos los discos de sus cuates de *Timbiriche*, en lugar de guitarras y micrófonos usaron escobas.

Hay una anécdota que me encanta contar y que a mi hijo le molesta sobremanera que lo haga. Pero ni modo, se las debo de platicar. En 1983 había un programa de televisión llamado *Visitando a las estrellas*, anteriormente don Paco Malgesto lo conducía, en ese tiempo lo hacía Héctor Carrillo. Cuando fue a mi casa a entrevistarme, primero me pidió que apareciera como María Antonieta de las Nieves, después como La Chilindrina, y al final saldríamos juntas para despedir el programa. Por supuesto, se usaría *El Croma* (es un efecto, el cual hace que se pueda poner la imagen de la misma persona varias veces en la misma toma). Terminamos las entrevistas, sólo faltaba el final o sea lo doble exposición, pero... Se descompuso *El Croma*, y en eso se me vino a la cabeza, como muchas veces, una idea loca. Días antes habíamos estado jugando, toda la familia, con mi cámara de fotos y *Chilindrié* a toda la familia, incluso a nuestro perro Mickey. A uno por uno, les puse mi peluca con colitas, les pinté pecas y el diente negro, y les coloqué los lentes, cuando le tocó a Gabito y le tomé la foto, se veía igualito a mí, con la diferencia de que se veía más real, ya que tenía alrededor de diez años. Gaby, se imaginó de qué iba mi loca idea y se negaba a disfrazarse, con muchos trabajos entre Héctor Carrillo y yo lo convencimos para lograr el final esperado. Realmente quedó tan bien que nadie se percató de la *pequeña trampa*. Es más, en una nota de *Teleguía*, comentaron que *El Croma* estaba tan bien hecho, que a La Chilindrina la había hecho más pequeña.

Gabo, en su adolescencia fue un chico muy extrovertido y simpático. Le encantaba las bromas al igual que a su papá. La adolescencia se le terminó el día que practicó un salto mortal con la patineta y se rompió un brazo. Al otro día quiso un coche, por supuesto no se lo compramos, era todavía muy chico de edad y se tuvo que conformar con que su hermana Vero le prestara el suyo de vez en cuando.

Cuando se fue a estudiar High School a un colegio militarizado en Delafield, Wisconsin, cerca de Chicago, fue un pleito general en la familia, todos en mi contra, porque yo fui la que insistí que era bueno el viaje para su formación adulta. Mi esposo lloraba como si su hijo se hubiera muerto. Mi hija me dejó de hablar. Mary (la felicidad de mi casa, más adelante les contaré de ella), suspiraba y se le salían las lágrimas cuando guisaba los platillos que le gustaban a Gabito. En fin, fue una tragedia familiar. Por tanta presión a la que estaba sometida, se me bajaron las defensas y me vino una enfermedad dolorosísima llamada Herpes Soster. Durante el tiempo que Gabriel estuvo en *St Johns Military Academy*, vino cuatro veces de vacaciones, y nosotros tres, fuimos otras tantas ocasiones a visitarlo.

Gabo aprendió a ser un estudiante responsable y dedicado, domina perfectamente el inglés, pero sobre todo, aprendió a amar y a valorar a su país, sus costumbres y su casa. Ahora jura que ¡Como México no hay dos! Y aunque tuvo la oportunidad de irse becado a estudiar a *West Point*, una carrera militar y después aviación, no quiso porque debía renunciar a la nacionalidad mexicana. Para felicidad familiar, y tranquilidad mía, después de esos dos años en que me echaran en cara su partida, regresó hecho un caballero, con uniforme militar y el pelo cortísimo. Al año de vivir con nosotros, ya traía los jeans rotos, tenis sucios, melena hasta los hombros, sólo faltaban el aretito en la oreja y el tatuaje de corona de espinas en el bíceps. ¡Se veía horrible! Pero nos tranquilizó que, a pesar de la facha, entró a estudiar a la universidad y seguía siendo el hijo adorable de siempre. Como se podrán dar cuenta ¡Adoro a mi hijo! y ¡Estoy orgullosísima de él!

Quiero ofrecerles una disculpa (risa nerviosa, *ejé*, *ajá*, *otro ejé* y *otro ajá*) ¡Me emocioné y les conté la vida de mi hijo! Pero creo que todo se vale, al fin y al cabo son las cosas que quiero contar, ¿no lo creen así? Bueno, ahora volvamos al quirófano y veamos lo que pasó después. Como no tuve tiempo de cuidarme la herida producida por la cesárea, me vino una infección generalizada que terminó con nefritis y artritis en un pie. El doctor me indicó que debía permanecer en reposo absoluto, lo que más me fastidió fueron los dos meses en los que no pude hacer absolutamente nada. Mi marido, por las noches, debía de darle la mamila al bebé y cambiarle los pañales, pues yo no tenía fuerza en las manos ni para cargarlo, amén que me dolían mucho, en fin, esos dos meses pasaron rápido gracias a Dios.

Antes de continuar, quiero platicarles de una persona importantísima en mi vida, y quien me ayudó mucho, tanto de soltera como de casada: Anita Ruíz. Resulta ser que en casa de mis papás había una persona que nos ayudaba en los quehaceres domésticos, y les solicitó a mis padres, si podía llevarse a vivir con ella a su sobrina, quien tenía 13 años pero que no se llevaba bien con su padrastro y por eso se la quería traer del pueblo. Mis papás aceptaron. Cuando Anita llegó a la casa era muy tímida, hablaba en voz apenas audible, era muy morena, tirándole a negroide, y la piel la tenía muy manchada, como con círculos parduscos y el pelo seco, en fin… Una *facha*. Como no sabía hacer nada, mi mamá la puso a recoger mis cosas, a estar al pendiente de lo que se me ofreciera, y la instruyó para que no se separara de mí. Así fue, Anita se convirtió en mi *sombra*, al principio me asustaba, pues no la sentía llegar y cuando volteaba la encontraba a mis espaldas, pegada como una lapa.

Una vez, la malvada de mí, hizo una prueba para cerciorarme si era cierto que Anita estaba al pendiente mío y me imitaba como decían en casa. En cuanto llegué a la puerta de mi hogar, ella se instaló detrás de mí, entonces dejé caer mi bolso y antes de que éste llegara a tocar el suelo Anita lo cachó.

Cuando Anita cumplió 15 años, media diez centímetros más que yo, tenía el pelo lacio, largo, negro y brillante, las uñas mejor arregladas que las mías, la piel ya no era parduzca sino morena bronceada, la cual sería la envidia de cualquier surfista profesional. En fin se había convertido en mi doble, pero guapa. Vamos, hasta su voz era tan parecida a la mía, que mis galanes la llegaron a confundir cuando me llamaban por teléfono, y por si fuera poco, aprendió a guisar muy parecido a como lo hacía mi mamá, y ahora, Anita manejaba la casa. Soy tres años mayor que ella y nos hicimos buenas amigas.

El día que pidieron mi mano, decidí que Anita y yo nos íbamos a casar con Gabriel Fernández. Si mi mamá Pilla no le hubiera permitido, a Anita, venirse a mi casa, yo habría fracasado como ama de casa, porque hasta el día de hoy todavía no sé guisar ni lavar ropa ni trapear ni sacudir, eso sí: sé planchar muy bien y consentir a mi familia mejor.

Cuando Gabito tenía cuatro años, Anita se casó con el hijo de un amigo de mi papá, quien le vendía joyas. Como les comenté ella no se llevaba bien con su familia, entonces su próximo marido, José Luis, nos pidió la mano de ella, a Gabriel y a mí. Nosotros les pagamos la boda, la fiesta fue en nuestra casa. Anita es madrina de confirmación de Gabrielito. Yo soy madrina de bautizo de su primer hijo, José Luis. ¡Te quiero mucho Anita! ¡Gracias por ser la *madre* de mi hijo!

Como ya les platiqué, en cuanto salí de todos mis avatares, me fui a trabajar a canal 13 en *Pampa Pipiltzin*. Julio Lucerna y yo grabamos un disco con las canciones del programa. La producción del disco y la composición de las canciones estuvieron a cargo de Felipe Gil, los coros los realizaron sus hijos y una chica que empezaba a cantar y después se lanzaría como solista, su nombre: María Medina. Por lo tanto los coros eran, literalmente, voces de ángeles. Comenzó el programa y empezó mi tragedia. Nunca me imaginé que se pudiera trabajar con tanta *presión* de parte de la producción, resulta que la productora, Claudia Millán, y su asistente, una muchacha pelirroja (no recuerdo su nombre), nos hacían la vida de cuadritos a Julio y a mí. Muchas veces, poco antes de entrar al aire, nos cambiaron el libreto y ¡El programa era en vivo! Se suponía que nos sabíamos de memoria todos los datos que debíamos dar, porque las cápsulas eran culturales e históricas, así que era imposible cambiar datos, nombres y fechas, ¡no se podía ni se debía improvisar! Además la grilla estaba demasiado pesada contra nosotros, porque querían hacer el programa lo más cultural posible y nosotros sólo éramos conductores. Me preguntaba, ¿por qué me contrataron?, si querían un programa cultural hubieran traído a la *China* Mendoza, y no a mí, que no tenía la preparación necesaria para educar a nadie, pues yo sólo era una animadora infantil, comediante e intérprete de canciones.

Julio y yo, no nos arredramos y les demostramos a todos, que antes de nada, éramos excelentes amigos y compañeros inseparables, y que nada ni nadie iba poder ponernos en contra uno con el otro. Por ello, decidimos hablar con don Luis de Llano Palmer y platicarle lo que estaba pasando. Él nos dio a entender que no podía hacer nada al respecto, puesto que el canal 13 dependía directamente del Gobierno de la República. Julio y yo coincidimos en que, ¡era una lástima que a ese pionero de la televisión y maestro de muchas generaciones, no lo dejaran dirigir, como era debido, ese canal de televisión, aprovechando ese gran talento, que sólo las personas con tanta experiencia acumulada pueden tener!

En aquella época, mi marido, seguía con ciertas molestias del corazón, así que nuevamente fuimos a darle lata a la eminencia médica y amigo nuestro, Teodoro Césarman. Aprovechando que ya estábamos en consulta, le conté a Teodoro de mi trabajo en canal 13, en donde me habían contratado como *estrella*, y que Gabriel seguía en canal 5, sólo como locutor fuera de cuadro. Él, moviendo la cabeza simulando estar en desacuerdo, alzó el auricular, timbró el teléfono y le dijo a Lucy, su eterna secretaria:

—Comunícame con Luis de Llano.

Teodoro siguió con el auricular en la mano, segundos después del otro lado de la línea —se oyó:

—Hola Teodoro, ¿cómo estás?

Enfrente de nuestros incrédulos oídos y ojos —contestó:

—Bien Luis, ¿cómo va todo?

—Muy bien. ¿Y a qué debo el honor de tu llamada?

—Te hablo para decirte que, me estoy enterando que acabas de contratar a mi gran amiga María Antonieta de las Nieves para la barra infantil del canal que diriges, pero que cometiste el error de dejar a Gabriel Fernández, su esposo, en el canal 5.

—¿Su esposo?

—¿De modo que no sabías que estaban casados?

—Teodoro, dile que me venga a ver. Que renuncie y en un mes lo contratamos.

—Luis, mil gracias. Yo le comento que renuncie, descanse un mes la imagen, después lo contratas con el doble de sueldo y además va a ser el titular de un nuevo noticiero. Bien, nuevamente gracias. Te debo un favor, Luis.

Teodoro colgó el auricular. La verdad no nos asombró tanto, pues ya en otras ocasiones, estando en consulta, escuchamos cómo se hablaba de tú a tú con grandes personalidades de la política, de la cultura, del medio artístico y sabíamos que todo el mundo lo apreciaba por ese don de gente que lo acompañaba a todas partes.

Gabriel, le presentó su renuncia al señor Othón Vélez, gerente de ventas de Televisa. Él le dijo: "te deseo suerte y las puertas de la empresa están abiertas para cuando quieras regresar".

Luis de Llano, le confirmó a mi marido lo hablado con Teodoro y se fue a descansar un mes. ¡Era la primera vez en su vida que Gabriel tenía un mes de descanso para hacer lo que quisiera! Entonces lo animé para que hiciera su primer viaje a Europa. Él no quería, argumentando que andábamos apretados de dinero. Insistí, diciéndole que *American Express* tenía una buena promoción y podríamos pagar en plazos. Gabo se fue a Europa. Ese mes lo aproveché para ir al gimnasio, adelgazar, según yo, ponerme superguapa.

Al día siguiente de su regreso de Europa, se presentó temprano en la oficina de don Luis de Llano, les platico el diálogo:

—don Luis, ya estoy listo para presentarme a trabajar.

don Luis mordió su clásico puro *Montecristo*, y con su acento español masculló:

—Ve al sindicato de Rafael Camacho Guzmán y dile que la plaza de locutor que hay vacante, la quiero para ti.

—Salgo para allá, y nuevamente, gracias don Luis.

Al llegar Gabriel ante el Secretario General del sindicato y comentarle la petición de don Luis de Llano, éste, sin ni siquiera dignarse a mirarlo —expresó fríamente:

—Las plazas de trabajo son mías, no son de la empresa, si don Luis quiere que usted labore en canal 13, tiene que mandarme un *memorándum*, solicitándome, *por favor*, no se le olvide ¡eh!, *por favor*, que yo le otorgue el permiso para pertenecer a mi sindicato y pueda trabajar en el canal.

Lo que más le extrañó a Gabriel, fue que el señor Camacho Guzmán, enfatizara dos veces, solicitándome *por favor*. Al darle el mensaje, mi marido, a don Luis, tal como lo recibió, éste se enfureció, aventó el puro al cenicero y exclamó:

—¡Qué se vaya al diablo ese señor! Yo no le pido nada, porque se cobra muy caros los favores.

Siempre me ha parecido inverosímil, que por la lucha de poder de dos funcionarios, terceros salgan afectados y se queden sin trabajo sin tener culpa alguna. Eso fue lo que vivió Gabriel. Yo me sentía fatal, me sentía culpable, pues si no me hubiera ido a canal 13, los dos seguiríamos trabajando en Televisa. Pero Dios es muy grande, mi esposo regresó como perro arrepentido, a entrevistarse con Othón Vélez, quien le dijo que podía regresar, pero perdiendo su antigüedad de 16 años. A Gabriel eso le dolió mucho, pero ni modo… ¡Los errores se pagan caros! La plaza que había dejado mi marido, ya estaba ocupada por Gustavo Ferrer, pero afortunadamente en canal 8 había una vacante, y nuevamente, el licenciado Eduardo Ricalde, nuestro ángel guardián, contrató a Gabriel, quien volvía a tener trabajo a tan sólo dos meses de haber renunciado.

Qué bueno que mi marido no entró a trabajar a canal 13, porque si iba a tener tantos problemas como yo, seguramente ahora sí le daba un infarto. Cada vez que llegaba al canal se me bajaba la presión, a tal grado que un día por poco y me desmayo. La productora buscaba cualquier pretexto para llamarme la atención, en una forma tan sutil, que parecía una madre comprensiva aconsejando a su *hija mongoloide*. Bajé tanto de peso, que llegué a pesar 39 kilos, era un hueso de cabrito forrado de pellejo. Me sentía tan mal que nuevamente fui a consulta con Teodoro Césarman. Me dijo que tenía un grave problema de estrés y no habría de otra más que descansar. Como él sabía que yo no iba a dejar el programa botado, volvió a comunicarse con don Luis de Llano, a quien le dijo que era necesarísimo que me tomara unos días de descanso, pero que no me fueran a descontar mi sueldo ni un solo día. Cuando colgó el teléfono, Teodoro, con toda parsimonia, me dijo:

–Tómate las cosas con calma. Vete unos días a Acapulco sin ningún pendiente. A tu trabajo no le va a pasar nada.

Como soy muy obediente, planeamos irnos cuatro días a Acapulco. Llegamos por avión el viernes por la tarde, nos hospedamos en el hotel *El Presidente*. Ese día estaba nublado, así que no salimos. El sábado llovió todo el día. Por las noticias nos enteramos de que era probable entrara un ciclón. Como de todas maneras debía descansar, no nos importó quedarnos en el hotel y pedir todo el servicio a la habitación. Hicimos planes para el domingo, tomamos un taxi que nos llevó al cine *Playa Hornos*. Para entrar había que cruzar un pasaje, bastante feo por cierto, de unos veinte metros de largo, un poco mojados entramos a la sala, no recuerdo el nombre de la película, lo que no podré olvidar jamás fue todo lo que siguió. A la mitad de la proyección, ésta se detuvo de improviso y una voz alarmada, que salía de detrás de la pantalla, pidió al público que saliéramos a toda prisa porque el cine se estaba inundando debido a un ciclón. Salimos lo más rápido que pudimos, el lobby del cine tenía acumulados aproximadamente veinte centímetros cúbicos de agua, el feo corredor estaba inundado con más agua que en el lobby, esos veinte metros, al recorrerlos, se nos hizo una eternidad. La tormenta arreciaba. Cuando llegamos a la costera nos

Tercera caracterización de La Chilindrina.

quedamos absortos, el mar se había salido de la playa y el agua ya nos llegaba a la cintura. Tratamos de guarecernos en un hotelito cercano, un empleado, quien estaba más asustado que nosotros, no nos dejó pasar, tratamos de regresar al cine, ya estaba cerrado y por el pasaje corría un río de basura y desperdicios. La corriente era tan fuerte que nos jalaba, era una lucha incesante contra la fuerza de la naturaleza. Gabriel, recordó que cerca de allí, a dos calles, se encontraba el hotel *Las Hamacas*, llegamos nuevamente a la costera muertos de pánico, al llegar a la esquina, donde se encontraba una gasolinera, mi marido se agarró de un poste y me dijo que ya no podía seguir más. Esa calle tenía una especie de subida, así que cuando vimos hacia arriba, descubrimos una cascada con agua de caño, tanques de gas, muebles, una jaula con un perico y hasta un Volkswagen en picada, todo se movía sin ningún control.

—Por amor de Dios, Gabriel —le grité desesperada—, nos tenemos que salvar, muévete.

Mi esposo reaccionó, y como pudimos cruzamos la calle, ya casi habíamos caminado la otra cuadra cuando en eso pasó un camión, el cual, reventó, por la presión, los cristales de una agencia de viajes. Por voltear a ver lo que pasaba, no me di cuenta de que Gabriel había desaparecido de mi vista, no sé si cayó en una coladera o simplemente se resbaló, pero sólo se veían unos pocos cabellos flotando, ¡qué bueno que todavía no usaba bisoñé! Lo jalé del pelo y lo pude sacar. En ese momento pensé que era el final.

—Tony, ya no puedo más —me dijo Gabo aterrado. Me muero del miedo y del estrés y mi medicina está en el hotel.

En ese momento, entre la basura, flotaba un sobre plateado, Gabriel lo agarró y vio que era un tranquilizante llamado *Pacitran*. Sí, aunque ustedes no lo crean, es cierto, en medio de la tragedia el Ángel de la Guarda de mi marido, le mandó, como dándole ánimos para seguir luchando por nuestras vidas, un tranquilizante dentro de un paquetito de aluminio.

—Gaby, esto es un aviso del cielo —le dije emocionada—, todavía no es nuestra hora de rendir cuentas.

Él me tomó del brazo —y contestó:

—*Nena*, no te preocupes, de ésta saldremos con vida.

Dios nos protegió y nos dio fuerzas para llegar hasta el hotel *Las Hamacas*. En la sala de espera, todos los muebles estaban flotando. Cuando llegamos a la recepción, encontramos a un huésped que estaba tomando su llave, nos explicó que todos los empleados habían abandonado el hotel, y como él sabía algo de hotelería, nos dio la llave de una habitación ubicada en el último piso, "parece que está vacía", nos dijo. Subimos por las escaleras hasta el quinto piso, obviamente no había luz, y aunque eran alrededor de las cinco de la tarde, estaba oscuro; el cuarto sí estaba desocupado. Lo primero que hicimos fue meternos a duchar con todo y ropa, después nos desvestimos y nos envolvimos con las sábanas y la colcha, y aunque parezca inverosímil, encontramos un servibar abierto, lleno de refrescos, botellitas con tragos de distintas marcas, papas, cacahuates, etcétera. En ese momento nos llegó el buen humor.

—Si nos morimos, nos morimos borrachos —bromeó Gabriel.

Así rompió con la enorme tensión en la que habíamos vivido las últimas tres horas. Me eché a reír, no sé si de alegría o por nervios. Gaby sacó un agua mineral y se tomó el *Pacitran*, ése que le había mandado Dios. La lluvia y el aire seguían pegando con fuerza contra las ventanas, por un momento pensamos en subir a la azotea, para ver si localizábamos en las alturas un helicóptero que nos pudiera auxiliar. Pero decidimos quedarnos en la habitación, teníamos mucho frío, así que nos metimos a una cama, y nos echamos encima la cobija de la otra. Nos abrazamos para entrar más rápido en calor. Nos pusimos a llorar y a darle gracias a Dios por habernos salvado. Cerca de las siete de la noche sonó el teléfono de la habitación, era un empleado del hotel, quien sabía lo que nos había pasado, me imagino fue el huésped que nos ayudó quien se lo dijo. Nos informó que el mal tiempo ya había pasado, pero que nos aconsejaba no abandonar el hotel, porque la costera aún seguía inundada. Le dijimos que teníamos mucha hambre, y que si había modo de conseguir algo de cenar, a las ocho y media de la noche estábamos comiendo un club sándwich, papas y *Coca Cola*, por supuesto, era el manjar más exquisito, más bien, era ¡La primera cena de nuestra nueva vida! Esa noche recé hasta quedarme dormida y aunque esté de no creerse, dormí profundamente y en paz, no tuve una sola pesadilla.

Cuando íbamos a dejar el hotel por la mañana, no había nadie para cobrarnos, entonces encontramos al mismo huésped del día anterior, pero ahora andaba en calzoncillos. Nos dijo que regresáramos más tarde a pagar. Como ahora está de moda creer en los ángeles, pienso: ¿Habrá existido ese huésped? o ¿Fue un ángel panzón y en calzones?

Salimos a la costera. El espectáculo era desolador. El desastre era mayúsculo, eso era lo que había dejado la cola del ciclón, no me quiero ni imaginar si éste entra de frente. Toda la costera estaba destruida, llena de lodo, las palmeras y palapas de la playa no existían más, los vidrios de los aparadores esparcidos en el suelo, los vehículos no podían circular, porque en algunas zonas, el pavimento se había hundido, existían agujeros hasta de tres metros de profundidad y de diámetro, en uno de ellos, vimos en su interior, un automóvil, en fin, aquello era un caos. Nos fuimos caminando hasta nuestro hotel, la ropa que traíamos puesta estaba húmeda y apestaba, los zapatos todavía tenían residuos de agua y lodo, ya no servirían. En cuanto llegamos a *El Presidente*, nos bañamos, nos vestimos, tiramos la ropa y los zapatos usados el día anterior e hicimos maletas. Liquidamos la cuenta y nos dirigimos al aeropuerto, pero ¡oh, sorpresa! La carretera que va hacia allá estaba cerrada, había un enorme deslave y varios autos habían caído al barranco, falleciendo 12 personas. Por supuesto, los vuelos se cancelaron, los autobuses hacia el Distrito Federal estaban saturados. Nos quedamos un día más, y en contra de mi voluntad, tuvimos que regresar en autobús, y no es por elitista, sucede que siempre me han dado miedo las carreteras, y en aquel tiempo, las del estado de Guerrero eran las peores. Gracias a Dios el martes llegamos sanos y salvos a nuestro hogar, pero con el Sistema Nervioso más destrozado que cuando nos fuimos.

Pero ni modo, el show debe continuar, y en ese estado de estrés, mi esposo y yo regresamos a trabajar. Rezaba mucho y me encomendaba a todos los santos de la corte celestial para que mi situación laboral mejorara, pues ya no podía seguir así. Un día, estaba cobrando mis regalías en la Andi (Asociación Nacional de Intérpretes), cuando me encontré con mi gran amigo y maestro Chespirito. Nos saludamos con mucho cariño, como siempre que nos vemos, y me preguntó:

—¿Cómo vas trabajando con la competencia?

—Honestamente, me va muy bien en lo económico, pero en lo anímico… Fatal. Tengo muchos problemas con la productora y no estoy haciendo lo que me gusta.

Chespirito respondió:

—Al programa puedes regresar cuando quieras, pero debes sacrificarte en lo económico, claro, a cambio de un lindo trabajo y una gran imagen.

¡Me puse feliz!

—Gracias, mil gracias —le dije— con una enorme sonrisa en los labios.

—Para afinar detalles los esperamos a cenar hoy en la casa ¿te parece?

—Por supuesto.

Esa noche fuimos a cenar con ellos y me explicó los problemas que tenía en su producción. Resulta ser que cuando me salí del programa de *El Chavo*, buscaron a otra actriz para que hiciera el papel de otra niña (no el de La Chilindrina), y así llenar el hueco dejado por mí. Por el programa pasaron actrices como: Rosita Bouchot, María Luisa Alcalá, Marta Zavaleta (*La Godzila*) y no recuerdo quién más. Me dice Chespirito: "Aunque todas estuvieron muy bien, opté por no tratar de sustituirte y puse a Florinda Meza a *dobletear*, así nació *La Popis*, sobrina de *Doña Florinda*, lo mismo hice con Edgar Vivar, le dio vida a *Ñoño* y seguía interpretando al *Señor Barriga*." Hasta esa parte del relato no entendía cuál era el problema, ya que el programa funcionaba estupendamente, aunque yo no participara en él. Entonces siguió hablando:

—El problema es interno, resulta que Carlos Villagrán (quien interpretaba magistralmente a *Quico*), está enamorado de Florinda Meza, eso no tendría ningún problema si no fuera porque él es casado.

Realmente Chespirito y Graciela eran incapaces de hablar mal de nadie, así que no ahondaron en el asunto. Lo único que recuerdo que dijeron fue: "Carlos y Florinda van a tener que dejar el programa. Es una pena pero no hay otro remedio. Si a una manzana podrida la pones en un cesto con otras, ésta pudre a las demás." Ese fue todo el comentario. A mí lo único que me importaba era regresar al programa tal y como me lo ofreció Chespirito, con el mismo sueldo, el mismo crédito y los mismos personajes, tanto en *El Chavo* como en *El Chapulín Colorado*. Esa plática se llevó a cabo un martes. El miércoles fui a hablar con don Luis de Llano, para renunciar y comentarle que regresaría a trabajar con Chespirito, algo que ese gran señor entendió perfectamente. El viernes me despedí al aire del querido público de *Pampa Pipiltiz* y de todos mis compañeros del programa, y así di por terminada esa difícil etapa de mi vida, dejé canal 13.

El lunes siguiente, me había citado Chespirito en las instalaciones de Televisa, específicamente en las oficinas de Raúl Astor, para firmar el nuevo contrato. Mi vida siempre ha ido de sorpresa en sorpresa, y esta vez no sería la excepción, unas han sido agradables y otras no tanto, como ésta que les contaré. Llegando, me entero por el propio Raúl Astor, que no sólo Carlos y Florinda no se iban del programa, cosa que me tenía sin cuidado porque ellos no me caían mal, sino que a él no le parecía justo que yo regresara al programa con todas las prerrogativas que tenía antes de irme. Me dio a entender que Florinda había hecho los méritos suficientes para ser la protagonista femenina en *El Chapulín Colorado*, por lo cual, en ese esquetch yo no participaría con un papel fijo. Pero, para compensarme, me iban a llamar de otros programas de la empresa como estrella invitada. Me quedé mirando directamente a los ojos a Chespirito, esperando que le dijera al señor Astor que ese no era el trato acordado, pero en lugar de apoyarme, dijo:

–Tampoco te podemos dar el segundo crédito, porque no es correcto quitárselo a Carlos Villagrán.

En ese momento mi cerebro explotó, ¡cómo era posible que en tan sólo cuatro días Chespirito hubiera cambiado tanto de opinión! Comencé a elucubrar, ¿Carlos y Florinda habían hablado con Raúl Astor para quejarse? ¿Hablaron con Chespirito y le lavaron el cerebro? No, nada de eso, en ese momento descubrí lo influenciable que era Chespirito (algún defecto debía de tener). Cuando entré a esa oficina era una mujer que podría tocar el cielo con sus dedos, cuando salí, me sentí una anciana, engañada y derrotada. Regresé al programa, con el mismo cariño que cuando lo hice por vez primera, pero más por el amor que le tuve, le tengo y le tendré a ese personaje maravilloso que es La Chilindrina. Pero debo ser honesta, si aquel martes, en casa de Chespirito me hubieran dicho que las condiciones eran: el último crédito en pantalla, el mismo sueldo que los demás (antes de irme ganaba más que todos ellos) y que sólo trabajaría los lunes en el programa de *El Chavo*, (los jueves pasaban *El Chapulín Colorado*), tal vez no hubiera aceptado.

Cuando me fui del programa de Chespirito, éramos como una gran familia, cuando regresé todos éramos unos completos extraños. Nos hablábamos, más por compromiso que por otra cosa, lo necesario y ya, hasta Ramón Valdés, a quien tanto quería, estaba serio conmigo. Carlos, a cada rato abrazaba a Chespirito y se lo llevaba a algún lado del set para *cuchichearle* quién sabe cuántas cosas. En fin, existía una enorme tensión en las grabaciones.

Al poco tiempo, Florinda terminó su relación amorosa con Carlos, pero encontró consuelo entre los brazos de Enrique Segoviano, director de nuestro programa. La situación dentro del grupo cambió, la mala vibra ya no era contra mí, ahora era *Quico* contra Enrique Segoviano y viceversa.

Llegó la hora de brincar de la televisión al cine. Nuestra primera película fue *El Chanfle*, Chespirito me comentó que Florinda llevaría el estelar porque yo me veía muy joven para interpretar el papel de su esposa, no me hizo ninguna gracia pero lo entendí, porque ahora Enrique Segoviano era su mejor amigo, además de director de la película, y Florinda era novia de éste. Hice un papel pequeño pero muy mono. Después vinieron los discos, ahí nos dimos cuenta que Carlos Villagrán se comenzaba a separar del grupo, porque todos grabamos el disco *¡Qué bonita vecindad!* con *Polygram*, la letra y la música de las diez canciones fueron autoría de Chespirito y todas eran sensacionales, y Carlos prefirió grabar como solista con otra disquera. Estaba feliz porque fui la única a quien contrató *Polygram* para grabar como solista. Mi primer disco fue, ¿adivinan? Claro que sí: *La Chilindrina, fíjate, fíjate, fíjate*. Mi contrato fue por tres años y la grabación de cinco *long plays*, pero grabé seis cantando y uno con el cuento de *El mago de tos*, con adaptación y dirección mías.

Al poco tiempo, Elías Cervantes, director de Radio Variedades, organizó conjuntamente con *Polygram*, el Primer Concurso para Compositores de Música Infantil, a Chespirito y a Jorge Quintero, les tocó seleccionar, entre miles de canciones, las diez que ellos consideraran las mejores. Decidieron que cada uno de nosotros, los protagonistas del programa de *El Chavo*, interpretara una canción, a mí me tocó cantar *Mi papi es un papi muy padre*, no recuerdo cuál cantó cada uno de los demás integrantes del grupo, pero sí recuerdo que pensé: "la que interpretó Chespirito es la mejor." El concurso se llevó a cabo en el Teatro de Los Insurgentes y se transmitió a nivel nacional, a través de la radio. Entre los jurados estaba Víctor Iturbe *El Pirulí* (q.e.p.d.); y el público, tanto el que estaba en el teatro como el que escuchaba por la radio, daba su voto. Primero interpretaron, Florinda, Rubén Aguirre, Angelines Fernández y Edgar Vivar. Toda la compañía cantamos conjuntamente dos canciones. Fui la penúltima en interpretar mi canción y digo interpretar, porque cantante no soy. El último fue Chespirito, como les dije antes, pensé que él ganaba, pero no: la calificación más alta fue la de mi canción. Esto casi nadie lo recuerda, pero el Primer Concurso para Compositores de Música Infantil realizado en 1979… ¡Lo gané yo!

Los resultados fueron:

Primer lugar: La Chilindrina con *Mi papi es un papi muy padre*, de Paco de Toscano.

Segundo lugar: El Chavo con *Nueve mayos*, de Víctor Manuel Saldívar.

Tercer lugar: Ñoño con *Paco el bueno*, también de Paco de Toscano.

Comenzaron las giras, con mucho éxito, por toda la República Mexicana. La Chilindrina empezó a destacar individualmente por la manera

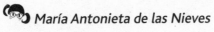 

Obra de teatro "Sansón y Dalila" con Florinda Meza caracterizada como esclava.

de interpretar sus canciones. don Jorge de la Vega, director general del hotel *Del Prado* de la Ciudad de México, le solicitó a Chespirito que presentara su espectáculo, con todo su elenco, en el Salón Versalles de dicho hotel. Chespirito no aceptó argumentando que el salón era pequeño, y por lo tanto, poco costeable, pues la nómina de sus actores era muy alta. Chespirito siempre ha sido una persona muy generosa, y lo que su hermano Horacio Gómez Bolaños cobraba por cada espectáculo, lo repartía entre todos de manera equitativa. Horacio, en el programa de *El Chavo*, interpretaba el papel de *Godines*, pero su trabajo principal era representar al grupo, para nosotros, los del elenco, era un buen representante, pero para los empresarios era una gente muy dura, a veces, hasta déspota. Recuerdo que en alguna ocasión, cuando mi marido era empresario, fue a finiquitarle seis presentaciones que habíamos pactado, no recuerdo la cantidad de dinero que era, pero eran miles de pesos, Gabriel le entregó el dinero, Horacio lo contó y le dijo:

—Faltan cinco pesos.

Gaby recontó el dinero, no faltaba nada y se lo hizo saber así. Entonces él, molesto, le respondió:

—¡No me estás pagando el casete que compré para hacer los comerciales!

Aunque éramos amigos, cuando hacíamos negocios con él, no te perdonaba ni cinco centavos. Pero cuando terminaba la función nos invitaba a cenar y todo corría por su cuenta. Gabriel sólo en cinco ocasiones negoció con él, porque la última vez terminó en una discusión muy fuerte. Resulta que, íbamos a trabajar en la Carpa de los Hermanos Suárez, y como no había camerinos, Yury la esposa de don *Pino* Suárez, nos prestó su camper, el cual era nuevo, para que nos cambiáramos las mujeres. Angelines, Florinda y yo nos metimos al fondo, en la recámara principal, los hombres se quedaron en la recámara de los hijos de Yury. Verdaderamente les comento que, esos trailers tienen todas las comodidades de una casa, así que nos encontrábamos más a gusto que en cualquier camerino. Lo único malo fue que a Yury se le olvidó sacar los pañales del menor de sus hijos y estaban en la habitación de los hombres. Pienso que al recordarlo regresó al tráiler y tocó la puerta, Horacio abrió y le preguntó qué quería, ella le explicó que necesitaba entrar para sacar los pañales porque necesitaba cambiárselos a su pequeña. Horacio enfureció y le gritó, al escuchar el escándalo llegué para ver qué sucedía y le expliqué a él que Yury era la dueña del camper.

—Eso a mí no me importa —me gritó—, por eso no es bueno que los actores se vuelvan empresarios, porque luego, luego, se sienten con más derechos que los demás. Aquí no va a entrar nadie y no me importa quién sea.

Me dio mucho coraje que fuera tan intransigente y patán, así que también le grité:

—Pues aunque no quieras, la señora va a sacar los pañales y se los cambiará a su nena. Y si no quieres que mi marido y yo volvamos a hacer negocios contigo, por mí está bien. Es más, si terminando esta gira tampoco me necesitas como actriz, lo acepto, renuncio.

Me salí furiosa del tráiler para desahogarme, aunque ya estaba vestida como La Chilindrina. Las injusticias me enojan en grado superlativo y Horacio siempre fue muy injusto. Porque se puede ser enérgico y obligar a que se cumplan las reglas del contrato al pie de la letra, pero sin necesidad de insultar a nadie. Afortunadamente iba llegando el encargado del sonido en su trailercito y lo paré para subirme con él, de esa manera el público que ya estaba llegando al espectáculo no me veía. El campercito era una *monada*, pequeñito y distinto a los demás, la parte del fondo era redonda, a mí me pareció que estaba dentro de un huevo. El muchacho se estacionó y me dijo que me dejaría sola para que me tranquilizara, mientras tanto, iba a ponerle los gatos hidráulicos al trailercito para asegurarlo. En ese momento entró Edgar Vivar para consolarme porque yo seguía, sentada en un sofá, con el llanto a todo lo que daba. El *gordito* me dijo:

—No llores Tony, Horacio siempre ha sido así, recuerda que hemos tenido un sinfín de problemas con otros empresarios por culpa de él, y sin embargo, el mundo no se nos ha venido encima.

En ese momento se sentó a mi lado y, literalmente, *el mundo se nos vino encima*, al recargarse en el respaldo del sillón, éste no resistió el peso de mi amigo y nos fuimos con todo y campercito para atrás, como era redondo dimos la vuelta completa y nos quedamos *patas pa'arriba*. Los pocos trastes se rompieron y la ropa quedó regada por todo el lugar. Fue tan rápido que no nos percatamos qué había pasado. Edgar fue el primero en hablar:

–Qué bárbara eres *Chilis*. Tu enojo es tan fuerte que provocaste un terremoto.

Los dos nos atacamos de risa, el problema fue salir, y después, voltear el tráiler. Cuando mi marido se enteró, fue corriendo a ver qué sucedía. Lo tranquilicé y le dije que terminando la función hablaríamos con Chespirito. Llegué cuando anunciaron la tercera llamada, ya todo el elenco estaba detrás de las cortinas del escenario, entonces Horacio comentó:

–¿Entonces sí vas a trabajar? Ensayamos sin ti porque pensé que después de tu berrinche nos ibas a dejar colgados.

En verdad ya no sé qué me desilusionó más, si su actitud anterior o que pensara que yo era tan poco profesional que no trabajaría. Jamás he dejado botada una función, porque le tengo mucho respeto a mi profesión, pero más a mi público.

Terminó la función y hablamos con Chespirito. No hubo ningún problema, pero para evitar fricciones, no volvimos a ser sus empresarios. Seguí como actriz en el programa y las giras. Después de ese conflicto con Horacio nos seguimos llevando súper bien y sin ningún problema.

# Capítulo XII

## El *Chou* de La Chilindrina

Don Jorge de la Vega, entonces escogió a La Chilindrina para presentarla como estrella en el hotel *Del Prado*. Por supuesto, le pedí permiso a Chespirito, él, sin el mínimo asomo de egoísmo, me lo concedió. Sólo con una condición: que ni en la publicidad ni en el show mencionara a ninguno de los personajes del programa. Y con una recomendación: que hiciera un espectáculo digno y de mucha categoría, que lo llenara a él de orgullo. Por supuesto, así lo hice.

Soy tan atrevida o inconsciente, como quieran llamarlo, que cuando firmé el contrato no tenía ni la más mínima idea de lo que iba a presentar, pero le dije a los ejecutivos del hotel que contaba con un show, más bien con un *chou*, con *ch*, de Chilindrina, de hora y media de duración, con músicos, cantantes, canciones, chistes, y no sé cuántos mentiras más les dije. Como acababa de terminar mi primer disco, con unos coros estupendos, entonces se me ocurrió contratar a *Las hermanitas Salinas*, cuatro chicas muy jóvenes y con voces angelicales. En el mismo hotel *Del Prado*, trabajaba un pianista llamado Fernando Sánchez, él me consiguió a un bajista, un baterista y un requinto, con ellos formé mi primer grupo musical, ¿porque se acuerdan de *Las Chics*, verdad?

Necesitaba un productor, sí, ese personaje que en cualquier espectáculo debe dar el dinero para la escenografía y el vestuario. También necesitaba un animador, así que le propuse a mi marido que nos asociáramos para montar *El Chou de La Chilindrina*, y así, toda la pérdida o la ganancia quedaba en familia. A Gabriel le daba miedo arriesgar nuestros pocos ahorros, pero aun así aceptó. El hotel nos contrató por cuatro fines de semana, una función los sábados y otra los domingos. Fue tal el éxito desde un principio, que el primer día se quedó muchísima gente afuera, más de la mitad de la que cabía en el Salón Versalles. Así que debimos de hacer dos funciones por día. Estuvimos cuatro meses, no uno como lo estipulaba el contrato. Terminamos esa temporada porque Valentín Pimstein nos ofreció llevar *El Chou de La Chilindrina* al hotel *Continental*, propiedad del señor Miguel Alemán Velasco, así que el gran productor de telenovelas de Televisa, nos produciría dos temporadas más. Ya con la experiencia ganada en el *Del Prado*, monté, al mismo tiempo, cuatro parodias de distintos cuentos: *Caperuchita roja*, *Cheidi*, *Negra nieves* (me pinté de negrita con pecas blancas) y *El mago de tos* (una versión de este cuento después la grabaría en un disco). El libreto y la dirección eran mías, y aparte de todo el elenco que me acompañó anteriormente, ahora trabajaba con unos actores jóvenes, quienes apenas comenzaban, ¿quieren saber sus nombres?, ahí van: Rodolfo Rodríguez, quien más adelante se convertiría en el famoso *Calixto*, de los *Cachunes* del programa *Cachún, cachún, ra, ra*, él además se convirtió en un gran escritor de cine y teatro; Mario Bezares, quien más tarde sería el compañero de Paco Stanley; Lupita Sandoval y su hermana; y como coreógrafo Guillermo Méndez, el famoso *Jesucristo Súperestrella*.

Nos iba tan bien con el espectáculo, que comenzamos a salir de gira por toda nuestra bellísima república. Gabriel tenía problemas porque no lo dejaban faltar en canal 8. Como él quería tanto su carrera de locutor, me pidió que buscara otro animador para las giras, no quería volver a dejar Televisa. Me puse muy triste, estuve a punto de olvidarme de las giras y de *El Chou de La Chilindrina*, porque de ninguna manera trabajaría sin mi marido, no por mi carrera iba a sacrificar mi matrimonio. Entonces llegó a nuestras vidas, el mejor consejo que hayamos recibido. Rubén Zepeda Novelo, locutor, actor y cantante, quien era esposo de la gran María Victoria, tenía conjuntamente con Gabriel, un programa infantil de

Ma. Antonieta de las Nieves y Chespirito caracterizados de Aurora Dupin y Chopin.

concursos en canal 5, el cual patrocinaban los *Submarinos Marinela*. Como eran tan amigos, mi esposo le pidió consejo y Rubén, sin dudarlo ni un segundo le dijo:

–Gabriel, no seas tonto ni macho mexicano, deja Televisa y apoya a María Antonieta. Como veo la situación en la televisión mexicana los locutores estamos a punto de desaparecer, el futuro está en los espectáculos, la televisión sólo te da fama y reconocimiento, el dinero está en la producción. Todas las figuras que tienen su propio espectáculo necesitan de un *manager*, un productor y un animador, esas tres personas ganan como mínimo cincuenta por ciento de lo que se percibe por la contratación de los shows, ¡imagínate si tú haces esas tres cosas! ¡La mayoría de las ganancias serían para ustedes, se quedarían en casa! Eso sí, un riesgo vas a correr, la gente envidiosa dirá que estás explotando a María Antonieta, porque la famosa es ella y no tú. Pero que no te importe, porque la estabilidad emocional y económica de tu familia están primero.

Gabriel se quedó callado, porque era verdad, le tenía miedo al *qué dirán*. Además del miedo a volver a dejar Televisa.

–A mí me pasó algo similar cuando me casé con María –continuó Rubén–, yo no era tan famoso, María Victoria era la gran estrella de la música romántica. Muchos dijeron que me había casado con ella por su fama y su dinero, pero ahora, muchos años después y de tantos de matrimonio, les he demostrado a todos que el amor ha sido la base de nuestra unión.

Después de que Rubén le diera ese gran consejo, a Gabriel no le quedó la menor duda de lo que debería hacer. Esa semana, mi esposo solicitó a Televisa permiso indefinido sin goce de sueldo. Yo renuncié al doblaje, porque ya no tenía tiempo y no me gustaba quedar mal en ninguna parte. Desde entonces, finales de 1976, hemos hecho una enorme mancuerna de trabajo, a veces nos ha ido bien, otras tantas regular, y otras, hemos perdido hasta los calzones, pero eso sí… Siempre juntos, sin importarnos el qué dirán.

No sé si les parecerá extraño, pero la mayoría de los artistas no sabemos manejar nuestro dinero, ni sabemos de finanzas ni cuánto ganamos o si tenemos dinero en el banco o estamos quebrados. Por eso es que muchos compañeros tienen que confiar su estado financiero a alguien ajeno o de su familia, y muchas veces se los *llevan al baile*.

Platicaré de lo que me pasa a mí. Cuando estaba soltera mi dinero lo manejaba mi mamá, de recién casada lo manejaba mi papá hasta que falleció, y el resto de mi vida, sí, hasta que muera, lo ha manejado, lo maneja y lo manejará mi fiel, honrado, amoroso y maravilloso marido. Algo que siempre he tenido muy claro es que si yo hubiera manejado mi dinero, ahora estaría pidiendo limosna. En verdad, ¡la *gastada* se me da muy bien! Es más, me encanta. Realmente mi carrera descolló, tanto artística como económicamente cuando firme el primer contrato en el hotel *Del Prado*, después siguieron los contratos en el *Continental*. Y mi papá Tanis vivió para ver eso y se sintió muy orgulloso de su *Nena*. Desafortunadamente mi mamá Pilla murió antes y nunca vio mi nombre en las marquesinas del Paseo de la Reforma ni supo de mis giras por nuestra república y por Latinoamérica ni de mi propio programa de televisión: *Aquí está La Chilindrina*, ni de mis películas como protagonista, pero sé que desde el cielo, porque mi viejecita está allí, está observando todo lo que realizo y desde allá me regaña cuando hago las cosas mal, y me echa porras cuando las hago bien, claro, como ella me enseñó. ¡La viejita también debe estar muy orgullosa de mí!

Recuerdo que en aquella época tenía muchas preocupaciones aparte de las del trabajo, las de la casa, las que me daban la hiperactividad de mi hija, y las de Gabrielito con apenas dos años; la mayor de esas preocupaciones era mi papá, desde que había muerto mamá, mi podre viejecito se dejó morir lentamente, no pudo soportar la pena. Como ya les comenté, don Tanis se vino a vivir con nosotros, aunque también pasaba días en casa de mi hermano Sergio, allá por los rumbos de Coyoacán. La diabetes, aunque la tenía controlada, le hacía pasar muy malos ratos, seguido se mareaba, una de esas veces se cayó junto a la piscina de la casa de mi hermano, se rompió el fémur, y en ese mometo, empezó el principio del fin.

En julio de 1976, mi papá llevaba tres meses internado en distintos hospitales, estaba muy grave y deliraba buscando a su Pilla, él pensaba, en su amorosa inconciencia que mi mamá todavía vivía. No recordaba que había muerto de cáncer tres años antes, decía que ella moría de celos porque la guapísima enfermera se lo *fajaba* cuando le cambiaba las sábanas. También repetía todas las frases que usábamos en el programa de televisión Chespirito y yo: *lo sospeché desde un principio*; *no contaban con mi astucia*; *eso, eso, eso*; *fíjate, fíjate, fíjate*; pero la que más le gustaba, y por tanto, la que más repetía era, *síganme los buenos*.

Realmente mi papá me tenía muy preocupada, además estaba muy ocupada con el doblaje, apenas comenzaban las presentaciones personales pero me consumían tiempo, hacía el programa de Chespirito y aparte estaba supliendo a Leonorilda Ochoa en *Adiós guayabera mía*, parodia del sexenio del expresidente Luis Echeverría y en donde compartía estelares con Chucho Salinas y Héctor Lechuga. Todos los días, terminando la obra Gabriel y yo íbamos al hospital para saber del estado de salud de mi viejito. Algunas veces nos quedábamos a acompañarlo toda la noche, todos los hermanos nos turnábamos para cuidarlo para que no estuviera nunca solo.

El jueves 13 de julio, mi papá agonizaba, todos estábamos con él, pero me tenía que ir a dar función al *Teatro Fru frú*, estaba muy consternada esperando el desenlace. Comencé la obra normalmente, pero en el intermedio me extrañó que mi esposo no hubiera llegado. Cuando iba a empezar el segundo acto, vi a Gabriel llegar con lentes oscuros, los cuales no le disimulaban las enormes lágrimas que le escurrían por las mejillas. Armándome de valor le pregunté: "¿ya?" Él asintió con la cabeza. Estaba vestida de rumbera, salí a escena a realizar un baile en un supuesto cabaret, era la estrella sexy, realmente no sé cómo pude terminar la función, de lo que sí estoy segura es que debió ser la peor actuación de mi carrera, porque en esa obra tan graciosa, no creo que alguna persona se haya reído con *mis chistes tan tristes*. Soy una convencida de que el show debe continuar, por ello, terminé de actuar muy a mi pesar.

A papá Tanis lo velamos en la *Funeraria Gayosso* de la calle de Villalongín en la Ciudad de México. Al día siguiente se ofició una misa de cuerpo presente y a las tres de la tarde lo sepultamos en el Panteón Español, en un mausoleo donde se fue a descansar junto a sus dos grandes amores: mamá Pilla y su hija Pillita, allí está mi papá Tanis, junto a ellas, desde el 13 de julio de 1976. ¡El mejor esposo y padre que haya conocido! ¡Gracias por ser mi padre!

En cuanto terminó el sepelio nos fuimos nuevamente al *Fru frú*, porque debía dar dos funciones, a propósito, no recuerdo cómo logré hacerlas, de lo que sí me acuerdo es que terminé agotadísima. Gabriel y yo llevábamos aproximadamente treinta horas sin dormir y casi no habíamos probado bocado y al día siguiente debíamos estar: ¡a las siete de la mañana!, en la XEW para realizar el programa de radio *Despertar feliz con el osito Bimbo*, Gabriel era el locutor comercial y yo hacía la voz del *osito Bimbo*. Por tanto, decidimos no ir a dormir a casa, vivíamos hasta Fuentes del Pedregal (en el Sur de la ciudad), nos caíamos de sueño y hambre, así las cosas, como la estación de radio quedaba en la calle de Luis Moya, optamos por quedarnos en un hotel cercano y nos sucedió algo que en aquel momento no me hizo gracia alguna. Mientras Gabriel nos registraba en el hotel, me quedé, todavía llorando, en el auto, cuando él llegó nos metimos al estacionamiento, en la parte superior de la entrada había un letrero que decía: ¡Bienvenidos todos! y ¡Buena suerte¡ Con la mortificación, no le dimos la menor importancia al dichoso letrerito, pero como a las dos horas nos fueron a tocar al cuarto para saber a qué hora íbamos a salir. Mi marido, molesto –les gritó:

–Poco antes de las siete de la mañana, por favor no molesten, estamos descansando.

Por toda respuesta el tipo dijo:

–¡Ah!, si van a quedarse toda la noche, la tarifa aumenta tres veces más.

Nos volteamos a ver Gabriel y yo, hasta ese momento nos percatamos, ¡nos habíamos metido a un hotel de paso! A la mañana siguiente, cuando salimos nos dimos cuenta que junto al hotelito había un salón de fiestas y estaban desayunando muchas chicas que festejaban su graduación de secundaria, al verme me reconocieron pues empezaron a cuchichear entre ellas y escuché "sí, sí es La Chili…", a pesar de llevar lentes oscuros e irme tapando media cara con un kleneex. ¡Imagínense lo que habrán pensado al ver salir de un hotel de paso a La Chilindrina, y aparte, camuflajeada al estilo Michael Jackson! Siempre me han sucedido cosas graciosas, hasta en mis peores momentos, ¿qué se le va hacer?

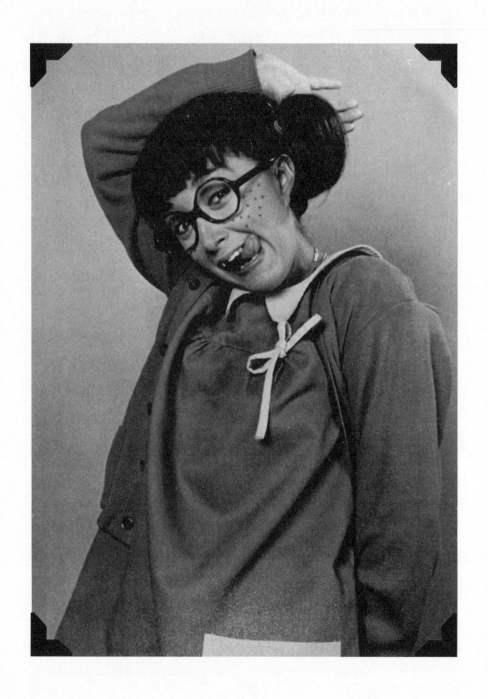

# Capítulo XVIII
## Se me cayó del pedestal

En la época que les estoy contando, también nos dio por ser empresarios y nos asociamos con Higinio Sosa, quien años después, sería el representante del *Show de Burbujas*, y al final de la carrera de Rigo Tovar también lo representó a él. Higinio y Gabriel, mi esposo, contrataron a todo el elenco de Chespirito, lo recuerdo muy bien, porque precisamente, estando en Monterrey, me llevé una de las peores sorpresas de mi vida.

Resulta ser que Higinio, precisamente, nos contó el chisme: las viejas paredes del *Hotel Ancira* fueron las testigos mudas de que ¡Chespirito y Florinda Meza se entendían sentimentalmente!

Me quedé boquiabierta y dije:

—Higinio, no te lo puedo creer.

Este suceso nos afectó mucho a todos los que hacíamos el programa. Personalmente, me desconcertó, pero más, me desilusionó. Porque para mí, Roberto era el prototipo ideal de esposo, lo tenía como a un ídolo, en un pedestal, y a las primeras de cambio se cayó y se hizo pedazos.

Para contar ese acontecimiento lo dudé, porque no quiero que se tome como chisme de revista barata o embuste de un programa de televisión en donde los conductores sólo se dedican a terminar despiadadamente con la integridad de los artistas, si lo estoy haciendo es porque sé que estoy ante lectores sensatos, además porque sucedió hace muchos años y quiero ser lo más veraz e imparcial posible, pero primordialmente, para que sepan cuánto me han afectado los acontecimientos que pasaron y pasan a mi alrededor después de ese hecho.

A Carlos Villagrán, le llegó, como caído del cielo, un contrato con *Radio Caracas Televisión*, una de las televisoras más importantes en Venezuela, la cual también estaba interesada en que nos integráramos a ella Ramón Valdés y yo. Según Carlos, afirmaba que allá sí íbamos a ganar buen dinero, mucho mejor que aquí. "En mi programa ganaremos miles de dólares y no pesitos devaluados." A pesar de ello ni Ramón ni yo aceptamos irnos. Pero al poco tiempo, la situación se volvió tan intolerable, que Ramón se fué a Venezuela a trabajar con Carlos.

Mi queridísimo Ramón, era tan poco *paciente*, por decirlo de alguna manera, que sólo aguantó aproximadamente diez programas, por lo que decidió regresar a México. Chespirito lo recibió en el programa sin ningún problema. Yo estaba feliz porque nuevamente tenía a *mi papito liiindo… Mi amor*, pero me duró poco el gusto, porque a los dos programas, Ramón decidió abandonar la producción. ¿Pueden imaginar eso?

Ramón le dijo a Chespirito. "Mira campeón, a ti te quiero mucho, pero a tu mujer no la aguanto. Mejor vamos a cortarlo por lo sano".

Le dio una palmada en la espalda a Roberto y, caminando como la *Pantera Rosa*, se salió del estudio y nunca más regresó.

Siguieron las giras, en las cuales mi esposo e Higinio continuaban como empresarios. Pensé que en las presentaciones, el público reclamaría por la ausencia de *Quico*, pero no, a quien echaban de menos era a *Don Ramón*, porque siempre lo he dicho, él tenía una simpatía fuera de serie.

Cuando Carlos Villagrán se fué a Venezuela se llevó al locutor de nuestro programa Jorge Gutiérrez Zamora entonces Chespirito le pidió a Gabriel Fernández uno de los mejores locutores de Televisa que fuera el nuevo anunciador de su programa y que fuera el animador en sus giras. Yo me puse feliz porque Gabriel Fernández es el amor de mi vida y desde este momento viajamos juntos en las giras ¡Guau! Salí ganando.

R eitero, la realidad era que, ese grupo que anteriormente había sido tan maravilloso y el cual se veía como una familia, ahora se había convertido en sólo compañeros de trabajo y nos soportábamos únicamente por conveniencia. Algunas veces, cuando Chespirito estaba solo, platicábamos con él sensacionalmente, porque tenía una conversación *muy sabrosa*.

Muchas veces convivimos con presidentes de distintas repúblicas, es más, nos invitaban a departir con ellos en la casa presidencial. Un ejemplo: Colombia. La Primera Dama de ese país, doña Nidia de Turbay, nos invitó a participar en *La Caminata de la Solidaridad por Colombia*, se trataba de reunir fondos vendiendo productos con nuestra imagen, Chespirito aceptó la invitación y autorizó dicha venta. Nosotros no cobraríamos ni un centavo, pero nos trataron *a cuerpo de rey*. *Prometeo*, que era una de las fundaciones organizadoras, es una institución dedicada a ayudar personas con problemas de adicción: alcoholismo y drogas. Una de las doctoras y ejecutiva del organismo, María Helena Forero, (nos hicimos grandes amigas), me comentó que el año anterior el invitado había sido *Cantinflas*, sí, leyeron bien, nuestro gran *Cantinflas* (para una servidora, el más grande ídolo y comediante de Latinoamérica), y que había sido un éxito, habían recaudado, en esa ocasión, para los niños de menos recursos en Colombia, una enorme suma de dinero. Además, la caminata desde Palacio de Gobierno hasta el estadio *El Campín*, el cual tenía una capacidad para 17 mil personas, había durado poco más de tres horas, y esperaban que este año, con nosotros, fuera mejor. En verdad yo lo dudaba. Llegó el día y todos nos convertimos en nuestros personajes, nos subieron, a cada uno en un carro de bomberos, Chespirito, interpretando a *El Chavo*, encabezó la caminata.

A mí me pasa algo curioso, cuando me impresiono con algo, sea bueno o malo, se me olvidan muchos detalles, sólo voy viviendo el momento, así que, lo único que puedo recordar es: desde que salimos a la avenida, no me acuerdo cuál, la multitud era tal, que a duras penas se podía circular, muchas veces, no recuerdo cuántas, nos quedamos largo rato sin circular, porque la bellísima gente colombiana se arremolinaba cerca de los carros queriéndonos demostrar su cariño, lanzándonos besos, gritos, regalos, flores, cartas, recuerdos, y derramando no pocas lágrimas, mostrándonos orgullosísimos sus camisetas con la imagen de *El Chavo*, la policía trataba de convencerlos de que se hicieran a un lado para que la caminata siguiera, lo lograba pasando, no sé cuántos minutos después. Personalmente, lo que más me impactó fue ver los rostros de muchos, muchos, viejecitos que nos aventaban besos y bendiciones, bastantes de ellos estaban en sillas de ruedas. También, de lo poco que recuerdo fue que, pasamos por una iglesia y hasta arriba de la cúpula había algunas personas, entre ellas, estaba una con sotana, ¡el párroco de la iglesia estaba agitando la mano, con una playera blanca, en la cual, se distinguía el rostro de Chespirito, saludándonos en solidaridad! En ese momento, una persona del aparato de seguridad, quien iba junto a mí, me preguntó si me sentía bien. Le contesté que no sólo me sentía bien, sino que estaba feliz. Me respondió: "¿entonces por qué llora a gritos?" En ese momento reparé que, tenía la cara bañada de lágrimas, pero de felicidad. ¡No teníamos con qué darle gracias a Dios por todo el amor que esa gente nos prodigaba! Por supuesto que no me acuerdo cuánto tiempo duró la caminata, lo que sí les puedo contar es que íbamos a comer con la Primera Dama, a las dos de tarde, y se pospuso la comida para las siete de la noche. María Helena me contó que ese día ningún niño ni adolescente había asistido a clases, las escuelas habían cerrado y que varias fábricas no cumplieron con su producción acostumbrada porque muchísimos obreros no se presentaron a trabajar. Para cerrar con broche de oro ese memorable acontecimiento, el Presidente Turbay nos entregó, en una solemne ceremonia, las llaves de la ciudad. Nos comentó que eso significaba el otorgamiento de la nacionalidad colombiana, y por tanto, podríamos entrar al país sin pasaporte.

Haré un paréntesis para contarles una anécdota simpática del *Profesor Jirafales*. Después de esa magnífica estadía, un tiempo más tarde, íbamos a regresar a Colombia, ya había dejado de ser presidente el señor Turbay, y para podernos dar de nuevo la visa de trabajo, la embajada de Colombia en nuestro país, nos pidió un sin número de requisitos. Rubén Aguirre miró seriamente al cónsul y dijo:

–Hace dos años nos otorgaron las llaves de la ciudad y ahora que queremos entrar nos cambian la chapa.

Realmente, Rubén era más gracioso en persona que en televisión.

Regresando a la caminata, les platico que María Helena me comentó que ésta había durado nueve horas, había iniciado a las diez de la mañana y terminado a las siete de la noche, yo por la emoción ni cuenta me di del tiempo. Los personajes invitados éramos, solamente: el elenco de *El Chavo del Ocho*. Ésta se realizó el 30 agosto de 1981.

La caminata recorrió 126 calles, saliendo en carros de bomberos desde el Palacio Presidencial (Casa de Nariño), durante el recorrido encontramos comparsas, grupos musicales y el río humano de tres millones de personas, sobrepasando todos los cálculos para ese evento, nunca antes se había efectuado en el país una manifestación tan multitudinaria. Se contó con la participación de la empresa privada, autoridades, policía en tierra y aire, defensa civil, agentes de tránsito, además la transmisión de televisión fue en directo.

Una vez terminada la caminata, los personajes fuimos recibidos en el Palacio Presidencial por el Dr. Julio César Turbay Ayala, Presidente de la República.

El evento, como ya les dije, finalizó a las siete de la noche en el estadio *El Campín* que para ese entonces ya tenía una capacidad para 36 mil

343 espectadores, o sea que, asistieron muchísimas más personas que cuando el protagonista había sido *Cantinflas*. Por ello, ese hecho se volvió una de nuestras más grandes satisfacciones.

Hablar de las giras del grupo de Chespirito, aunque ustedes no lo crean y parezca exagerado y fatuo, es rememorar experiencias tan exitosas como las que tuvieron *Los Beatles* o *Elvis Presley* en sus tiempos.

En Argentina, el gran empresario, pero más, una finísima persona, Leonardo Schults, nos contrató para hacer varias presentaciones por todo el país, y además en Paraguay. Viajábamos en un clásico avión DC3, y en la puerta estaba la imagen de *El Chapulín Colorado*. Cuando llegábamos a los hoteles, el personal de seguridad hacía enormes vallas para que pudiéramos acceder al lobby. Hubo muchas veces que la multitud se quedaba haciendo guardia toda la noche, mirando hacia las ventanas, en espera de podernos ver, cantando ¡*Qué bonita vecindad!* Por supuesto, el gran ídolo, de niños, adultos y ancianos era: *El Chavo*.

¡Es increíble lo que hace la fama! Todos nosotros estábamos muy lejos de ser guapos, y sin embargo, me consta, que en las noches, muchas jovencitas trataban de entrar a las habitaciones de Rubén, Ramón, Edgar y del propio Chespirito, y no precisamente a sólo pedirles un autógrafo.

Recorrimos en diez años, todo Centro y Sudamérica, excepto Brasil, les cuento por qué no lo hicimos. Teníamos un jugosísimo contrato con *Santos Televisión*, en aquellos tiempos la televisora más importante de aquel país, íbamos a realizar veinte presentaciones por toda su geografía, como el programa de *El Chavo*, pasa doblado al portugués, nos tuvimos que aprender el show en ese idioma. Chespirito, Edgar y yo no tuvimos problema pues tenemos facilidad para aprender lenguas, pero para los demás si fue problemático, y eso que nos pusieron maestro de tiempo completo. Finalmente, cuando ya todo estaba listo para presentar *El Show de Chaves y Shiqhuina*, (*El Chavo y La Chilindrina*), hablado en portugués, se canceló, pues en aquella época los secuestros eran pan de cada día y la televisora no se quiso arriesgar a que sufriéramos algún atentado. Así que nos quedamos en México sin conocer Brasil, pero con lo que nos habían adelantado por las veinte funciones. En otras tres ocasiones, con *El Circo de La Chilindrina*, también estuve a punto de ir, pero por una u otra manera no se concertó el contrato. ¡Era una lástima que hasta ese año de 1999, fuera el único país sudamericano que no conociera! Por fortuna en 2012 me hicieron un homenaje en la televisión brasileña, en el programa con mayor audiencia de aquel país: *Esta noche con Rathino.* El cual tuvo el mayor *rating* en ese año. Así que ya conozco toda Sudamérica.

En fin, casi siempre ha sido felicidad y diversión cada vez que me presento con el circo o con cualquier otro tipo de espectáculo, como en auditorios, teatros o charreadas. Así sucedió cuando me presenté en *El Show Ecuestre de Tony Aguilar,* en Chicago, o en el Madisson Square Garden, en Nueva York, donde estuvimos una gran caravana artística, entre quienes destacaban: *Parchís, Los Chamos, Capulina, Santo, Blue Demon, Cepillín,* todo el elenco de Chespirito, y *Luis Miguel,* quien apenas tenía 12 años. Fue tal el éxito que obtuvimos, que el Madisson Square Garden, nos contrató sólo a nosotros, los integrantes del programa de *El Chavo,* para dos presentaciones más ¡Y tuvimos lleno absoluto y un triunfo rotundo! Tres años después me volvieron a contratar con *El Chou de La Chilindrina.* Verdaderamente, con mi entrañable Chilindrina, me he presentado en magníficos lugares de la talla de: *Knotts Berry Farm,* en Anaheim, California, centro de diversiones al estilo del Viejo Oeste, pero con atracciones como en Disneylandia. En ese lugar me contrataron por cuatro años, porque anteriormente habían realizado una encuesta, entre puros hispanos, de a cuál personaje latino de comedia preferían, y su servidora fue la afortunada. En el *Good Times Theatro, Snoopy* y yo presentamos a artistas destacadísimos como: *Angélica María, Lupita Pineda, Timbiriche, Flans* y a *Angélica Vale,* entre muchos otros. También estuve en la *Montaña Mágica* y en los estudios *Universal.* Fui la imagen latina de una tienda de juguetes y ropa para niños llamada *Kids'r US.*

Les cuento una aventura más, corría el año de 1993 ó 1994, no recuerdo bien, estando en Argentina, me abordó un señor de parte de la Primera Dama de la República de Paraguay, la señora María Teresa Carrasco de Wasmosy, para ver la posibilidad de hacer el festejo del *Día del Niño* en el Jardín Botánico de Asunción, la capital del Paraguay. Acepté y hubo más de ciento veinte mil personas, cubrió el evento la mejor televisora del país, desplegando cinco cámaras, dos de ellas en helicóptero, todas las estaciones de radio y la mayoría de los periódicos del país. Llegué al evento en helicóptero, pero cuando éste terminó, el público ya había invadido la pista y me tuvieron que sacar en un camión de bomberos. Después, la Primera Dama nos dio una cena en Palacio de Gobierno y me otorgó una presea.

¡Ven cómo no me puedo quejar!

Presentación en la Plaza Nuevo Progreso, Guadalajara, Jal..

# Capítulo XIX
## Mi vida en el circo

Cuando era niña no me llamaba tanto la atención el circo como el patinaje sobre hielo. Recuerdo que cada año mis papás me llevaban a la *Arena México* a ver *El Gran Circo Atayde*. Los payasos, los malabaristas y los animales me gustaban mucho, pero los números que se realizaban en las alturas, como los de los alambristas o trapecistas, hacían que me pusiera sumamente nerviosa y sufría mucho, es más, puedo sincerarme con ustedes, casi no los veía, cerraba los ojos, me ponía a rezar y apretaba tanto los puños, que cuando los habría, mis manos estaban todas sudadas y las uñas se me marcaban en las palmas.

En cambio, cuando venía a México el *Holiday on Ice*, no me lo perdía por nada, hubo ocasiones en que me llevaron mis papás hasta dos veces. Soñaba que era la protagonista y patinaba igual como si lo hiciera Natasha Kuchinskaya, sí, la gimnasta rusa que vino a los Juegos Olímpicos de México 68, pero yo hacía la versión de ella sobre hielo, y que viajaba por todo el mundo siendo la estrella del espectáculo. ¡Me fascinaba esa idea!

¡Se me hace increíble lo que el destino me deparó! Mi sueño de ser patinadora sobre hielo se vio truncado por tanto *porrazo* que me di y lo olvidé por completo. En lo único que nunca pensé fue en ser comediante y trabajar en un circo, y llevo hasta la fecha, más de cuarenta años de hacer comedia y 38, gracias a La Chilindrina, de haber entrado a ese mundo maravilloso que es el circo, el espectáculo más extraordinario del mundo. Cuando los reporteros me preguntan, "¿qué es para ti el circo?", siempre respondo lo mismo:

—¡Es un mundo mágico! Porque todos quienes entran se transforman en niños. Con los ojos bien abiertos, por el asombro, al ver tanta destreza y valentía entre todos los artistas. Las personas se llenan de júbilo y alegría cuando miran a los payasos (yo me considero uno de ellos), se admiran ante el talento de los domadores y de la sumisión que les demuestran algunos de los animales.

Ahora yo les pregunto:

—¿En qué otro espectáculo pueden ver reunido tanto talento? Animales, artistas, malabaristas, contorsionistas, antipodistas, fuerza dental, fuerza capilar, trampolines, gente en zancos sobre camas elásticas, payasos y, ¿sabían ustedes que los mejores trapecistas del mundo son mexicanos?, pues sí, a mucha honra y más orgullo.

Sé que la gente se debe buscar la vida lo más honestamente posible, pero algo que ha demeritado al circo es que están proliferando muchos circos chiquitos, y no es que no los valore o les haga *el fuchi*, al contrario, los admiro por *atrevidos*, pero no es lo mismo ser *una gran artista de circo*, que ser un mediocre empresario, el cual sólo utiliza al circo para obtener ganancias fáciles. Por desgracia, en México y en Latinoamérica a este espectáculo no le dan el valor que le corresponde, lo ven como un pasatiempo sólo para personas de escasos recursos y cultura, y eso… No es cierto. ¡El circo es cultura y tradición familiar! Posiblemente sí sea cierto que la mayoría de los artistas no haya podido estudiar, y otros tantos, no pudieron asistir a una escuela, probablemente no lo sepan, pero hay empresarios circenses que le pagan a un maestro (quien vive en el circo), para que les de clases a los hijos de los integrantes de éste, estos estudios luego se revalidan ante la SEP; entre estos niños se pueden encontrar, por igual, al hijo del empleado de intendencia, quien limpia el excremento de los animales, como al de cualquier artista o al del dueño. Esto a mí me parece sensacional.

Todos los que trabajamos en un circo, léase, empleados, artistas, dueño y *estrellas* como: *Capillín, Capulina, Noño, Quico, El profesor Jirafales, Luis de Alba, Güicho Domínguez* y, humildemente, La Chilindrina, formamos parte de la misma familia, ¡La familia circense! En verdad, la mayoría de las veces me siento más *cirquera* que actriz de televisión, cine, teatro, doblaje, radio, etcétera. He trabajado en todas estas ramas de la actuación, y en todas, modestia aparte, me he sentido como *pez en el agua*, pero el circo es otra cosa, reitero: el circo es mágico.

Les quiero confesar algo que casi nadie sabe. Cuando ustedes leen o escuchan de *El Circo de Cepillín* o de *La Chilindrina* o de *Capulina* etcétera, sólo es un *gancho publicitario* para atraer al público, pues ninguno de nosotros contamos con la capacidad económica, de trabajo ni mental para tenerlo, cuando menos a mí así me pasa. Realmente se requiere tener mucho dinero para levantar un circo con instalaciones dignas y bonitas. Contar con un don de mando único para tratar desde al más humilde de los empleados, a un artista, a los medios de comunicación, y hasta a alguna *estrella de televisión*, quienes somos un *cuento* aparte. Pero lo más importante, es coordinar toda la capacidad de trabajo que se requiere, de cada uno de los involucrados, para dar una función. Me explico: el trabajo que se tiene durante la presentación, podemos decir que es el recreo, porque lo que hacemos nos encanta, es un placer. ¡Qué bueno que los empresarios no saben que salir a actuar (sí, actuar, todos los artistas hagamos lo que hagamos en el circo estamos actuando y todos en nuestro acto somos *las estrellas*), lo haríamos gratis, es más, pagaríamos por hacerlo! El verdadero *circo* es cuando se tienen que cambiar de lugar dentro de la misma ciudad, o en otra, o en otro país. A donde haya que ir. Cambiarse, ahí está el trabajo de a de veras. Los actores se ponen *pants* y comienzan a *tumbar* y guardar sus aparatos, hay quienes ayudan también a *tumbar* el circo. Terminan en la madrugada y empiezan el trayecto al nuevo sitio, y según sea la lejanía, obvio es el número de horas que manejan sus vehículos, motohomes, tráileres, camionetas o lo que usen. Al llegar al nuevo lugar, duermen un par de horas e inicia la instalación, tanto del circo como de los aparatos. Una vez que está todo en orden, comienzan los ensayos, los cuales duran entre noventa y ciento veinte minutos. Si tienen un tiempo antes de empezar la función, acompañan a sus mujeres al mercado o a cualquier lugar que requieran, o se ponen a hacer *talacha* en lo que sea mientras llega la hora de aparecer ante el público y vuelvan, así, a disfrutar de la magia del circo.

Las mujeres del circo, las actrices, juegan un triple papel. Primero, son la figura bella del *show*, es quien lo decora, sin una mujer con plumas, lentejuelas y brillos, el circo no es el circo. Segundo, además de adornar el espectáculo, son grandes artistas, quienes se han dedicado, la mayor parte de su vida, a ensayar durante innumerables horas para dominar alguno de los dificilísimos actos circenses, y tercero y más importante, la mayoría son excelentes madres, amas de casa, cocineras, conductoras de tráileres, camiones o cualquier otro vehículo pesado con los que cuenta el circo.

Así las cosas. Vaya desde estas sencillas y humildes líneas, un homenaje de pie y con aplausos interminables a la gente del circo, las personas más buenas, trabajadoras y maravillosas que he conocido. También les quiero agradecer a todos los empresarios circenses que han confiado en mí y me han llamado a trabajar con ellos, espero no omitir a nadie: los hermanos Suárez, los hermanos Vázquez, los hermanos Padilla, los hermanos González, los hermanos Verti, los hermanos Peralbar, los hermanos Bells, Tino Ramírez, Luis León, Georgi Riveiro (Argentina), Ulises Dolarea (Estados Unidos), los hermanos Fuentes Gasca; y sobre todo, quiero reconocer a quien me ha montado los espectáculos más bonitos y a mi entera satisfacción, tanto en la Ciudad de México, con *El Circo de La Chilindrina*, en sus maravillosas instalaciones ubicadas en Buenavista, Buenavista, Buenavista; como en Chile y Perú con *La Chilindina on Ice*, donde compartí con cuarenta patinadores, me refiero a don Gustavo Fuentes Gasca, quien hizo realidad mi sueño de adolescente.

Les cuento, por supuesto: cuando tenía 15 años no podía patinar bien, pues menos a los cuarenta y tantos. Por tanto, para poderme sostener en pie y bailar sobre hielo, tuve que utilizar unos zapatos especiales, con clavos en la suela para no resbalarme. Durante todo *El Chou*, La Chilindrina decía que su sueño más anhelado (al igual que el de María Antonieta de las Nieves), era patinar sobre hielo como un ángel, y como ella sabía que si uno se esforzaba mucho los sueños se podían cumplir... Fue

Imagen de presentación en Estados Unidos.

entonces que se cumplió. Al final del *Chou*, La Chilindrina se imaginaba que su gran amor patinaría con ella, así que, un enorme muñeco inflable representando a su amor entrababa en escena junto con una muñeca del mismo tamaño, con la imagen de La Chilindrina y sonaba una hermosa canción de fondo. Un minuto después, entre nubes de hielo seco, aparecía una niña con colitas, pecas, chimuela, con el sweater rojo torcido en la espalda y con vestido verde, pero quien, en lugar de zapatos escolares, con clavos para no caerse, ahora traía unos hermosos patines de hielo y se deslizaba como un ángel sobre la pista. Las vueltas, brincos y demás piruetas hacían que, de entre el público, los niños respiraran profundo y lanzarán la siguiente exclamación: "El sueño de La Chilindrina se hizo realidad." Pero muy íntimamente sé que el de María Antonieta no, porque me dobló una patinadora olímpica.

Esa temporada de *La Chilindrina on Ice* no fue de las más exitosas que he tenido, pero sí la más maravillosa. Nuevamente, gracias Gustavo, para mí eres el mejor empresario circense de Latinoamérica y con quien mejor *me peleo y me agarro del chongo*, pero bien sabes que… Te quiero mucho.

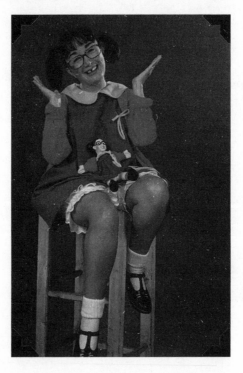

# Capítulo XX

## Algunas de mis *peripecias* en el circo

Durante los muchos años que llevo dentro del circo he reunido varias anécdotas, les contaré, si no tienen inconveniente, unas cuantas.

Trabajando en el circo de don Juventino Fuentes Gasca, en Venezuela, estábamos algo aburridos Gabriel y yo e inventamos hacer alguna travesura. Nos pusimos de acuerdo con los hermanos Gaona, los mejores trapecistas de aquella época y, aprovechando que el dueño estaba en México, Chela Gaona, quien es chiquita como yo, pero más loca, se disfrazó de La Chilindrina y en plena función mi esposo hizo la siguiente presentación:

—Por primera vez, a nivel mundial, La Chilindrina va a realizar algo que le ha tomado mucho tiempo animarse a hacer y le ha consumido muchas horas de ensayo aprender, el número más difícil de llevar a cabo en el arte circense: el trapecio. ¡Con ustedes, los mundialmente famosos hermanos Gaona y su alumna La Chilindrina!

Salgo con los Gaona, con mi mismo vestuario de siempre, pero con la capa roja de terciopelo con lentejuelas y que llegaba hasta el suelo. El público nos aplaudió y por supuesto no se percató de lo que sucedió. Mientras los muchachos se subían al trapecio, me metí atrás de las cortinas, donde

Circo de la Chilindrina.

ya me esperaba Chela, quien estaba disfrazada como yo (era igualita), e hicimos el cambio. Ya le había dicho a ella cómo reaccionaría La Chilindrina, ¡pero esa loca se pasó! El escenario se apagó y los dos seguidores de luz alumbraron hacia las cortinas y el público vio que La Chilindrina (Chela) entraba corriendo, se tropezaba con la capa y se caía. Después se trataba de subir a la red, no la alcanzaba y hacía su acostumbrado berrinche. Por fin se daba cuenta de que estaba la escalera de cuerdas por donde suben los trapecistas, trataba de subir, subía cinco escalones y hacía que se resbalaba y se regresaba dos. La gente estaba feliz, pero no entendía por qué La Chilindrina se arriesgaba tanto. Empieza el acto, primero vuelan los hombres, cuando le toca a *La Chilis*, ésta no quiere, y trata de bajarse argumentando que se muere de miedo, pero Tito la regresa al trapecio, ella le da un puntapié y él le da una nalgada, La Chilindrina se pone a berrear con su clásico llorido pero a veinte metros de altura. El público se vuelca en aplausos al ver a su estrella infantil en tales apuros, yo para esos momentos estaba detrás de las cortinas *atacada* de risa, viéndome por primera vez con una extraña sensación de desdoblamiento de personalidad, y disfrutando, como si no fuera la dueña de ese singular personaje. La Chilindrina (Chela) al percatarse que el público está hilarante, deja de llorar y da las gracias con una graciosa caravana, pero las *pompis* las pone hacia el público y enseña los calzones, Tito la tapa y la *patiñea* de manera sensacional. Entonces *La Chilis* toma el trapecio y se lanza al aire, trata de tomar las manos de quien la va a cachar pero no lo logra, ella se queda con una mano en el trapecio y otra como si estuviera abanicando al público; a la siguiente vez, columpiándose más fuerte, logra asirse de las manos de Armando, pero en lugar de regresarse a su trapecio, comienza a tratar de subírsele por los brazos, como si fuera chango, cuando llega cerca de su cabeza, éste no ve porque tiene los ojos tapados con el vestido de *La Chilis*, entonces, para poder ver la suelta, La Chilindrina se cae del trapecio, la gente y yo pegamos un tremendo grito, pero inmediatamente nos dimos cuenta que no había sucedido nada de qué lamentarse, porque *La Chilis* moviendo cómicamente las *piernitas*, cayó en el centro de la red, comenzó a hacer tremendo berrinche y amenazada con la mano al cátcher. El respetable estaba feliz, Chela también, yo aplaudía y lloraba de risa y emoción al verme haciendo tantos desfiguros.

Entonces, *La Chilis* nuevamente sube a los trapecios para realizar, ahora, los actos más difíciles, Tito Gaona, quien además de ser el mejor trapecista, es muy guapo, ejecuta el triple salto mortal con la elegancia que siempre lo caracterizó; Armando, su hermano, lo cacha con una limpieza digna y sólo creíble en los hermanos Gaona. *La Chilis* no se quiere quedar atrás cuando escucha la tremenda ovación que el público le brinda a sus hermanos, y se coloca en la cabeza una bolsa negra de terciopelo... Va a volar a ciegas. No sé si en esa ocasión los Gaona actuaron mejor que de costumbre, o no quisieron correr más riesgos de los debidos y en donde se vería involucrado el nombre de La Chilindrina, pero el acto fue sensacional. *La Chilis*, con la bolsa en la cabeza, toma el trapecio. La gente está muy nerviosa, a mí se me va el aliento, se escucha el redoble del tambor, el animador pide el mayor silencio posible y no se oye ni el volar de una mosca. La Chilindrina se lanza al aire, toma vuelo y se columpia, con gran velocidad, dos veces, después con una enorme destreza se levanta y recarga su diminuto cuerpo en el trapecio, se lanza, de nueva cuenta al aire, pero en lugar de darle las manos al cátcher le da las piernas, todos gritamos de alegría, pero en ese momento Chela se le resbala a Armando quien la alcanza a sostener de un solo pie. La bolsa negra cae a la red. Todos nos estamos muriendo de risa por la grotesca escena que contemplamos: *La Chilis* está colgada, sólo sostenida del tobillo y retorciéndose como *araña fumigada*. Tito la rescata, los tres trapecistas saltan a la red y finaliza el acto. En realidad, Chela Gaona ha sido La Chilindrina más simpática que haya visto el público, todos la ovacionaron de pie. Después se metieron detrás de las cortinas, Gabriel, quien obviamente era el animador, llamó de nueva cuenta a La Chilindrina para que volviera a recibir los aplausos, para ese momento ya salí yo y canté mi canción de despedida ¡El público no se había dado cuenta del truco!

Al finalizar la función Gabriel vuelve a presentar, por orden de aparición, a todos los artistas, dejando al final a los hermanos Gaona, pero no entra Chela, soy la última en salir, lo hago envuelta en un vestido blanco de lentejuelas, muy *chilindrinesco*, como no quería que el público se fuera sin la aclaración pertinente, tomé el micrófono y dirigiéndome a todos, dije:

—Quiero agradecer públicamente a Chela Gaona que me haya permitido llevar a cabo uno de los más grandes sueños que he tenido: volar en los trapecios. Con ustedes *La Chilindrina Trapecista*.

Estiré mi brazo izquierdo hacia las cortinas y apareció Chela todavía caracterizando a *La Chilis* y actuando como niña traviesa. Los papás aplaudían a rabiar, pero muchos niños estaban confundidos sin saber qué estaba pasando, pues veían a dos Chilindrinas al mismo tiempo. Todos felicitamos a Chela por su memorable actuación, nos tomamos las fotos del recuerdo, ambas vestidas como La Chilindrina. Fue una experiencia inigualable, lo único que no me gustó, por decirlo de alguna manera, fue que, siempre que termino mi actuación me tomo fotografías con el público y en esa ocasión varios niños me dijeron que no querían fotos conmigo sino con *La Chilindrina Trapecista*, porque era más graciosa que la original. Por supuesto, me saqué de la cabeza volver a hacer *El Chou* de esa forma porque Chela podría terminar con mi carrera (es una broma). Cuando regresó don Juventino Fuentes, nos regañó, aduciendo que alguien podría argumentar un fraude y meterlo en un problema muy serio. No nos permitió volver a hacerlo, pero lo bailado nadie nos lo quitó y nos quedó ese grato recuerdo, para la posteridad, en un video que Chela había mandado a grabar para mandárselo a su padre: don Víctor Gaona. Además de todas las fotografías que tengo yo.

En otra ocasión, en el circo de doña Rosa Fuentes, en Costa Rica, estábamos Gabriel y yo en medio de un esquetch, cuando al llorar se me reventó el resorte de los calzones, tipo *blúmer*, que utiliza La Chilindrina y se fueron al suelo. La gente se carcajeó pensando que era parte del acto, lo único que se me ocurrió hacer fue correr hacia atrás de las cortinas, ya estando en el *coreto*, le dije a uno de los empleados le solicitara a una bailarina, quien usaba unos calzones iguales a los míos, que me los prestara; el muchacho entendiendo mi mortificación corrió a toda prisa a cumplir mi encargo.

—¡Elisa! —le gritó—, rápido, ¡quítate los calzones!

En ese momento, Benito Fuentes, hijo de doña Rosa y quien era novio de Elisa, le reclamó:

—Si yo que soy su novio no le pido que se quite los calzones, ¿quién eres tú para hacerlo?

Cuando el muchacho le explicó la situación, Benito –respondió:

–¡Ah!, si son para La Chilindrina, entonces sí quítate los calzoncitos, mamacita.

Cuando me contaron el suceso, dicen que mis carcajadas se escucharon hasta la pista del circo y eso que estaba como a veinte metros de distancia.

Bueno, no todo es gracioso en el circo, otras veces me ha dado vergüenza, no risa. Como todos ustedes saben, el olor de la orina y el excremento de los animales son muy penetrantes, sobre todo el de los leones. En una ocasión que me estaba tomando las tradicionales fotografías con el público, hacía mucho calor. La desagradable pestilencia de los animales estaba en su apogeo. Acostumbro tomarme las fotos en el *coreto* (atrás de las cortinas del circo), y para mi desgracia allí dormían los elefantes para no hacerlo a la intemperie, ¿se podrán imaginar el hedor, verdad? Cuando le tocó su turno a un simpático chiquitín, volteó a verme y dirigiéndose a su mamá –dijo:

–Mami, La Chilindrina huele a caca.

La señora se sonrió apenada por la ocurrencia de su hijo y en tono de disculpa –comentó:

–Discúlpalo Chilindrina.

Y volviéndose a su hijo exclamó:

–¡Hijito, eso no se dice!, *La Chilis* no tiene la culpa, lo que pasa es que ya ha realizado tres funciones y está haciendo demasiado calor.

Pensé: no me ayudes, comadre. Pero aunque no crean esta anécdota es una de las que más me gusta platicar.

He trabajado en circos chiquititos y en grandotototes (*Thiany*, *Atayde*, *Ringling Brothers* [el original]), en preciosos como el de Gustavo Flores, en regulares, feos, sucios y el de Adán Fuentes *El rey de la charanga*. Le llamamos charanga a los circos feos y descuidados ¡imagínense, si lo manejaba *El rey*, cómo estaría!

A principio de los años setenta, los más atrevidos y visionarios de los hermanos Fuentes Gasca, se fueron a probar suerte a Sudamérica. *Bobo*, Pancho, Gustavo, Juventino, Martín y Renato dejaron México. No se equivocaron, porque les fue excelente. Acá sólo se quedaron don Jesús Fuentes, el patriarca, con el circo Unión; y los otros circos pequeños.

Cuando Adán Fuentes me pidió que trabajáramos, con su circo, en la periferia de la Ciudad de México, acepté tan gustosa que ni siquiera se me ocurrió revisar sus instalaciones, porque pensé que eran similares a las de sus hermanos, aunque en aquella época no existían las maravillosas carpas italianas que puso tan de moda, tiempo después, don Gustavo Fuentes. Nunca imaginé con lo que me encontraría. Cuando llegué a trabajar el primer fin de semana: ¡Me quise morir! El circo no era feo, de ser así hubiera tenido remedio, era espantoso. Además, no había artistas buenos, una sola familia llevaba a cuestas toda la función. Los cojineros y trabajadores de pista parecían pepenadores. Eso sí, los dos elefantes parecían modelos de pasarela… Flacos, pero tan flacos, que se les podían contar, sin exagerar, los huesos. El único león parecía perro de panteón: esquelético, pardo y como con sarna, a su jaula le faltaban dos barrotes, los cuales sustituyeron con dos mecates viejos de tendedero, pero por supuesto que no existía el problema de que el animal se escapara, estaba tan débil que cuando lo sacaban a trabajar lloraba y en lugar de rugir… Maullaba. La carpa estaba llena de agujeros y sucísima. Lo peor es que la gente pensaba que ese era *El Circo de La Chilindrina*, pues mi imagen estaba en la entrada del mismo y así se anunciaba, para acabarla de fastidiar, *la charanga* estaba llena hasta *el bote*, es más, había sobrecupo. Pienso que el público quiso hacer una obra de caridad y fueron a vernos para que *mis* animales y yo no nos muriéramos de hambre. Hice las funciones ese sábado porque, sea como sea: el show debe continuar, pero sí hablé seriamente con Adán.

—Adán, te lo pido por favor, si quieres que siga trabajando contigo, necesito buenas instalaciones y una función digna al igual que los artistas.

—Trataré de hacerlo según tus expectativas de artista de *El canal de las estrellas*, pero no te prometo nada, al menos no para mañana —contestó indiferente.

Pensé que estaba siendo irónico y no le di mucha importancia, en el pecado llevé la penitencia. Al día siguiente, muy amablemente, como era obvio que no existían camerinos, él me prestó su *motorhome* mientras hacía las funciones, lo único malo es que no tenía baño y yo a cada rato hago pipí, cuando le comenté el problema, inmediatamente encontró la solución. Pensé, ilusa de mí, que había mandado a comprar o conseguir un baño portátil, de esos que se usan en los tráileres, los cuales tienen su depósito para la suciedad y agua corriente con filtro azul para evitar malos olores, pero en lugar de eso me mandó: ¡una lata gigante de chiles Hérdez! Sin lavar y aún con etiqueta. Cuando le reclamé, cínicamente, me dijo:

—Debes adaptarte a todo, nada es fácil.

Irónicamente —le contesté:

—Cuando termine de usarla ¿la guardo debajo de la cama?

Y él con la mayor desfachatez, respondió:

—¡No seas cochina! Abres la ventana y echas todo para afuera. No importa que el *motorhome* esté en la entrada del circo, la gente ni se fija.

Por supuesto, no usé *el baño*, me bloqueé de tal manera que ni tiempo tuve de pensar en mis necesidades fisiológicas.

Ese fin de semana el éxito fue rotundo, todas las funciones estuvieron sobrevendidas. Pero Adán me pidió que cambiara el final del espectáculo, porque en él invitaba al público a levantar los brazos y los movieran al compás de la música. Todo el público se mecía suavemente, pero las gradas se comenzaron a hundir y la gente empezaba a desaparecer como por arte de magia, las instalaciones se estaban postrando en las milpas donde estaba el circo. Por fortuna no hubo ninguna desgracia que lamentar.

Adán estaba feliz con tal éxito; para qué negarlo, también yo. Aprovechando la coyuntura, volví a hacerlo prometerme que la semana siguiente el circo estaría en condiciones satisfactorias, con una buena función y con baño nuevo.

Llega el siguiente fin de semana, el sábado me presento a trabajar y ¿cuál sería mi sorpresa? ¡El circo estaba exactamente igual! Bueno, existía un pequeño cambio, Adán había corrido a la familia de artistas, los únicos que tenían alguna idea de lo que era una función. Por lo cual, los empleados que ayudaban en otras actividades, ahora todos sucios, sin bañarse y nada presentables, eran quienes sacaban a los famélicos animales a trabajar y apoyaban en la función, ¿pueden imaginarse eso? Cuando terminé la función estaba furiosa e increpé a Adán, él con el mayor de los descaros y tratando de tranquilizarme, me dijo:

—Mira manita, tú exiges mucho, y puede que tengas razón, pero a mí no me gusta complicarme la vida, así que, para bien de los dos, será mejor que ya no vengas.

¡Me despidió y con circo lleno! Es el único empresario circense que se ha dado el lujo de correrme.

Como recuerdo de mi paso por ese lugar, durante tres semanas, Adán dejó pintada mi cara en la entrada del circo, y por supuesto, tampoco quitó el letrero que anunciaba: *El Circo de La Chilindrina*. Cuando mandé a mi hermano Edmundo (quien en ese tiempo trabajaba conmigo) a reclamarle a Adán y a solicitarle que quitara mi imagen y el dichoso letrero, él adujo: "no me había dado cuenta que los empleados no los han quitado, no se preocupen, mañana mismo lo hacen". Obviamente, ese personaje cínico y sin pudor no hizo nada, así que dos semanas después Edmundo tuvo que tomar medidas drásticas, vació sobre mi imagen y el letrero dos cubetas de pintura negra.

Los dos momentos más difíciles que he vivido en un circo, no sé si sea una gran casualidad, han sido en el escenario de Luis León. El primero fue alrededor de 1984, en Santa Bárbara, Estado de México, a un lado de Ciudad Satélite, era sábado, la función había comenzado a las cinco de la tarde, Gabriel y yo estábamos viendo la función, porque acababa de llegar un ballet argentino, quien contaba con unas chicas muy guapas y pensaba incluirlas en mis musicales, aproximadamente a las cinco cuarenta y cinco entró una impresionante ráfaga de viento, la cual provocó un enorme remolino terroso dentro de la carpa, ésta se infló de tal manera que los tubos que la sostenían se salieron del piso y empezaron a *chicotear* en todas direcciones, con el gran riesgo de que golpeara a las personas que allí nos encontrábamos. Afortunadamente, el locutor era Marcelo Gany, un chico argentino, quien pertenece a una de las familias que por generaciones ha estado vinculada con el circo y quien sabía perfectamente que el viento es el enemigo número uno en esos menesteres, así que con mucha parsimonia, Marcelo comenzó a tranquilizar a la gente, a pedirles que salieran lo más rápido posible, pero sin correr, de las instalaciones y que tomaran a los niños de las manos. El público, como es lógico, por desgracia, empezó a gritar y a correr al ver el peligro. No recuerdo cómo bajamos pues estábamos escondidos, en las últimas gradas para que la gente no me reconociera. Todo ocurrió en treinta segundos como máximo. Por fortuna nadie resultó lastimado, pero la carpa se rompió y todos los tubos quedaron inservibles. Debido al susto que nos llevamos, pues nunca había estado en un percance de esa índole, y con la enorme responsabilidad de saber que los niños iban a ver a La Chilindrina, y que si sucedía algo semejante yo no podría hacer nada y nunca me lo perdonaría, prometí no volver a trabajar en un circo.

Luis León es una persona con un poder de convencimiento fuera de serie, creo que convencería al Diablo de irse al cielo, pues cuanto más a mí, quien siempre he tratado de echarle la mano a los amigos. Al día siguiente, la carpa ya estaba remendada, Tino Ramírez le había prestado unos tubos nuevos y yo ya tenía incluidas a las bailarinas argentinas en mi show. Era domingo, y aunque no me lo crean, a la misma hora, como el día anterior, entró una ráfaga de viento con la misma intensidad que la del sábado. Gracias a Dios, antes de comenzar la función se le había prevenido al público de lo que podría suceder, así que se tomaron las medidas procedentes y lo único que ocurrió fue que todos quedamos *empanizados* de tierra.

La siguiente desgracia aconteció en Monterrey, Nuevo León. Por fortuna, todos estábamos ya prevenidos, porque el Servicio Meteorológico Nacional había pronosticado la posibilidad de que *la cola* de un ciclón entraría a la ciudad. Como había amanecido con un Sol esplendoroso realmente ninguno nos preocupamos. Era el último domingo de la temporada. Estaba feliz, primero, porque mi hijo Gabito, quien para ese entonces ya tenía diez años, nos había acompañado a la gira, pues estaba de vacaciones. Segundo, porque la gira había sido un éxito total y el circo estaba de *bote a bote*. La función estaba por terminar y yo era la última en actuar, realizaba un concurso de baile y ya había ganadores, eran seis pequeñines que en ese momento premiaba en el escenario que estaba sobre la pista. En ese instante llega Luis León con micrófono en mano, lo tapa mientras voltea a verme con cara de susto y me dice al oído: "vete a refugiar a tu tráiler inmediatamente, ya entró el ciclón". Después, le pide al público que abandone el circo, dándoles instrucciones precisas. Gabriel, quien siempre ha sido mi anunciador y que por supuesto estaba allí junto a mí, se me queda viendo con cara de horror. Lo primero que me viene a la mente es Gabito —y le digo a mi marido:

—Busca rápido a Gaby y llévatelo al tráiler.

Cuando Luis mira hacia donde estoy, pues estaba observando que la gente de todos lados abandonara lo antes posible las instalaciones, descubre que no me he movido ni un ápice de donde me dejó y que tengo a los seis niños abrazados contra mí, protegiéndolos. Realmente uno no sabe cómo va a reaccionar ante el peligro. Le solicité el micrófono a Luis y les pedí a los papás de los niños que fueran por ellos al escenario pues no los dejaría bajar solos. En cuanto todos los niños estuvieron con sus padres corrí al tráiler. La angustia *me hizo volar*, pues no sabía si mi marido había encontrado a mi hijo. Lo que vi una vez fuera del circo no lo voy a olvidar, llovía torrencialmente, el viento llevaba tal fuerza que movía el tráiler como si fuera de hojalata, lo peor es que no estaban ninguno de mis dos Gabrieles, comencé a llorar desesperadamente. En ese momento entró Luis León y gritó:

—Salgan todos lo más rápido posible, el viento viene en esta dirección y arrasará con circo y tráiler.

Entré en pánico. Sólo pensaba en que si me movía de allí y mis dos amores me iban a buscar y algo les pasara por hacerlo mientras yo estaba fuera de peligro en otra parte, no me lo perdonaría nunca. Grité desesperada:

—¡Yo no me muevo de aquí hasta saber dónde está mi familia!

Se me acercó y me tranquilizó, diciéndome:

—Llevé a tu hijo al frente del circo, al camioncito de doña Rosa (era la persona que le vendía tortas y demás mercancías a los empleados del circo), está en un lugar seguro, allí corre menos riesgo y tu marido está con él.

Abracé a Luis y le di las gracias, pero las más sentidas fueron a Dios. Luis me tapó con su saco, me cargó y salió corriendo. Cuando llegamos a dónde estaban mis Gabos, obvia decir que estábamos empapados, abracé a Gabriel y a Gaby y los tres rompimos en llanto.

Afortunadamente, la linda gente de Monterrey es muy educada y ordenada, a través de las ventanillas de ese *celestial* camioncito, vimos cómo iban todos saliendo del estacionamiento, en sus autos, respetándose mutuamente. No hubo un solo grito y menos un insulto. En cosa de unos cuantos minutos el circo y el estacionamiento estaban vacíos, lo mejor de lo mejor, es que no hubo ni una sola desgracia entre las personas. Lo material va y viene. La lluvia y el viento amainaron a los treinta minutos, por fortuna nada parecido a lo que les conté en Acapulco, ¿lo recuerdan?, pero nosotros seguimos en el camioncito un par de horas más, callados, ensimismados y sin saber a ciencia cierta qué hacer.

Gabriel rompió el silencio y me dejó anonadada con su comentario, –dijo:

–¿Qué hacemos aquí? ¿Qué pasó?

Pienso que el impacto fue tan fuerte que le vino una laguna mental, durante mucho tiempo no recordó nada de lo que había sucedido. Por fortuna nunca le ha vuelto a ocurrir nada parecido.

Para serles totalmente honesta, con algunas empresas circenses no quiero volver a trabajar, porque sólo me han usado como *gancho publicitario* y para *engordarles* la cartera, sin importarles que yo haya llegado a tratarlos y considerarlos mis amigos. Además no han sido del todo honorables cuando trabajamos a porcentaje; siempre hacen sus *transas* y como una no sabe moverse en ese mundo, pues es mejor que cada quien siga un camino diferente.

Aunque tengo fama de ser muy exigente, de ser muy drástica y gritar cuando no se cumple con lo establecido en el contrato, también les he perdonado el pago de alguna función cuando el negoció no resultó como lo imaginábamos y, sin embargo, nunca me han dado un centavo de más cuando las funciones han sido extraordinarias, ellos han ganado *millonadas* y yo trabajo con sueldo fijo. En fin, *business are business*.

La mayor ilusión para un artista de circo, me considero uno de ellos, es trabajar en el circo *Ringling Brothers* y/o en el *Thiany*, yo ya trabajé en los dos y ¿qué creen?, no me quedaron ganas de volverlo a hacer. Son, o más bien se creen tan importantes, que piensan que te están haciendo un favor al contratarte. Con el circo *Thiany*, hice temporada en Mexicali y quedé desilusionada al máximo con el trato que me dispensó el dueño, no ahondaré en detalles, no viene al caso. En cambio, todos los artistas y empleados fueron lindos y muy amables.

En dos ocasiones he hecho especiales para la televisión mexicana, en el espectáculo más grande del mundo: *El Circo Ringling Brothers, Barnum and Bailey*; y son tan especiales, por no decir sangronas o pesadas las personas que lo manejan aquí en México, que también quedé decepcionada y desilusionada. ¿Me estaré volviendo muy exigente?

Hablar del circo en Latinoamérica es referirse a los hermanos Fuentes Gasca. Aunque he tenido mis dificultades y gritos con todos ellos, después de trabajar juntos durante 38 años nos vemos como de la familia, pero con Rosa y Gustavo son con quienes mejor me llevo.

He querido dejar para el final de este capítulo, referirme a la persona, en mí muy particular y humilde punto de vista, más grande, conocedora e importante que haya existido en el circo mexicano: don Jesús Fuentes Sabalsa. Comenzó, siendo un niño, a involucrarse con el circo, su padrastro tenía uno pequeño. Y sin tener estudios ni preparación fue un hombre muy culto, pero, sobre todo, una magnífica persona. Fue un gran payaso. Enseñó a sus hijos todas las artes, actos y trucos del circo, porque él hizo de todo y fue un buen maestro. Cuando se casó con doña María Luisa Gasca, tenían un cirquito muy pobre y apenas si les alcanzaba para comer. Cuando sus tres primeros hijos crecieron, *Bobo*, Rosa y Pancho, les ayudaban mucho, pero las penurias seguían, sólo con base en tesón y trabajo fueron saliendo adelante. Para cuando sus otros ocho hijos ya eran adolescentes, don Jesús había amasado una pequeña fortuna y ya era dueño del gran circo *Unión*. Aunque llegó a ser muy rico e importante, siempre siguió siendo muy sencillo y caritativo. Todo aquel que tenía un problema siempre encontró ayuda económica y consejo en don Jesús *El Patriarca*. Él siempre aconsejaba a mi marido, diciéndole:

–Guarda bien los centavos, hijo. Porque me doy cuenta que tu mujer tiene un agujero en la palma de la mano.

También a mí me daba consejos, un día me dijo:

–Hija, eres muy afortunada, tienes una carrera preciosa, Dios te ha bendecido para caerles bien a todos los niños, tienes ese ángel que necesitamos todos los artistas para triunfar. Además tienes dos hijos maravillosos, pero lo mejor con lo que cuentas es un esposo extraordinario, quien además te adora.

¡Don Jesús Fuentes Sabalsa, siempre tenía razón!

Una frase que le escuché y que me encanta es: "la persona que se acaba unos zapatos en el circo ya no puede dejarlo nunca, porque ya lleva aserrín en las venas". Para fortuna mía, ya me acabé más de diez pares de zapatos interpretando a *La Chilis*.

El día que don Jesús falleció, aquí en México, me encontraba en un pueblo de Panamá trabajando con su hija Rosa. Gustavo se comunicó conmigo, casi sin poder hablar me dio la terrible noticia y me encargó que se la diera a su hermana, yo tuve que decirle a ella que su papá había fallecido. Gente de todos los circos de América Latina asistieron a los funerales, tanto empresarios como artistas. La mayoría de los circos de la República Mexicana no trabajaron ese día. Todos sus hijos se trasladaron, de todas partes del mundo, para despedirlo. El día de su muerte fue velado en el circo de Buenavista, Buenavista, Buenavista, del cual era dueño su hijo Gustavo. Al día siguiente, dos aviones llenos de dolientes volaron hacia Guadalajara, México, porque allí estaba el gran circo *Unión*, el de don Jesús Fuentes Sabalsa, el lugar donde quería dar su última función .¡Se cumplió su voluntad! En el sepelio hubo mariachis. Se cantaron sus canciones favoritas. Todos los ahí presentes le brindaron un aplauso interminable a *Juan Cebollas*, un gran payaso, un empresario honrado y generoso, pero sobre todo un extraordinario ser humano. don Jesús se fue, pero nos dejó el circo *Unión*. Tres años después, doña María Luisa Gasca de Fuentes, su esposa, lo alcanzó en el cielo. Ahora los dos, desde allá arriba, tomados de las manos como novios, velan por sus hijos, nietos, bisnietos y 17 circos.

¡En paz descansen!

Después de recorrer varias veces, con el circo, mi queridísima república y una vez toda Centroamérica y Sudamérica, en noviembre de 1997 me contrataron para trabajar en los Estados Unidos de Norteamérica, fue con el circo de los *Hermanos Vásquez* que tuve mis primeras funciones en aquel país, debuté en Dallas, Texas. Aunque el circo no estaba en las condiciones que me hubieran gustado, debido a la importancia de la plaza, el público respondió excelentemente y trabajé muy a gusto, a pesar del inclemente frío, una madrugada hasta nos nevó. Las funciones las hacía poniéndome un *under wear* para esquiar completo debajo de la ropa de La Chilindrina, dos calzones, dos playeras, dos sweaters rojos torcidos, gorro tejido, al cual le hice dos agujeros para sacar por ahí las colitas chuecas y guantes. Los jóvenes Vásquez me trataron súper bien, son encantadores y muy buenos muchachos.

En octubre de 1998, me contrataron, con *El Circo de La Chilindrina*, para trabajar en Las Vegas, las instalaciones eran de Rubén Caballero, padre de los famosos hermanos *Caballero*, trapecistas extraordinarios y de fama mundial, quienes por años han trabajado en el original circo *Ringling Brothers*. Rubén ahorró toda su vida para tener un circo, "aunque sea pequeño, pero digno y precioso", decía él. Debutamos con carpa nueva, stands de acero fabricados con sus propias manos y sillas italianas. Para lograr su sueño, mucha gente linda del circo le echó la mano porque se le terminó el dinero y no tenía ni para *parar* el circo ni para la publicidad, vamos, el día del debut no había nada para comer. Gracias a la cooperación de todos *los cuates* debutamos con circo lleno. Mi contrato era por seis días y se extendió a 15, llenas todas las funciones. ¡Es una lástima que Rubén Caballero no haya sabido apreciar lo que hicieron por él sus amigos y no haya valorado, emocional y económicamente su esfuerzo! Terminó con unas pésimas instalaciones y casi sin funciones.

En marzo de 1999, realicé, con el circo de Ulises Dolarea, una gira de cuatro meses por todo el Sur de California, nos fue tan extraordinariamente que en el año 2000 estrenamos un circo nuevo, con inmejorables instalaciones y grandes funciones. Por desgracia, nuevos compromisos me hicieron dejar ese espectáculo. Como ya lo han venido descubriendo, no sé estar sin emociones nuevas.

Les mentiría si les dijera que siempre me ha ido bien. Algunas veces hemos fracasado y le echamos la culpa a la publicidad o a la ubicación o al clima, pero a fuerza de ser sincera, lo cierto es que no somos *monedita de oro*. Otras ocasiones he trabajado en un grandioso espectáculo y la gente no asiste, pero el show debe continuar, así que trabajamos profesionalmente aunque el lugar esté casi vacío. Otras veces he trabajado con circo lleno estando grave de salud, creo que el público no se ha dado cuenta, y qué bueno. En otras ocasiones he tenido muy serios problemas familiares y aun así me presento a trabajar, durante la función éstos se me olvidan y hago reír a las personas, pero nada más es cuestión de salir del escenario y me pongo a llorar como una Magdalena. Pienso que no hay felicidad completa. En todos estos años de giras artísticas, como les digo, casi siempre exitosas, frecuentemente me han hecho falta mis hijos. Muchas noches al terminar de trabajar, y llegando a la habitación del hotel, me entra la nostalgia y lloro pensando en ellos. Después me pongo a rezar y me tranquilizo recordando tantos momentos felices que hemos tenido estando juntos y entonces empiezo a llorar pero de alegría.

¡Es el cuento de nunca acabar! ¡Qué se le va a hacer! ¡Es la vida que escogí y la cual me satisface inconmensurablemente! Y que, por fortuna, toda mi familia admira, pero sobre todo, respeta.

Hablando de giras y llanto, les contaré que las muertes de mis mejores amigos se han suscitado cuando estoy a punto de entrar a escena a *Chilindrinear*. La muerte de mi mejor amigo en el doblaje, Julio Lucena, quien le daba voz a *Pablo Mármol*, a *Don Gato*, a *Napoleón Solo*, y a un gran número de personajes de caricatura, además de ser el mejor cuenta chistes que haya conocido, sucedió cuando yo estaba trabajando en el circo de los hermanos *Padilla*.

La muerte de Ramón Valdés, *mi papito lindo, mi amor*, aconteció cuando estaba yo en Perú. Precisamente un año antes nos habíamos encontrado en Lima, los dos estábamos haciendo temporada en circos diferentes. Ramón estaba dando conferencia de prensa en el hotel *Sheraton*, y yo me hospedaba en ese lugar. Cuando lo vi, no pude contener la emoción y corrí a abrazarlo. Aunque se suponía que los dueños de los circos no querían que nos vieran juntos, porque éramos competencia, a nosotros no nos importó y en lugar de aprovechar la conferencia para anunciar su show, ésta se volvió el reencuentro entre *Don Ramón* y su hijita La Chilindrina. Los periodistas estaban contentísimos pues les estábamos dando la exclusiva, sobre todo una chica regordeta muy simpática, quien no dejaba de asombrarse por nuestra excelente relación. Tanto la temporada de Ramón, como la mía, fueron un gran éxito, sólo que él tuvo que regresarse antes pues comenzó a sentirse muy mal, fuertes dolores en el estómago empezaron a aquejarlo. Cuando llegué a México traté de ponerme en contacto con él, pero no pude porque se había cambiado de casa y obviamente el número de teléfono que yo tenía ya no era el de *mi papito lindo*.

Al año siguiente regresé a Lima, justamente al año, pues es cuando se festejan las fiestas patrias y hacen varios espectáculos. Me volví a hospedar en el *Sheraton*, aparte de que siempre llegaba a ese hotel, muy en el fondo, también lo hice, con la esperanza de volver a ver a Ramón. Estaba dando mi conferencia de prensa, en donde se encontraba la misma reportera regordeta y simpática del año anterior, quien me recordó del bello reencuentro entre Ramón y yo y de la espléndida entrevista que nos había realizado juntos, al terminar de decir eso, soltó delante de todos: "acababa de llegarme un cable en donde se me notifica el deceso de Ramón Valdés". *Mi papito lindo, mi amor*. La conferencia se volvió un sin número de pésames, ha sido la más extraña y triste que haya tenido en mi vida. Afortunadamente ese día no era el debut sino al siguiente, pues fui a dar al hospital por el shock nervioso que me produjo la noticia.

Don Francisco Fuentes me pidió que, durante las funciones le rindiéramos un homenaje a Ramón, así que durante toda la temporada le dediqué a él: *Mi papi es un papi muy padre*, la canción con la cual gané el Primer Festival de la Canción Infantil en México, y que nunca había incluido en ninguno de mis espectáculos. En mi siguiente disco grabé una canción dedicada especialmente para Ramón, se llama: *Dónde estás papá*. La letra dice:

Papá ¿dónde estás?, papá extraño tus regaños, ¿dónde estás?

Mi bisabuela dice que te fuiste a trabajar, que Diosito te llamó y volverás.

Papá, yo sigo siendo igual, tu Chilindrina traviesita que no se cansa de *juegar*.

Papá, te dedico mi canción, te recuerdo con cariño, mi papito *Don Ramón*.

¡Descanse en paz, el maravilloso e inigualable Ramón Valdés!

Estaba trabajando en Tijuana, Baja California, cuando me enteré del fallecimiento de otro excelente amigo, gran actor y uno de los mejores fotógrafos de México, me refiero a don Jorge Russek. Él me contó que nunca había trabajado en ninguna película de comedia y que cuando *Televicine* lo llamó para hacer una, se negó, pero cuando le dijeron que la película era *La Chilindrina en apuros* aceptó, ustedes se preguntarán, como yo lo hice, ¿por qué?, les platico: cuando llegó al set le agradecí que hubiera aceptado trabajar conmigo:

—Don Jorge, le doy las gracias por aceptar hacer esta película con una servidora, pues siendo usted un actor de fama internacional no es fácil compartir créditos con cualquiera, me siento muy complacida.

Me contestó, haciéndome el mejor halago que haya recibido en mi vida.

—Acepté, porque tu trabajo lo admiro, siempre ha sido muy blanco y además eres *Una Señora doña Chingona Actriz*.

No sabía que don Jorge era tan mal hablado, tan simpático y tan buena persona. Todo mundo lo adorábamos. Cuando lo recuerdo, no me puedo acordar de él con tristeza sino con una carcajada, sólo recordando todos los chistes tan bien contados y tan majaderos.

Gracias por ser como eras, *Señor don Chingón Russek*. Descansa en paz.

En nuestro ambiente, ha habido varios actores a los cuales yo les he llamado *papá* por distintas razones. A Ramón Valdés, pues ya saben por qué. A Víctor Alcocer, porque en la serie estadounidense *Los Monsters*, él doblaba al español a *Herman Monster* y yo a su hijo *Eddie*. A don Víctor Guajardo, otro gran pilar del doblaje, gran director, actor, y para mí, el mejor narrador de documentales; en una serie poco conocida llamada *Ésta es Alicia*, yo doblaba a Alicia y él a su papá. A don Jorge Russek, también le decía papá, sólo por el hecho de quererlo, no quiero decir con esto que a los demás no los quisiera, no vayan a mal interpretarme.

Mi último papá *postizo* fue Ernie Méndez, esposo de mi mamá *postiza*, María Méndez, quienes viven en Santa Ana, California.

¿Saben una cosa?, a ningún buen amigo le voy a volver a decir de cariño *papá*, porque todos ellos se han ido al cielo y los echo mucho de menos.

A don Tanis, mi verdadero progenitor, y a todos mis papás adoptivos, les dedico este capítulo. ¡Que en paz descansen!

# Capítulo XXII
## El terremoto del 85

No sé si decir *afortunadamente*, pero la última desgracia familiar me sucedió estando en mi casa en la Ciudad de México. Esa fue la del terremoto de 1985. A las siete de la mañana con diecinueve minutos, escuché que Gabriel me decía:

–Tony, no seas loca, no brinques en la cama.

Me desperté y entonces me di cuenta que estaba temblando y de la magnitud del movimiento telúrico.

Mi hija Verónica, gritaba agarrada con las dos manos del arco de la puerta de su recámara. Mi esposo y yo seguimos su ejemplo, sólo que sin gritar, y nos quedamos debajo del marco de la nuestra. Traté de tranquilizarla, pero creo que la asusté más, pues rezaba: gritando *El Padre Nuestro*.

Esos pocos más de 120 segundos que duró el temblor, nos parecieron una eternidad. Cuando terminó, me asomé a la recámara de Gabrielito, quien tenía 11 años, y ya no estaba, había salido a la puerta de la privada donde lo recogía el camión escolar para llevarlo al colegio. Me asusté y corrí hacia la salida, por fortuna, cuando comenzó el *baile*, el conserje y su esposa, en medio del patio, habían resguardado entre sus brazos a mi hijo, se pusieron a rezar y a mirar cómo se movían las 11 casas de la privada, esperando, me dijeron después, "ojalá y no se nos vayan a venir encima". Mi hijo al verme corrió hacia mí, me abrazó y sus ojotes se llenaron de lágrimas, en ese momento salía mi esposo, quien ya lograba tranquilizar un poco a Vero, aunque seguía llorando. Ya más calmados y viendo que todo estaba en orden en la casa, mis hijos se fueron a la escuela. Gabriel y yo nos dedicamos a hablarles por teléfono a nuestras respectivas familias, pidiéndole a Dios que nada les hubiera sucedido, todavía no sabíamos ni nos imaginábamos la magnitud del terremoto.

Mi marido habló con su hermana Blanquita, pues ella vivía en un edificio algo viejo, en la calle de Nuevo León en la colonia Condesa. "El edificio aguantó bien, no te preocupes, tiene algunas grietas sin importancia", le había respondido mi cuñada.

Recordé que mi hermano José Luis vivía en un edificio mucho más antiguo que en donde habitaba Blanquita, en la calle de Ahorro Postal, a media cuadra de Calzada de Tlalpan, por donde está la *Carpa Astros*, de los hermanos Atayde, así que fue a quien primero llamé. El teléfono marcó ocupado, no le di importancia pues me imagine que él estaba haciendo lo mismo que yo, reportándose con mis otros hermanos. En cuanto colgué, entró la llamada de mi hermano Edmundo, para ser sincera es con quien más se puede contar en momentos como esos. Él me tranquilizó diciéndome que ya había hablado con mis otros hermanos, sólo le faltaba hacerlo con José Luis. Edmundo vivía muy lejos de todos nosotros, pero para que estuviera más tranquila me dijo:

—Mira *Nena*, hoy no voy a ir a trabajar, porque pienso ir a casa de José Luis, ya es muy raro que lleve tanto tiempo ocupada la línea. Después de verlo me voy para tu casa, ¿estás de acuerdo?

—Por supuesto, acá te espero —respondí.

Ya estando mucho más en calma, prendimos la televisión, Televisa estaba fuera del aire, en la radio todavía no estaban enterados bien a bien lo que sucedía, desayunamos, me bañé y me fui al salón de belleza a hacerme manicure.

En la televisión del salón me enteré que muchas personas estaban sepultadas bajo los escombros de lo que había sido Televicientro, ese lugar que era como nuestra casa, pues Gabriel trabajó 15 años en esas instalaciones y yo desde que tenía seis años. También se habían caído los dos hoteles donde habíamos presentado *El Chou de La Chilindrina*, el *Del Prado* y el *Continental*, estaban en ruinas. Asimismo, se había venido abajo parte del edificio de *Radio Fórmula*, en donde Gabriel y yo trabajábamos en esa época realizando el programa *Despertar feliz con el Osito Bimbo*. El temblor fue un jueves, si hubiera sido en sábado, allí nos hubiera *tocado*.

Seguía en el salón de belleza, para ese entonces todavía no daban parte de los muertos y desaparecidos, por lo cual no sabía que nuestro gran amigo y maestro de la locución, don Gustavo Calderón, había fallecido. Mientras que su hijo se debatió durante mucho tiempo, al igual que Pedro Ferriz de Con, entre la vida y la muerte. Quien se salvó de milagro fue *Tilín*, el imitador más famoso de aquellos tiempos, pues cuando comenzó el ajetreo, él salió volando por los aires, desde un cuarto piso, acompañado de vidrios, ladrillos y muebles, sólo se fracturó ambas clavículas.

A todos nuestros buenos compañeros y amigos que fallecieron por causa del temblor, que por desgracia fueron muchos, los queremos y los recordaremos siempre con mucho cariño.

Hasta ese momento, seguíamos sin conocer el alcance de la desgracia que invadía a todo nuestro país, aunque más a la Ciudad de México. Y en particular, no sospechaba la tragedia que se vendría encima de mi familia. Cuando regresé a casa, aproximadamente a las diez de la mañana, mis hijos ya estaban allí pues los habían regresado de sus respectivos colegios por temor a las réplicas. Toda la familia estábamos en mi recámara platicando sobre lo terrible de los acontecimientos cuando se escuchó el timbre de nuestra casa, abrió la persona del servicio, y Edmundo se paró al inicio de las escaleras que daban a la parte de arriba, donde nos encontrábamos nosotros y gritó:

—¡*Nena*!

Al verlo, inmediatamente me imaginé lo que sucedía. Estaba pálido como la cera, con los ojos hinchados de tanto llorar, casi no se entendía lo que decía, pues tenía la boca seca por la diabetes, pero sobre todo por el sufrimiento de haber encontrado muerto a nuestro hermano José Luis. Cuando Edmundo llegó al edificio donde vivía José Luis, ya los bomberos habían sacado, de entre los escombros, el cuerpo sin vida de nuestro hermano, el más querido de todos, el niño bueno de los Gómez Rodríguez, el buen hijo, esposo y padre.

Nadie tenemos comprada la vida, sé que es una verdad de Perogrullo, pero así es. Por primera vez, en lo que iba de ese año de 1985, mi hermano era feliz, porque Estelita su esposa se había pasado dos años internada en el hospital por un grave problema de tromboflebitis, y ahora ya estaban en su casa, ella en franca mejoría. Pero aun así, la pobre mujer no podía levantarse de la cama pues le habían realizado aproximadamente diez operaciones en las piernas.

Durante todo ese tiempo, por obvias razones, mi hermano atendía de todo a todo a mi sobrina.

¡El destino le jugó una mala pasada, fue muy cruel con él! Ese 19 de septiembre de 1985, mi sobrinita se sentía agripada y decidieron que no iría a la escuela. De lunes a viernes, José Luis y su hija Blanca Estela, salían de su casa a las seis de la mañana con cuarenta y cinco minutos rumbo al colegio. Mi hermano regresaba a su casa, a las siete con cuarenta y cinco minutos, a prepararle el desayuno a su esposa, de haber seguido con la rutina estaríamos hablando de otra cosa, pero ese día, a la hora de la tragedia, ¡todos en su casa estaban dormidos!

Mi sobrina nos contó que cuando empezó el terremoto, su papá y su mamá, quien no se podía mover bien a bien, todavía estaban en su recámara acostados, ella estaba en la suya, pero la despertó la *zarandeada*, sólo el pasillo dividía ambas habitaciones. Mi hermano se levantó y fue a ver a su hija, la abrazó diciéndole que no se asustara. Entonces mi cuñada, Estelita, le gritó a mi hermano pidiéndole ayuda para levantarse, él regresó y trató de cargarla, en ese momento arreció el temblor y le ordenó a su esposa que no tratara de moverse, que iría por la niña y regresaría para estar los tres juntos. Volvió a cruzar el pasillo y en ese instante se desplomó el techo, pienso que, como impulsado por un mandato divino jaló el colchón de la cama de su hija, empujó a la niña hacia el piso y le aventó encima el colchón. La niña no vio, *afortunadamente*, cuando el edificio aplastó a su papá. Murió instantáneamente nos dijeron los médicos forenses. El edificio era muy viejo y se encontraba en pésimas condiciones, es más, algunos de los estacionamientos del sótano no se usaban porque allí habían colocado unas vigas de madera para que sostuvieran el techo. El terremoto partió, literalmente en dos el edificio, por la parte del pasillo que separaba a las recámaras. En primera instancia, se desplomaron los cuatro pisos de la parte en donde estaba mi cuñada, al siguiente movimiento, la parte que seguía en pie, cayó encima de lo que segundos antes se había derrumbado, ¡mi cuñada quedó sepultada allí, con cuatro pisos encima de ella! Como el piso donde falleció mi hermano quedo hasta arriba, fue fácil localizarlo, después, los bomberos se quedaron maravillados pues de debajo de un colchón apareció una niña viva, con sólo unos rasguños, por supuesto no le dijeron de la muerte de su papá. Edmundo llamó a la familia de mi cuñada, les contó lo acontecido, fueron por la niña y se la llevaron con ellos.

Mi hermano Edmundo y yo, acompañados de Luis León (el empresario circense con quien me tocó vivir el remolino y el ciclón), llegamos al Centro Médico del Seguro Social, allí se habían llevado el cuerpo de mi querido José Luis. Como de costumbre, a Edmundo le tocó la parte más difícil, reconocer a nuestro hermano. Cuando nos dirigíamos a la funeraria Gayosso, ubicada en la avenida Félix Cuevas, para arreglar lo referente al sepelio, nos percatamos que casi toda la colonia Roma parecía un campo de batalla, al cual habían bombardeado sin miramientos. La gente corría enloquecida buscando, entre las ruinas, a sus seres queridos, habían algunos incendios, se escuchaba el ulular de cientos de sirenas, tanto de patrullas como de ambulancias, así como las campanas de los carros de bomberos. Todo lo que les puedo contar con palabras es muy poco, lo recuerdo como en una pesadilla sorda, sin audio, como les digo sólo oía las sirenas y las campanas. Mucho tiempo recordé ese episodio de mi vida como si fuera una película muda y en blanco y negro.

Al siguiente día sepultamos a mi hermano, en el mismo mausoleo donde están mis papás y mi hermana Pillita, pusimos sus restos juntos, dejando un espacio libre para cuando encontráramos el cadáver de mi cuñada colocarlo junto con el de su esposo. Cuando terminó el sepelio, Luis León nos llevó a casa, yo no quise que mis hijos nos acompañaran y pasaran por ese trago tan amargo. Cuando llegamos, nos encontramos con todos nuestros vecinos en el patio, nos estaban esperando para darnos el pésame, mis hijos estaban allí con mis amigas… Mis comadres. Me disculpé pues necesitaba pasar al baño, subí a mi recámara, comencé a orinar, cuando en eso, empezó el segundo movimiento sísmico, casi con la misma intensidad que el del día anterior, y el cual había devastado la ciudad. Estaba sola en la casa, me levanté de la taza del baño aterrada, bajé las escaleras lo más rápido que pude, mi esposo desesperado tocaba la puerta de la casa, mientras me gritaba, pidiéndome que por favor saliera. Cuando pude abrir la puerta, después de varios intentos fallidos, mi esposo me cargó y corrió hacia el patio. Lo que vi llegando jamás lo voy a olvidar: el patio estaba desierto, todos mis amigos se habían ido a buscar a sus hijos, allí sólo estaba Luis León llorando y abrazando a mis hijos, los tenía recargados contra su auto y los cubría con su cuerpo. Yo seguía en los brazos de Gabriel y con los pantalones abajo, ni siquiera me dio tiempo de subírmelos. Luis, te doy las gracias públicamente, aunque hemos tenido algunas desavenencias en los negocios, jamás olvidaré que en esos momentos tan terribles dejaste tu trabajo botado, preferiste compartir nuestra tragedia sin ir a tu casa a descansar o a ver qué se les podría ofrecer a tu esposa e hijas. ¡Mil gracias, Luis León!

Lo siguiente lo contaré lo más brevemente posible. Pasaron cinco largos días y por ninguna parte encontrábamos el cuerpo de mi cuñada Estelita. Edmundo recorrió todos los hospitales y delegaciones.

Cuando casi nos dábamos por vencidos de encontrarla, nos llamaron vía telefónica de un hospital cercano a donde vivía mi hermano, diciéndonos que habían rescatado viva a una señora, quien había estado enterrada entre los escombros por cinco días, no lo podíamos creer. Mi cuñada había sufrido sepultada otros temblores, fumigaciones, el paso de cientos personas caritativas que trataban de ayudar, sin ponerse a pensar que hubiera alguien debajo de ellos a quien podrían lastimar, y de perros amaestrados para encontrar personas. Nunca supusimos que la encontraríamos,. Lo más asombroso es que no tenía un solo rasguño, sólo le había caído tierra encima. La explicación que nos dieron fue que quedó atrapada entre su cama y la pared, que el techo no se cayó del todo sobre ella porque se atoró con parte de un bloque de cemento, quedando a centímetros de su cuerpo, me imagino que fue cómo quedar en una litera pero a oscuras y con escombros por todos lados, siempre me he preguntado ¿cómo entraba aire?, y ¿cómo sobrevivió sin agua ni comida? ¡Sólo Dios sabe! ¡De repente me avergüenzo de pensar en la poca fe que todos teníamos! Los doctores nos dijeron que en cuanto llegó al hospital pidió agua y comida.

Todo lo que pasó después no lo recuerdo con claridad, , sólo me acuerdo que la siguiente vez que la vi estaba en contra de toda mi familia, me dijo que hubiera sido más justo que se hubiera muerto uno de nosotros y no su esposo, pues él era el mejor de todos los hermanos. ¡La realidad era que… En parte tenía razón! Raúl, Edmundo, Sergio, Olga Elena y yo, coincidíamos en ello, José Luis tenía excelentes sentimientos, era el más noble, en fin, como decía nuestra cuñada: el mejor de todos los hermanos. ¿Será por eso que Dios decidió llevárselo? ¡Posiblemente ya había cumplido su misión en este mundo!

Después del terremoto cambié la forma de esperar mi muerte, ahora no tengo miedo, porque estoy segura que nadie se muere antes de tiempo, reza un dicho: *cuando no te toca ni aunque te pongas, cuando te toca ni aunque te quites.* En serio, no le tengo miedo a morirme, le tengo miedo al dolor de una grave enfermedad, o a no poder afrontar con calma la muerte de algún otro de mis seres queridos ¡de mi maravillosa familia!

Después de esos dos temblores de septiembre de 1985, sufrí unos cuantos más, primero en Colombia, después en Los Ángeles, y por último, uno muy fuerte en Tacna, Perú. Desde ese día mi esposo y yo, cuando salimos de gira, nos hospedamos en habitaciones con camas separadas, porque cada vez que él se mueve me asusto mucho pensando que está temblando.

# Capítulo XXIII

## Por poco y no salgo con vida

Todas las personas que viajamos muy a menudo, es obvio decirlo, estamos más expuestas a sufrir accidentes. Juntando los días sueltos en los cuales estoy en la Ciudad de México, considero, que a lo mucho, cumplo dos meses por estas tierras, y el resto del tiempo me la paso en aviones y en hoteles. Como soy muy vaga, no sólo viajo por trabajo, también por placer y me he desplazado por todos los medios de locomoción habidos: aviones, trenes, barcos, helicópteros, autos y hasta en burro.

En los aviones he sufrido turbulencias espantosas, aterrizajes horrendos, vueltas en círculos innecesarias, (a veces pienso que las hacen para terminarse el combustible y pretextar un aterrizaje de emergencia). En alguna ocasión nos alcanzó, en el ala de un avión, un rayo o relámpago, nunca supe a ciencia cierta qué fue, sólo vi una gran luz con mucho ruido. En otro momento, había huelga de controladores de vuelos en el Aeropuerto Benito Juárez de la Ciudad de México, en el avión íbamos Edgar Vivar, su hermana, mi esposo y yo, estábamos por despegar cuando sentimos que el piloto frenaba intempestiva y bruscamente el avión, éste se desvió hacia la derecha, fuera de la pista, los cuatro vimos claramente que en la pista, a la que nos desviamos, venía aterrizando un avión, al cual nos encontraríamos de frente, les avisamos a las sobrecargos, todas se pudieron muy nerviosas pero lo negaron, y para que ya no dijéramos nada abrieron cualquier cantidad de botellas de champagne y no nos bajaron del avión, como se supone deben hacerlo. En otra ocasión, íbamos, en una gira por Ecuador, todo el elenco de *El Chavo*, en Quito volaríamos en dos avionetas, en una viajábamos mi esposo y yo hasta el fondo, Florinda y Chespirito en las puertas, *El Chato* Padilla y Angelines Fernández al frente, y el piloto y copiloto. Aunque no me da miedo volar, subirme en aviones chicos no me hace mucha gracia. La avioneta se veía nueva, por ello me extrañó que el piloto haya intentado encenderla hasta en dos ocasiones, y una vez que lo logró, se oía como un motor ahogado y se volvía a apagar, hizo otro intento, mientras afuera, un señor movía la cola del avión hacia arriba y hacia abajo, el piloto nos explicó que eso era para que la gasolina pasara bien del tanque al motor, el susodicho volvió a intentarlo y no encendió el motor, quien sí se *encendió* fui yo, y gritando, le dije determinantemente:

—Al próximo intento fallido, me bajo.

Él intentó calmarme, trató de poner en marcha el avión y ¿qué creen?, no prendió.

—Abra la puerta inmediatamente, yo no viajo en esta porquería —seguía, ahora más fuerte.

—Señora, por favor cálmese, la avioneta es nueva.

En eso oigo a Chespirito dirigirse al piloto, y con voz calma, le dice:

—Por favor, abra la puerta.

Al ver que éste no reaccionaba, Chespirito le dio tremenda patada a la puerta, ésta se abrió, y nos bajamos.

Esa fue una de las pocas veces que vi enojado y gritando a Chespirito, no sé si estaba igual de asustado que yo o se molestó porque yo quería bajar. Días antes de esa gira asistimos, en México, al sepelio de la esposa e hija de don Martín Fuentes, quienes habían fallecido en un accidente aéreo en Colombia y yo estaba sumamente consternada. Cuando hice *mi tango* y me baje de la avioneta, Florinda se molestó conmigo y me dijo:

—Eres una tonta, no sabes nada de aviones.

—Por supuesto que no sé nada de aviones —contesté irritada y continué—, pero si mi auto no quiere arrancar o se ahoga a las primeras de cambio, pues no lo saco a carretera.

El berrinche me salió mal, claro, no lo hice con ninguna intención, sólo la de salvaguardar mi vida, porque al otro día tuvimos que viajar en un avión militar de tiempos de la Segunda Guerra Mundial, el cual no traía ni asientos sino bancas de metal corridas. En lugar de aire acondicionado, colgaban del techo unas mangueritas de plástico muy delgadas, las cuales te proveían de oxígeno porque el avión se despresurizaba. Angelines por poco se muere, la tuvieron que llevar cargando a la cabina del piloto porque allí sí había mascarillas con oxígeno, la pobre parecía *cacatúa tiesa*. Al verla, Horacio Gómez Bolaños, se metió a la boca como diez de esas mangueritas. Yo lo único que hacía era hacerme la *loca*, como si esa odisea la tomara de diversión, pues en parte la estábamos sufriendo por mi culpa, pero la verdad es que me la pasé rezando en silencio, esbozando una angelical sonrisa y sosteniendo una sola manguera de oxígeno con mis morados labios. ¡Fue peor el remedio que la enfermedad!

Una historia más. Normalmente, cuando viajábamos en avionetas requeríamos dos, pues en el elenco ya éramos bastantes. Así que en esa ocasión, en una iban Edgar Vivar, Rubén Aguirre, Angelines Fernández y *El Chato* Padilla, y en la otra, Chespirito, Horacio, Florinda, Gabriel y yo. Ya en pleno vuelo escuchamos un ruido en el motor, como si algo se hubiera roto, ¡nos asustamos mucho!, pero cuando oímos que algo se le caía al avioncito, ¡el susto se volvió pánico! Nos volteamos a ver entre nosotros y nadie dijo nada. El piloto se comunicó con el de la otra avioneta, ésta hizo una maniobra y comenzó a volar debajo de la nuestra, escuchamos que el otro piloto informaba que sólo se había caído una tolva (la tapa del motor), que no tendríamos problema en seguir volando ni en el aterrizaje, pero ¿la diarrea quién nos la iba a parar?

Y otro cuento más, ¿por qué no? En 1994, estaba trabajando con *El Circo de La Chilindrina*, en La Paz, Bolivia, y una persona me fue a contratar para realizar una labor social en Oruro, un pequeño poblado, muy pobre y alejado de la capital. Esta persona era uno de los hombres más ricos de aquel país, dueño de varias minas y también propietario del mejor equipo de fútbol de allá: *El Bolívar*. Los otros artistas y bailarines viajaron en autobús, pero mi marido y yo nos fuimos con don Mario Mercado en su avioneta. Al llegar a Oruro, nos dimos cuenta de cuánto lo quería la gente, había mandado a construir, para los niños pobres, una escuela preciosa, con todos los adelantos tecnológicos de la época. Asimismo, había donado una ambulancia y un camión de bomberos, y su *tirada* era seguir haciendo trabajo social pues quería ser candidato a la presidencia de la república boliviana.

Mi *Chou*, fue uno de los acontecimientos más importantes que había tenido el pueblo, no lo sabíamos, pero don Mario les había dado a escoger a los niños que habitaban Oruro, entre dos opciones: conocer al astro de fútbol, Diego Armando Maradona, o ver el espectáculo de La Chilindrina. Me sentí muy halagada. El presidente municipal, en un muy sentido homenaje, me entregó las llaves de la ciudad. Cuando regresábamos para La Paz, don Mario nos platicó que su intención era recorrer todo el país, llevando a cabo un muy agresivo plan en donde la justicia social fuera el eje del mismo. Pero a la vez, llevando diversión a las personas de escasos recursos económicos, y por tanto, quería volverme a contratar. Nos hicimos amigos y quedamos que cuando viajáramos por el país lo haríamos en su avión. Cuatro meses después nos enteramos que la avioneta de don Mario se había desplomado, muriendo él y su piloto. Corrieron varias versiones de esas muertes: que si la avioneta estaba defectuosa, que si habían puesto una bomba, que si él iba piloteando y como no tenía experiencia pues vino el accidente, etcétera, etcétera, etcétera.

Lo único que me queda de todo esto es reflexionar lo cerca que he estado de tener un accidente aéreo de fatales consecuencias.

Edgar Vivar y yo fuimos muy buenos amigos, nos llevábamos excelentemente, por desgracia o fortuna, tiempo después descubrí que él no lo valoraba así. Lo que les voy a contar no sucedió en un avión. Trabajábamos en Argentina con el show de *El Chavo*, y nos llevaron a conocer las Cataratas de Iguazú, realmente son magníficas e impresionantes. Por tratar de verlas lo más cerca posible, mi esposo, Edgar y yo nos atrevimos a pasar por un destartalado puente, el cual era tan rústico que sólo estaba hecho de mecate y madera, al llegar a la mitad del mismo, donde la caída de agua era majestuosa pero el precipicio daba miedo, Edgar, con toda su humanidad comenzó a mecerse, el puente empezó a rechinar, estuve a nada de orinarme del miedo. Le pedí que dejara de hacerlo y nos regresamos a toda prisa a donde habíamos salido. A la semana siguiente nos enteramos de que el puente se había caído, murieron aproximadamente veinte turistas japoneses, estaban disfrutando de la belleza del paisaje, pero tuvieron la misma *loca* idea de Edgar, moverse sobre el puente, ¡fue su última movida!

La mayoría del público nos envidia a los artistas, porque piensan que ganamos carretadas de dinero, que viajamos y vivimos a todo lujo, creen que somos sobrenaturales o súper héroes, nunca nos enfermamos ni menos nos cansamos, que como la fama es preciosa nunca cansa. ¡Nada más alejado de la realidad! Muchas veces no sólo no ganamos, sino que salimos comprando hasta los boletos de avión y pagando nuestro hospedaje, pues hay muchos empresarios que *nos llevan al baile* con taquilla, sueldo y porcentaje o comisión. Excusándose con que la publicidad y la difusión no estuvieron bien hechas, por lo cual, no asistió el público y sin él no hay ganancias, o sucede un fenómeno natural y no se puede dar función, y un largo etcétera de pretextos. Algunas veces sí nos hospedan en hoteles de cinco estrellas, pero en otras ocasiones nos hospedamos donde sea, pues hay poblados donde no existen de esa categoría, y como personalmente, no me gusta viajar de noche, pues en uno de ellos pernoctamos.

# KMEX 34

Presenta

## "FIESTA DE VERANO"

**Domingo 28 de Julio**
Tres presentaciones: 2:00 pm, 4:00 pm, 6:00 pm
¡En vivo y a todo color!

### Directamente de Mexico:

Del programa "El Chapulin Colorado," la genial Maria Antonieta de las Nieves.

Estrella de la obra "EL MAGO de OZ"

"LA CHILINDRINA"

"ANGELIQUITA VALE"

**Además:**
- El ganador del "Festival Nuevo Valores," cantante JUAN SANTANA
- El grupo musical Noe Falcon Y Familia
- Y MARIA ELENA SALINAS del Canal 34

Un boleto de uso ilimitada le permitirá presenciar este maravilloso espectáculo familiar, y de paso disfrutar de 165 juegos mecánicos, exhibiciones y aventuras.

**ES UNA FABULOSA CELEBRACION. ¡NO SE LA PIERDA!**

## Knott's BERRY FARM ®

8039 Beach Boulevard, Buena Park · (714) 220-5200 · Horario: 10:00 AM - 11:00 PM

# Capítulo XXIII

## Buscadora incansable

**P**osiblemente piensen que soy súper afortunada por haber trabajado tantos años en el mejor programa familiar de comedia que se haya hecho en toda América Latina: la serie infantil *El Chavo*, y por haber formado parte de un elenco tan exitoso, pues debo confesarlo… ¡Tienen toda la razón!

Creo que aproximadamente el noventa por ciento de las actrices hubieran querido estar en mi lugar, porque el trabajo de cualquier actor es eventual, a veces hay trabajo, otras no. En algunas ocasiones trabajas en una telenovela de cien capítulos, y puedes ahorrar algún dinero, pero después no te ofrecen ningún papel durante un par de años, y entonces tus ahorros no te alcanzan para nada. En otro momento, ensayas tres meses para montar una obra de teatro y a la semana del estreno *truenas* porque no asiste el público, en fin, que algún tiempo te sientes rico y en otro *te mueres de hambre*.

¿Por qué he llegado a pensar que me envidian algunas compañeras del ambiente? Supongo que porque desde los seis años no he dejado de trabajar, siempre he ganado poquito pero seguidito, y me gusta hacer varias cosas al mismo tiempo. Nunca me conformé con la semana que trabajaba en Televisa haciendo los cuatro programas del mes con Chespirito. Las otras tres semanas las ocupaba realizando temporada de circo por toda la República Mexicana. Necesitaba imponerme más retos como actriz, La Chilindrina me daba muchas satisfacciones, pero ya no era un reto como intérprete, porque tantas y tantas veces le he dado vida que ya es parte indeleble de mí. Es como tener una doble personalidad, la cual me encanta, pero siempre me ha gustado estar en total y novedosa actividad.

Mi ideal era (tonta de mí): trabajar con Chespirito como La Chilindrina, y tener mi propio programa como María Antonieta de las Nieves. Así que cierto día solicité una cita con Víctor Hugo O'Farril, después de casi dos años la conseguí y logré hacer un *piloto* llamado *La familia de las nieves*, aunque tenía como 32 años, interpretaba el papel de María Antonieta, una adolescente simpática quien narraba la historia de su familia. A su papá, Don Homobono, lo interpretaba mi gran amigo, Julio Lucena. A la mamá, doña Gertrudis, le daba vida, Chela Nájera. Sus hermanos gemelos de ocho años, Mario y Antonio (Mayo y Toño), su abuelita doña Toñita y *la conciencia familiar*, un duende de veinte centímetros de altura, eran los demás personajes, ¡y todos los interpretaba yo! Así, sí me desahogaba como actriz pues realizaba cinco personajes. ¿

Por supuesto que para realizar este piloto, tuve la anuencia de Chespirito, por lo cual, Enrique Segoviano era el productor. Chespirito entendió perfectamente mi ilusión de estelarizar mi propio programa. Éste resultó simpático, porque los personajes eran graciosos. Además, como a mí siempre me han gustado los musicales, los gemelos bailaron un *tap* llamado *El Plátano*. Hubo hasta animación, porque la tasa, el plato y el plátano bailaban y cantaban. Realmente no era un programa fácil de hacer, pero valía la pena intentarlo, realizar algo diferente. ¡Pasaron dos años!, sí, leyeron bien, y nadie sabía qué había sucedido con mi *piloto*. Volví a hacer cita con Víctor Hugo O'Farril, me recibió y prometió verlo y darme una respuesta a la semana siguiente, ésta fue: "Es un programa muy complicado. Sólo Jerry Lewis ha podido interpretar tantos personajes al mismo tiempo."

Yo no sabía quién calificaba los pilotos, pero me llegó el chisme de que, mientras *los ejecutivos* de la empresa los veían, atendían llamadas telefónicas, sus cuates les contaban chistes, adelantaban a toda velocidad el video tape y hasta se daban tiempo de atender a sus amiguitas. Así, pienso yo, es imposible dar un veredicto correcto, ¿o ustedes qué creen? El señor O'Farril me mandó decir que hiciera otros dos *pilotos*, ¿pregúntenme si me dieron la oportunidad de realizarlos?

Dos meses después, Héctor Suárez estrenó su programa *¿Qué nos pasa?*, donde, al mismo tiempo, él protagonizaba a ocho personajes. Cuando me quejé, me dijeron: "Es diferente, el programa de él es para adultos y el tuyo es familiar." Lo que entendí fue: "no hay presupuesto para programas con clasificación *A*". Esta muestra es el botón de por qué la mayoría de cómicos no trabaja para la barra infantil. Desgraciadamente, se prefiere a un comediante que utilice el *doble sentido* y *palabrotas*, a uno que use el humor blanco para hacer reír a los demás sin ofender a nadie.

Después de esta gran desilusión, seguí haciendo lo que me fascina: presentaciones personales. Seguí cantando, bailando y haciendo travesuras con La Chilindrina, como soy muy inquieta, entre función y función, escribí una comedia para teatro llamada *Pillita*. Creí que era muy original, la protagonista, quien por supuesto la interpretaría yo, se disfrazaba de hombre, con la finalidad de recibir una herencia, la cual estaba destinada para su hermano gemelo quien había fallecido a los pocos meses de nacido. Estaba terminando "mi gran obra" cuando aparece en escena la telenovela *Gabriel y Gabriela*, donde Ana Martin se disfraza de hombre. ¡No cabe duda que ya todo está escrito! Dejé mi texto sin concluir, pues todos iban a pensar que habría plagiado la telenovela.

Como no soy escritora, sólo me gusta escribir las anécdotas que conozco, y así, tratar de poner en papel todas mis locas ideas, entonces me di a la tarea de escribir algo, que yo pensaba sería una novela, y la cual, tenía como personaje principal: el circo. Porque este tema lo conozco perfectamente.

En las telenovelas las mujeres son las estrellas, en el circo lo son los trapecistas, viendo esta diferencia, escribí la sinopsis de *mi novela* con esa temática. Les platico.

*La novela* tenía dos títulos tentativos: *Rebecca*, o *Un mundo diferente*. La historia es ficción, ¿qué novela no lo es?, pero el acervo lo he sacado de mis años de trabajo y de voz de los protagonistas. Tiene momentos dramáticos, pero diferentes a otros, como huracanes que destrozan circos, animales salvajes que se escapan de sus jaulas, caídas en los números realizados en las alturas, asesinato, secuestro de un niño, (le achacan la infamia al payaso malo), por supuesto hay mucho amor, y no sólo entre los protagonistas, sino entre animales. Los estelares son: Rebecca, hija del lanzador de cuchillos; y Gabriel, trapecista enamorado y mujeriego. El payaso *Chicharrón*, gran artista, ama a los animales y está enamorado en secreto de Rebecca (por vez primera un payaso sería el galán en una novela). Sabrina, domadora de elefantes, exvedette, hermosa, pero fría y calculadora, odia a Rebecca y quiere deshacerse de ella. Los demás protagonistas son: los padres y hermanos de Gabriel, todos trapecistas. don Rigoberto Monforte, dueño del circo. Rigo, hijo de don Rigoberto, amante de Sabrina y después esposo de Rebecca (se casa con ella para ganar una apuesta). Los padres de Rebecca, él, lanzador de cuchillos, ella, una trapecista retirada, quien tiene a cargo la concesión de las ventas de productos en el circo. Lo cómico de la historia lo llevan a cabo: Drácula, quien realiza el acto de fuerza dental, y tiempo después pierde la dentadura. Nefertiti, esposa de él, quien hace el número de fuerza capilar pero termina perdiendo la cabellera. La familia de payasos enanos. Fabrizio, hijo de los enanos, pero de estatura normal, el más vil de los seres humanos, y amigo de Rigo.

La historia original es, para mí, demasiado dramática, así que pensé meter las cosas cómicas, para que no fuera sólo tragedia, tratándola de volver una tragicomedia. Comienza cuando Rebecca tiene 18 años, y está perdidamente enamorada de Gabriel (cualquier parecido al nombre de mi esposo, es mera coincidencia), él no le hace caso pues anda tras *los huesitos* de la guapérrima de Sabrina. Rebecca es una chica de ciento cincuenta centímetros de estatura, es bonita, sin llegar, para nada, al extremo de Sabrina, lo cual hace que se sienta menos ante ella. Es buena hija, obediente y dulce (qué curioso, igualita a mí), pero a veces es tontita (en eso no se me parece), en el circo todos la quieren mucho. Ella trabaja ayudándole a su padre en el número del lanzamiento de cuchillos, *El Halcón Negro* es él y ella es *Palomita Blanca*, a quien se los arrojan. Rebecca quiere triunfar en el circo como trapecista, pero su padre no la deja pues teme que le pase lo mismo que a su esposa, quien se tuvo que retirar debido a que se cayó del trapecio y logró sobrevivir después de estar un año internada en un hospital. A la *pobrecilla* de Rebecca le pasa de todo, al final logra triunfar, pero no como trapecista sino como *Chiripa, la payasa inolvidable* quien llevara la imagen del circo muy en alto, porque por azares del destino, conocerá a un ejecutivo de la más importante televisora de provincia y éste le propondrá hacer un programa de televisión con el circo en pleno. La historia termina cuando Rebecca cumple cuarenta años, después de sufrir tanto, Dios la premia con una gran carrera artística y una linda familia (otra casualidad). ¿Con quién se casa Rebecca? ¿Cómo logra triunfar? ¿Quién rapta a su hijo? ¿Ella asesina a Rigo, cansada de tantos ultrajes? ¿Cómo se salva del incendio en el circo? No se pierdan el próximo *best seller* de *María Antonieta Villeli Dulché*.

Les diré algo muy en serio, si llego a publicar esta historia la dedicaré a dos grandes artistas de circo quienes ya fallecieron: al *Halcón Amarillo* y a su hija Rebecca, dos de mis más grandes amigos, que en paz descansen.

Coincidió con la terminación de la sinopsis de mi novela, tener cita por tercera vez con Víctor Hugo O'Farril, a quien le iba a hablar de mis proyectos laborales. Me atendió, como lo que es, un auténtico caballero, tardaba meses para recibir a cualquier persona, así como a mí, pero cuando llegabas a la reunión con él, te hacía sentir la persona más importante y pensabas que había valido mucho la pena esperar tanto tiempo. Le mostré los dos proyectos de programas de comedia que llevaba y me dijo:

–Discúlpame María Antonieta, pero en este momento no estamos haciendo nada de programas *piloto* de comedia porque la barra está funcionando muy bien. Es una lástima que no tengas ningún proyecto para telenovela.

Sentí cierta preocupación en su tono de voz y continuó:

–Me apena no poderte ayudar. Más a ti, una actriz con tu categoría y bellísima trayectoria.

Seguramente, se lo decía a todas, y cuando salíamos de su oficina, pensaba, ¡pobres ilusas!

Pero entonces, me *saqué de la manga* el proyecto de novela: *Rebecca*, o *Un mundo diferente*. Al señor O'Farril le encantó la historia, es más, me dijo que si así lo deseaba yo misma la podría producir y al mismo tiempo ser la protagonista, igual que como lo estaba haciendo Ana Martin. ¡Imagínense lo feliz que salí de ese lugar! ¡Iba a escribir, producir y protagonizar mi propia telenovela! Y aunque tenía, en aquella época, 36 años, pensé que si podría parecer, en los primeros veinte capítulos, una muchachita de 18 años como lo requería la historia, los siguientes cuarenta tendría 28 años, y los sesenta capítulos restantes contaría con cuarenta años (además pensaba hacerme cirugía estética en los ojos, porque la mera verdad, mi edad se me nota en las arruguitas que los circundan, soy muy ojerosa por herencia de mi mamá). Cuando le explique al señor O'Farril que no me sentía capacitada para escribir yo sola la telenovela (recuerden que sólo había hecho una sinopsis, eso sí, larga), me mandó a la oficina de Supervisión Literaria, con Palmira Olguín, esa señora me dijo que me pondría a una de sus escritoras para que realizara la adaptación de mi novela. Tere se llamaba quien me ayudaría, hicimos la sinopsis del argumento y se la presentamos a Palmira. Nos dio su opinión diciendo, muy seria:

—Tu historia es muy diferente, no cumple con los cánones con los cuales nos guiamos para saber si una telenovela tendrá éxito o no. Así que les sugiero que le realicen algunos cambios.

Pensé que, dentro de su seriedad, estaba bromeando, porque según el señor O'Farril, que fuera diferente era lo que le había gustado de mi texto. Él claramente había manifestado: "lo que necesita Televisa son ideas nuevas." Y ahora Palmira nos sugería que la hiciéramos como todas las otras.

Mi protagónico no era nada del otro mundo, es más, la antagonista, la villana, sería una mujer guapísima, de entre 1.75 o 1.80 metros de estatura y con un cuerpo escultural, para que se viera el cambio, al final la protagonista triunfaría a pesar de su aspecto físico, el cual no cambiaba mucho, sólo en la edad, en el transcurso de la historia, y no se casa con el galán sino con el payaso *Chicharrón*, otra persona *normalita*, ¡por supuesto que era diferente a *La Cenicienta*! Y a las telenovelas que hace Televisa.

Como la escritora y yo queríamos ver realizado el proyecto, le hicimos caso a Palmira e hicimos algunos cambios, los cuales no le satisficieron, aunque nunca nos dijo por qué, es más, hubiéramos preferido que lo hiciera, que nos hablara con claridad si es que no quería la historia. Estuvimos trabajando un año completo y nunca hubo nada transparente. Al final, me preguntó:

—¿Puede empezar la historia con la protagonista ya de cuarenta años?

Pensé, entonces el problema es mi edad. Si me lo hubiera dicho antes me hago cirugía plástica o la mando por un *tubo*. Me indigné y le dije:

—¡No es justo que juegues con el tiempo de los demás! Hubiera sido más fácil que dijeras: tu historia no sirve, o que yo no les gusto como protagonista.

Me di media vuelta y me marché furiosa.

Cuando pedí otra cita con el señor O'Farril, como era costumbre, no me podía recibir a la brevedad. Así que le pedí a su secretaria le preguntara si me podía llevar mi historia a otra televisora, no de México sino de otro país. Un par de días después me mando decir que no existía ningún problema, que lo hiciera.

En ese tiempo me contrataron para ir con *El Circo de La Chilindrina* a Venezuela, como siempre doy entrevistas y participo en programas de televisión para promocionar el espectáculo, los directivos de *Venevisión* me comentaron que si no quería hacer una serie de programas donde contara chistes e hiciera juegos y concursos, por supuesto La Chilindrina sería la anfitriona, entonces les dije:

—Quisiera realizar un proyecto diferente, algo que no tuviera que ver con La Chilindrina.

Pero les comenté acerca de mi telenovela. Me mandaron con el *Ernesto Alonso* de aquel país: el señor Arquímedes Rivero. Él me recibió el mismo día que solicité la cita. Se interesó en la historia y le dejé mi sinopsis. A los tres días me mandó llamar y me dijo que le encantaba el tema, me explicó las adaptaciones, lógicas, que debía hacer a la telenovela. Para la antagonista propuso a una chica venezolana guapísima, quien acababa de ganar el título de Miss Mundo, para el papel del payaso *Chicharrón* le sugerí a una persona a quien admiro mucho: David Larible, este gran payaso es para mí, después de Chaplin, el mejor mimo, actor y artista circense del mundo, aunque según el circo *Ringling Brothers*, de donde en la actualidad es su imagen, sólo es el mejor payaso del planeta. Cuando le comenté a David mi proyecto quedó encantado y aceptó de mil amores ese nuevo reto, ser protagonista de una telenovela, aunque es italiano habla perfectamente el español pues está casado con una mexicana y además adora a mi país.

Para poder firmar el contrato con *Venevisión* sólo me faltaba pedirle permiso a Chespirito y a Televisa, léase Víctor Hugo O'Farril, quien ya había dicho que no existía problema alguno, pero aun así, quería hacer las cosas bien. Regresé a México, hablé con Chespirito, quien no puso objeción alguna, siempre y cuando pudiera regresar a grabar, una semana al mes, *El Chavo*. Por supuesto eso ya lo tenía previsto con *Venevisión* y estaban de acuerdo. Cuando le comenté a Chespirito que iba a solicitarle autorización al señor O'Farril, me aconsejó que me fuera sin avisar, porque estaba seguro que no me dejaría partir para Venezuela. Aunque en aquel entonces no existía la exclusividad, todos los del elenco sólo teníamos contrato por capítulo, o sea, nos podían sacar del programa cuando quisieran, sin importarles que ya lleváramos diez años trabajando en él. Por ética profesional, jamás tomo una decisión importante sin avisar a la empresa en donde laboro, así como tampoco, por ninguna razón, dejo un compromiso *botado*, entonces solicité cita con el señor O'Farril, me dijeron que no podría recibirme en un tiempo considerable, pero que hablara con Palmira Olguín. Me tranquilicé porque al menos ella ya conocía el proyecto y sabía que me lo podía llevar a donde quisiera. Hablé con ella y me dijo:

—Mañana tengo cita con el señor O'Farril. De entre mis pendientes, le contaré tu problema.

Nunca supuse que yo tenía un problema. A los tres días me mandó llamar a su oficina, éstas fueron sus palabras:

—Mira María Antonieta, hablé con el señor O'Farril y le comenté que entendía que tú te sintieras menospreciada porque todos tus compañeros del elenco hicieran varios personajes en el programa de Chespirito y tú sólo interpretaras a La Chilindrina. Además, sabía que económicamente andabas mal y necesitabas ganar más dinero —Tomó aire y continuó diciendo barbaridades— por lo cual le propuse que yo podría hablar con los productores de telenovelas para que te den una oportunidad, que te tomen en cuenta al momento de hacer sus repartos. ¿Cómo ves?

Sentí que me echaban un balde de agua helada en la espalda. Traté de tranquilizarme, pero no lo logré e iracunda le respondí:

—Mira Palmira, no sé cómo y qué le hayas dicho al señor O'Farril o lo que tú pienses. Pero te aclaro que, ni me siento menospreciada ni estoy solicitando aumento de sueldo. Mi posición económica la tengo resuelta desde hace muchos años, así que no tengo necesidad de hacer *papelitos* en ninguna telenovela. Yo estoy pidiendo permiso, de la manera más humilde y como la profesional que soy, para ir a estelarizar mi historia. Si en Televisa no me valoran, ya ves que en otros lados sí.

Tranquilamente tomó la palabra y respondió:

–María Antonieta, no te pongas en ese plan, veré que puedo hacer por ti.

Respiré profundamente, me levanté del sofá, me dirigí hacia la puerta y con todo el aplomo posible sentencié:

–No entiendes nada. Olvida esta charla y gracias por todo.

En ese momento entró a la oficina el productor, Guillermo Díaz Sayas, quien era vecino de Gisela Vásquez, una de mis mejores amigas, y me saludó cariñosamente, acto seguido, comentó:

–Hola millonaria, ¿cómo estás? Ya me dijo Gisela que no seremos vecinos pues no vas a comprar la casa en la privada de Yautepec porque adquiriste una mansión en Acapulco. Estamos pensando seriamente en pedirte trabajo en el circo, para de esa manera salir de pobres, terminó diciendo festivamente.

En el mismo tono alegre, le respondí:

–¡Claro que sí, Memo! En el momento que desees nos asociamos, ponemos nuestra propia productora y realizamos los proyectos que queramos, no los que nos impongan. Adiós Memo, adiós Palmira.

Volteé a verla, creo que se me dibujó una sonrisa malévola y haciéndole con los dedos de la mano izquierda la señal de despedida, me marché. Me imagino que Dios me envió a Guillermo en el momento que justamente lo necesitaba, de esa manera mi ego no se sentiría tan pisoteado. No sé de dónde inventó lo de la mansión en Acapulco pues solamente me había comprado un pequeño departamento, (el primero que tuve), y a plazos, porque no tuvimos el suficiente dinero para comprar la casa en Yautepec, junto a la de mi amiga Gisela.

¡Cómo lloré de desilusión esa noche! No pude dormir pensando en lo que me había dicho Chespirito de que me fuera sin avisar, y que si existiera algún problema, él se echaría la *bronca*, ¡realmente, qué buena persona era Chespirito! Me apoyaría aun en contra de lo que dijera la empresa. Mi conciencia me hizo ir al día siguiente a la oficina del señor

O'Farril, mientras me atendía la secretaria, conocí en la sala de espera a quien fuera, más adelante, otro de mis ángeles de la guarda, la señora Tania McKelligan, una señora en toda la extensión de la palabra. Nos pusimos a charlar y me dijo una serie de cosas halagadoras acerca de La Chilindrina. También me preguntó:

–¿No piensa hacer otros personajes? Pues siento que usted está muy desperdiciada como actriz.

Como me inspiró mucha confianza, le platiqué lo que me estaba sucediendo en esos momentos. Como la gran dama que era, no habló mal de nadie ni hizo ningún comentario maledicente, sólo se limitó a decirme:

–Soy amiga personal de Víctor Hugo, te prometo que ahora mismo hablo con él. No influyo en las decisiones de la empresa, pero sí te puedo asegurar que Víctor no está al tanto de lo que te sucede.

Tania me dio su tarjeta de presentación y quedé de irla a ver al día siguiente. La respuesta del señor O'Farril fue: "Dile que puede irse a Venezuela a hacer su telenovela. Pero que no vuelva a poner un pie en Televisa y que se olvide de La Chilindrina."

No tuve que pensarlo mucho. No por mi ego de ser, lo que toda mi vida soñé, dama joven de telenovela, iba a sacrificar más de diez años de interpretar a mi adorada Chilindrina, ¿qué tal que me quedaba como el perro de las dos tortas? Así las cosas, me comuniqué por teléfono con los directivos de *Venevisión*, asimismo, con Arquímedes Rivero, como se lo han de imaginar no le hizo ninguna gracia y, aunque se mostró cortante, amablemente me dijo:

–Si alguna vez quiere presentarme algún otro proyecto, ojalá sea para niños.

Les he platicado de mis proyectos frustrados para que se den una idea de lo difícil que es lograr un lugar en este ambiente, pero, ¡no me arrepiento!, al contrario seguiré luchando como si fuera el primer día de mi carrera artística.

# Capítulo XXV

## Por siempre La Chilindrina

Mi primer protagónico y crédito en la pantalla grande fue con la película *El más valiente del mundo*, era un cuento infantil dirigido por don Rafael Baledón, un hombre, aparte de guapísimo, súper simpático. Aunque yo tenía aproximadamente treinta años, interpreté a la hija pequeña del Rey, ¡una princesita de 12 años Trabajé con Luis Manuel Pelayo, quien era mi papá, Amparito Arozamena, mi mamá, los malos eran Edgar Vivar y Nathanael León, el jefe de guardias era Ramón Váldez, y Gabriel, mi marido, era uno de los guardias reales. Cuando terminó de rodarse la película, me di cuenta que tanto el director como el productor querían como protagonista a La Chilindrina y no a María Antonieta de las Nieves, pero nunca me lo propusieron así. Hace unos años exhibieron esa cinta aquí en México, a través de la televisión, mi hijo Gabriel la vio y me comentó:

—Mamá, acabo de ver una película tuya donde apareces de niña.

Cuando le comenté la edad que tenía cuando la filmé no lo podía creer, él pensaba que en ese entonces yo contaba con 12 años.

Tiempo después participé en otra película, en ella, Yuri y yo éramos las damas jóvenes de *Los Chamos*, interpretaba a una adolescente de 16 años y era la novia del menor del grupo, también la dirigió don Rafael Baledón, y me volvió a comentar que lo ideal es que la hubiera personificado La Chilindrina.

Siguió *Sor Batalla*, también llevaba el estelar, compartí créditos con David Reynoso y Lucha Villa. Y aunque la cinta trataba de la historia de una monja de indeterminada edad, ahí de plano me comentó el productor, Fernando Pérez Gavilán, que si podía caracterizarme como La Chilindrina, o cuando menos poder poner en la publicidad el crédito de María Antonieta de las Nieves: La Chilindrina. Pensé que no existiría ningún problema con hacer eso, dado que Pérez Gavilán era amigo de Chespirito desde siempre. Pero ¡oh, sorpresa! Cuando él se lo solicitó a Roberto, él se rehusó terminantemente, es más, a Fernando le dio la impresión de que nunca hubieran sido amigos. Les confieso que me extrañó mucho la actitud de Chespirito, porque nunca había sido egoísta ni con usar los nombres de sus personajes ni con el trabajo de ninguno de nosotros, los de su elenco. Traté de encontrar una justificación, y esa era que el personaje de la monja nada tenía que ver con La Chilindrina. Pero fue entonces cuando me di cuenta que el público y la gente del medio me reconocía sólo como La Chilindrina, y que mi carrera como María Antonieta de las Nieves había acabado.

Después de terminar la película, me encontré, por primera vez en mi vida en la encrucijada de ser María Antonieta de las Nieves o interpretar para siempre a La Chilindrina, luchar, casi a los cuarenta años por ganarme un lugar como actriz, sin darle vida al personaje de tantos años. Mi ego me decía que si mis primeros reconocimientos habían llegado antes de *La Chilis*, bien podría trabajar con distintos personajes. Dios siempre me ha dictado pautas de por dónde quiere que vaya, entonces, en alguna ocasión fui invitada a una entrevista en televisión y recibí tal número de llamadas del público, agradeciéndome todos los ratos tan agradables que les había hecho pasar durante tantos años personificando a La Chilindrina que le comenté, a esa bellísima mujer, Blanca Sánchez, quien era la titular de ese programa:

—A mí me hubiera gustado ser preciosa como tú y haber triunfado en telenovelas.

Ella me miró fijamente a los ojos y respondió:

—No seas tonta Chilindrina, actrices como yo existimos muchas, y dentro de algún tiempo ya no podremos interpretar papeles de dama joven. En cambio, La Chilindrina sólo hay una y siempre tendrás ocho años, sin importar si estás más gorda o flaca o tienes arrugas. Estoy segura —continuó— que a la mayoría de quienes personificamos a las damas jóvenes en las telenovelas, nos hubiera gustado haber tenido la suerte de encontrar un personaje tan sensacional como el que te ha hecho famosa, pero sobre todo querida y reconocida.

Desde ese gran día decidí guardar en el baúl de los recuerdos a mi ego y continuar toda mi vida como La Chilindrina, claro, hasta que el público y mi cuerpo lo quieran. Siempre agradeciendo al gran genio Roberto Gómez Bolaños por haberme dado la oportunidad de haber pertenecido al grupo.

En 1993 Televisa ya había sufrido muchos cambios. Víctor Hugo O'Farril ya no estaba más en ella. Ahora la persona que decidía cómo se conformaba la programación era el licenciado Jorge Eduardo Murguía. También, durante algún tiempo, cambió el horario de proyección del programa de Chespirito: en lugar de media hora el lunes, para ver *El Chavo*, y media hora el jueves, para vivir las aventuras de *El Chapulín Colorado*, ahora todos los lunes, la duración del programa, el cual sólo se llamaba Chespirito, era de una hora. Económicamente a mí me convino esa situación, porque antes sólo ganaba dinero por un programa de media hora, y con el cambio, todos cobrábamos lo mismo, el equivalente a un programa de una hora. Además, a todos nos hicieron firmar un contrato de exclusividad con la empresa.

Como siempre, dentro del programa, Chespirito creaba a todos los personajes y escribía los guiones, desgraciadamente, poco a poco fue relegando a *El Chavo*. La explicación que nos dio fue: "ya no me siento a gusto interpretándolo, físicamente me siento muy mayor, quiero que el público, a quien nos debemos, se quede con la imagen de un *Chavo* joven."

No puedo negar que su punto de vista era muy válido, Lo lamenté mucho, porque no me gustó cambiar a La Chilindrina, una niña encantadora, por *Marujita*, una *prosti* disfrazada de persona decente.

Fue entonces que se me ocurrió realizar un programa *piloto*, el cual estelarizaría La Chilindrina. A Chespirito le pareció una excelente idea, a tal grado que me facilitó a su director, Alfredo González Fernández, para que lo produjera, es más, todo lo hice en su oficina. ¡Qué gran persona era Chespirito! Toda la idea del programa *Aquí está La Chilindrina* fue mía, me costó mucho trabajo decidir con quién iba a compartir créditos, porque forzosamente el público iba a hacer comparaciones y no quería que fuera a pensar que era una copia mala de *La Vecindad de El Chavo*. ¡Eureka! Feliz decisión: La Chilindrina viviría en un convento, rodeada de simpáticas monjitas, a donde la llevó su padrino, el sacerdote Luna, y allí jugaría con los niños del *güerfanatorio*, el convento también cumplía con ese papel, y con su perrito *Peluchín*. Con mi proyecto bajo el brazo, otra vez busqué una oportunidad, después de varios meses de solicitar una cita, logré, por medio de Tania McKelligan, que el licenciado Murguía me recibiera. A él le gustó mi propuesta, porque era diferente, y además no era copia de ningún programa nacional o extranjero, además le pareció que sería fácil venderla a toda Latinoamérica, pues el programa de *El Chavo* seguía con los *ratings* más altos por aquellas latitudes.

¡El licenciado Jorge Eduardo Murguía dio la autorización para realizar el programa *piloto*! Para grabarlo contraté a los mejores actores, quienes además de disciplinados eran buenos amigos: Luis Bayardo, padre Luna, Yolanda Mérida, madre superiora, Cecilia Romo, madre Gertrudis, Lilí *Encantadora* Inclán, *la momicia*, las demás monjitas eran, Lupita Sandoval, Federica Sánchez Fojarti, Keiko Durán, mi hija Verónica (Paty Strevel es su nombre artístico), en el papel de *Benito* el jardinero, mi adorado esposo Gabriel Fernández, le pedí a mi gran amigo Edgar Vivar que fuera el director de escena. Según mi real entender, el programa cumplía satisfactoriamente su propósito: divertir de forma sana a toda la familia. Ahora sólo tenía que esperar el visto bueno de los altos ejecutivos de Televisa y lo *pusieran al aire*.

Mientras luchaba por mi superación, Florinda Meza también lo hacía por la suya, pero con un proyecto diferente y mucho más ambicioso. Ella siempre aspiró, no sólo a estelarizar una telenovela como dama joven y guapa, sino además cantar, bailar, producir, dirigir y escribir el guion, en lo único que falló fue en la producción y dirección, porque eso lo hizo su marido: Chespirito. ¡Aunque parezca increíble! Él logró convencer al señor Azcárraga para que le diera la oportunidad a Florinda de protagonizar su propia telenovela, la cual se llamó *Milagro y magia*. En lo personal me favoreció que lo hiciera, porque durante ese año hice todos los estelares femeninos del programa de Chespirito y salí galardonada, como la mejor comediante del año, uno de los premios que otorga la Ampryt (Asociación Mexicana de Periodistas de Radio y Televisión). Cuando ella terminó la telenovela, regresó al programa como *La Chimoltrufia* y yo seguí interpretando a *Marujita*.

Las cosas seguían cambiando en Televisa, comenzaron a realizarse Teleteatros para el canal 9, a Chespirito y a Florinda les encargaron producir algunos, y como Roberto siempre me había comentado que yo era una gran actriz, pero desaprovechada, pensé que me daría varios estelares, pero no sucedió así. Quienes sí tuvieron esa suerte fueron Edgar Vivar y Rubén Aguirre, bien por ellos. En el único programa al que me invitaron a participar realicé un *papelito* muy simpático; la dama *joven, bella*, *talentosa* y *exuberante* lo interpretó, obviamente, Florinda. Fue entonces cuando recapacité y me dije: "si mis mismos compañeros no me confían ningún buen papel, pues los demás productores menos lo harán." Sólo en dos ocasiones el señor Antulio Jiménez Pons me llamó para estelarizar dos programas. En la primera no pude hacerlo porque estaba de gira y la segunda se canceló por fallas técnicas.

Verdaderamente la madurez me ha sentado bien y me ha hecho poner los pies en la tierra. A mi edad, y con mi físico, el papel que mejor me queda interpretar es el de La Chilindrina, con mi vestidito verde (tipo de maternidad), el cual me ayuda a disimular si estoy gorda o flaca, si tengo celulitis o no, si la *panza* la tengo con estrías o tengo una cinturita como la de Thalía. Los lentes *disfrazan* mis ojeras y las arruguitas que envuelven a mis ojos. El fleco no deja ver las marcas de expresión que tengo en la frente por tantos años de caracterizar a *La Chilis*. Pero lo más importante es que: el cariño del público hace que mi espíritu sea realmente el de una niña de ocho años. Así que seré, por siempre… La Chilindrina.

# KMEX

Presenta

# "FIESTA DE PRIMAVERA"

### Domingo 21 de Abril
### Dos presentaciones: 1:00 pm y 4:00 pm
### ¡En vivo y a todo color!

## Directamente de Mexico:

La juvenil estrella de la telenovela "CHISPITA."

Del programa "El Chapulin Colorado," la genial Maria Antonieta de las Nieves.

## LUCERITO

## "LA CHILINDRINA"

### Además:
- Los populares grupos locales PETROLEO y MINUTO
- EL BALLET FOLKLORICO de Jeannette Martinez
- Y MARIA ELENA SALINAS del Canal 34

Un boleto de uso ilimitado le permitirá presenciar este maravilloso espectáculo familiar, y de paso disfrutar de 165 juegos mecánicos, exhibiciones y aventuras.

## ES UNA FABULOSA CELEBRACION. ¡NO SE LA PIERDA!

Knott's
BERRY FARM®

8039 Beach Boulevard, Buena Park · (714) 220-5200 · Horario: 10:00 AM - 8:00 PM

# Capítulo XXVI

## Mi verdadero secreto de la eterna juventud

Creo que para que un libro se venda debe revelar algún secreto, el cual, ya sea morboso o no, lo vuelva interesante. Por ello, voy a reafirmar algo que siempre he negado: haberme practicado cirugías plásticas.

Aunque dudé en contar la verdad, pienso que si ya he contado otras cosas que quizás no les gusten a mis compañeros, también es justo y legal *sacar mis trapitos al Sol*, para demostrar que sí soy pareja. Les advierto, para que no me llamen mentirosa, que después de confesarme con ustedes, seguiré negando ante mi público y la prensa cualquiera de mis cirugías estéticas.

*Comenzamos*: todos en mi familia somos de nariz grande, pero yo, a mis 15 años, además de grande, la tenía chueca y no podía respirar bien el lado derecho. Como ya lo saben, quería ser dama joven de telenovela, así que mi nariz quedó respingadita, como la de todas las actrices. Nos operaban con el mismo molde, no es cierto, es una broma.

*Continuamos*: mi cara ya no era problema. Ahora iría con el asunto de mi estatura. Me realizaron un sinfín de radiografías para saber si iba a crecer más. Para mi desgracia me dijeron que debería de hacer mucho ejercicio de estiramiento (todavía no se utilizaba la palabra *streching*), para crecer cuatro centímetros ¿Tanto sacrificio?, para sólo aumentar ¡Cuatro pinches centímetros!, lo dejé por la paz, pero me compré un aparato que parecía una especie de *horca*, el cual tenía unas correas que me detenían la cabeza, después una más larga que salía de la parte superior de la cabeza, se colocaba por encima de alguna puerta, ésta se cerraba, entonces de la puerta colgaba una correa más, la cual pasaba por una polea y tenía un palito redondo, de veinte centímetros de largo, que yo tomaba con las manos y comenzaba a jalarlo hacia adelante, al hacerlo sentía que toda la espina dorsal se estiraba, de eso precisamente consistía el tratamiento, que los cartílagos que están en la columna vertebral se estiraran, de esa manera crecería, decía el instructivo, mínimo diez centímetros. Pero entre mi *locura*, me puse a pensar, ¿qué pasaría si en lugar de estirarse la espina dorsal, se me estira el cuello y quedo como jirafa?, opté por olvidarme de la *horca*.

*Seguimos*: pienso que todas las mujeres y los hombres también, quienes quieran verse y sentirse a gusto con su físico, deben de hacerse algún retoque estético en el momento que se requiera y no cuando ya sea demasiado tarde, ¿qué quiero decir con esto? Que mi físico no ha cambiado por arte de magia, sino que desde los veinte años he usado las mejores cremas antiarrugas y me he realizado los retoques estéticos, de los que les hablaba, en el momento necesario y poco a poco.

*Intermedio*: la verdad es que tengo muy buen humor, trato de vivir la vida con alegría, siempre me burlo de mí misma, todos mis compañeros han sabido de mis *locuras* porque con ellos nunca he tenido secretos. Primeramente, porque siempre estábamos juntos grabando o de gira, además confiaba en que nadie iba a saberlo fuera de ellos, todos nos conocíamos nuestros *secretos*, y pensé que nadie se atrevería a revelar mis *locuras*, porque yo podría revelar las de ellos, que aunque, entre los hombres, no son sobre cirugía estética, sí son peores. Esto viene a colación porque en Argentina, Rubén Aguirre, declaró que el programa se había acabado porque todos ya estábamos muy viejos. Es más, dijo: "La Chilindrina varias veces se ha realizado cirugías plásticas para poder seguir interpretándose."

Cuando terminó el programa de *El Chavo*, Edgar, Florinda y yo teníamos aproximadamente 43 años, Rubén era 15 años mayor y Roberto 20. Ya se habían muerto Ramón, Angelines y *El Chato* Padilla. Si Rubén

Aguirre se sentía viejo, allá él, cada quien se siente según se encuentre física y mentalmente. Me parece muy desleal que, para escudarse de los defectos y carencias de uno mismo, se opine mal de los demás.

*Segundo acto*: a los 42 años empecé a tener serios problemas pulmonares, a cada rato sufría insuficiencias respiratorias y varias veces fui a parar a la sección de urgencias del Hospital Humana, donde me hacían nebulizaciones. Frecuentemente padecía neumonía, en alguna ocasión, de gira por Perú, por cierto, una de las más exitosas de mi carrera, y en la cual no pude disfrutar mi triunfo, y esto fue porque me puse muy grave de los bronquios. El clima en Lima, en esa época de las fiestas patrias, julio, es muy frío y húmedo, diariamente sufría de ataques de asma, pero lo peor es que, cada vez que sufría un problema pulmonar se me complicaba con la tromboflebitis de mis piernas, ni siquiera en esa situación dejé de dar una sola función. En cuanto salía de escena, me iba a la cama pues debía de guardar reposo absoluto, además debía contar con oxígeno en mi habitación y el *Ventolín* para apaciguar el asma.

Cuando regresé a México, mi gran amigo, el angiólogo Núñez, me canalizó con un otorrinolaringólogo, el doctor Soda, quien me comentó que la solución al problema respiratorio era otra operación de nariz, por supuesto, no plástica sino reconstructiva, había jurado no volver a tocármela, pero estaba tan desesperada que acepté, para variar, ¡la operación no funcionó! Seguí con el problema respiratorio, el cual, tiempo después se me complico con el oído y al tener infección en las vías respiratorias se me complicaba con las piernas, en fin que eso era un círculo vicioso, ¡un *loop* interminable!

Lo que más rabia me daba es que así trabajaba en el circo y nadie lo valoraba, asimismo, así hacia los programas de televisión y tanto Chespirito como Florinda se burlaban de mí, diciéndome que era igual de hipocondríaca que mi marido. Si un actor es profesional y trabaja muy enfermo, la empresa, o no le cree o dice: "¡qué tonta!, se debe cuidar la salud aunque dejes al público *botado*." Estaba desesperada, pensé en retirarme, en ninguno de mis dos trabajos me sentía bien; la tierra del circo, el excremento y el pelo de los animales me provocaban rinitis alérgica; en la televisión me sentía deprimida, poco valorada, y algunas veces, hasta traumada.

Busqué la ayuda de otros especialistas. Todos coincidieron en que el techo de la nariz estaba abierto, y por ello, el aire entraba frío, lo que me causaba todos mis males, ¿la solución?, otra operación, pero ahora me pondrían un aumento para cerrar el techo de mi nariz, en pocas palabras: la nariz me iba a quedar igual de grande, como la tenía hacía 27 años, antes de iniciar este *vía crucis*, pero ahora, con la incertidumbre de no saber si mejoraría de mis complicaciones respiratorias. En aquel tiempo, visité a un experto cirujano, especializado en nariz y labio leporino, el doctor Saúl Rossete, no me prometió mucho, pero me aseguró un cincuenta por ciento de mejoría. El resultado de la operación fue muy satisfactorio. Mejoré en un setenta y cinco por ciento mi problema asmático y de gripe, hasta la fecha todavía no respiro bien del lado derecho; estéticamente, me gustaba más mi nariz de resbaladilla que recta como la tengo ahora. Ustedes dirán, "pues no entendemos para qué, desde un principio, se operó." Les daré la razón: de haberlo sabido, nunca me hubiera hecho una cirugía estética, sólo me hubieran enderezado la nariz. El único problema que tuve con esa operación fue que: ¡quedé coja por cuatro meses! Porque me quitaron hueso de la cadera para injertarlo en la nariz, pero no me advirtió el doctor que me iba a doler tanto la pierna izquierda, así que, además de narigona, coja. Ese es el pago que debemos hacer las *maniáticas* a las cirugías, como yo, ¿qué se le va hacer?

Como les comenté anteriormente, lo reitero, una mujer o un hombre deben *retocarse* poco a poco lo que no les guste de su cara y cuerpo, en lugar de realizarse una cirugía mayor cuando realmente ya están *muy fregados*, exponiéndose a que todo el mundo se dé cuenta del hecho.

¡Se me olvidaba!, como lo único que me faltaba por estrenar, en lo que en materia de cirugía plástica se trataba: el rayo láser, pues lo *estrené* y no me gustó, porque mis pequeñas líneas de expresión en la frente y los ojos no se me borraron, es más, ni siquiera se atenuaron, pero eso sí, me quedaron una manchas, como de tigre, en la cara, que un año después no acababan de desaparecer, lo peor, es que jamás volveré a poder tomar el Sol, porque se me acrecientan las manchas, ahora debo usar sombrero y un protector solar del número ochenta para protegerme de los rayos solares.

Última escena: casi todas las operaciones estéticas te arreglan una cosa, pero te descomponen otras. Pero las mujeres debemos seguir haciéndonoslas, para que así, los cirujanos plásticos sigan viviendo como reyes, y nosotras podamos seguir ilusionándonos con ser eternamente jóvenes y bellas.

*Final*: les quiero pedir un favor, si llegan a saber de una nueva cirugía que no me haya realizado, ¡por favor no dejen de avisarme! Sobre todo, para averiguar si con esa intervención se me quitan las ganas de seguir cometiendo tantas tonterías.

# Capítulo XXVII

## Al fin lo logré

En 1994, aunque la gente pensaba que era una triunfadora, yo me sentía vieja, triste y frustrada, porque en todos lados reconocían mi capacitad, talento y profesionalismo, menos en Televisa.

Precisamente, un día estando en el departamento de tintes y manicure de la empresa, empecé a comentar que estaba harta de tocar y tocar puertas, y que no era justo lo que pasaba con mi programa *piloto* de *Aquí está La Chilindrina*, no me podía explicar por qué estaba *enlatado* y a nadie le importaba el esfuerzo realizado por todos los que en él participamos. Pensaba que funcionaba mejor ser la *amiguita* de algún ejecutivo que buena actriz. En ese momento, la señora Mónica Miguel, actriz espléndida, quien me había escuchado con atención, me dijo:

—Por tu manera de pensar es que no consigues tus metas. Porque tú misma estás programando y ordenándole a los demás que no te reciban ni te den la aprobación para tu programa.

Fue la primera vez que alguien me hablaba así, y además, argumentándome todo con algo que yo desconocía: la metafísica. Me dijo muchas cosas, las cuales me hicieron pensar que tenía mucha razón, continuó:

–Todos debemos de tener fe en que podemos alcanzar cualquier meta, por supuesto no hay magia. Nuestras acciones las debemos realizar sin perjudicar a nadie, pero sobre todo hay que tener la mente abierta y pensar positivamente. Hasta en los peores momentos se debe buscar la forma de ser auténticos, así lograremos ser más felices.

Yo la miraba extasiada, porque además no éramos las grandes amigas y se tomó la libertad de decirme algo muy personal, siguió y me dio el mejor consejo del mundo:

–Jamás envidies a nadie –la verdad nunca he sido envidiosa– siempre alégrate de los triunfos de los demás, si alguien te hace daño, tu puedes *decretar* que no sólo no te afecte, sino que ese mal se convierta en un bien y también puede que logres que esa persona cambie su manera de pensar acerca de ti.

Le agradecí sus invaluables consejos. Compré un librito azul que me cambió la vida, se llama: *Cuatro en uno*, la autora es Connie Méndez, en él encontré que la metafísica es facilísima de entender (si hasta yo la entendí, cualquiera puede hacerlo), llevé a cabo los ejercicios allí escritos y puse manos a la obra. "Quiero que mi programa *Aquí está La Chilindrina* lo pongan al aire en el canal 2 *El canal de las estrellas*. Quiero hacerlo en armonía con todo el mundo y bajo la protección divina. Así lo quiero y así se hará. Gracias Dios mío por haberme escuchado."

El primer día que tuve libre me fui a Televisa con la certeza de que algo bueno me iba a suceder. En los pasillos me encontré con Luis de Llano Macedo, lo saludé cariñosamente pues mi esposo y yo lo conocemos desde hace mucho tiempo, él pertenecía a la mesa directiva que daba los vistos buenos a los programas unitarios, aproveché la oportunidad para preguntarle si acaso sabía algo acerca de mi programa *piloto*, Luis me respondió sin tapujos:

–Si quieres hacer tu programa habla directamente con el señor Azcárraga, porque Chespirito no va a dejar que hagas nada en televisión.

Me quedé estupefacta ¡No podía creer lo que estaba escuchando! Me puse a pensar: "¿Por qué Roberto no querría que yo tuviera un programa con La Chilindrina como estelar, si él mismo me dio una carta donde decía que autorizaba a María Antonieta de la Nieves para protagonizar el papel de La Chilindrina en cualquier medio de comunicación del mundo?" Cuando me entregó la misiva, me comentó:

—Con esta carta ya nadie te puede parar de interpretar a La Chilindrina en ninguna parte del planeta.

Con la carta firmada y en mis manos, agradecí a Dios tener a un amigo tan generoso como Chespirito. Además, seguía elucubrando, ¿cómo era posible que interviniera para que no vieran mi *piloto* si él, no sólo autorizó que lo hiciera, sino que lo realicé con los actores de su elenco, sus secretarias, su director y su staff? La verdad, no quise creer lo que me había dicho Luis. Gracias a la metafísica, reaccioné de manera positiva y me dije: "quiero que el señor Azcárraga me reciba en su oficina y me brinde su apoyo porque lo creo merecer." Me fui directamente a la oficina de él, no se encontraba, pero me atendió un ángel: su secretaria de toda la vida, la señorita Elisa Almada, persona íntegra en toda la extensión de la palabra y en quien confiaba ciegamente don Emilio Azcárraga Milmo. No sabía que ella conociera tan bien mi trayectoria y le gustara mucho mi trabajo. Me contó que ella nunca se casó, pero que tenía varios sobrinos a quienes llevó siempre a mis *Chous* en el hotel Del Prado y en el Continental. Aprovechando su amabilidad y con la fortaleza que me daba la metafísica, le conté de mi lucha por conseguir estelarizar mi programa. Ella no me prometió que saldría al aire, pero me prometió que el señor Azcárraga me recibiría… Esa misma tarde, una tarde esplendorosa del mes de abril. Con el señor O'Farril hice antesala cuatro meses, con el señor Murguía, otros tantos, y el señor Azcárraga ¿me iba a recibir el mismo día? ¡La metafísica me funcionaba!

La señorita Almada me hizo sentar, junto a ella, en una silla de su escritorio, así, forzosamente don Emilio me vería al entrar a su oficina. Dicho y hecho, al llegar y saludar me vio, inmediatamente llamó a su secretaria. Cuando salió, Elisa no me dijo nada. Eran las cinco de la tarde, pasaron tres horas y la señorita Almada me preguntó "si no me tenía que ir". "Por supuesto que no", dije con toda seguridad y seguí con mis pensamientos, decretando todas las cosas bellas y positivas a las cuales tenía derecho. A las ocho y media de la noche el *patrón* la mandó a llamar, cuando salió se sonrió, me guiñó un ojo y me dijo:

—¡Lo conseguimos! En cuanto salga Enrique Rocha te va a recibir.

Esa tarde vi desfilar por esa oficina a toda la *plana mayor* de Televisa, desde ejecutivos hasta productores, pasando por actores de la talla de on

Ernesto Alonso; y yo, una simple actriz de reparto iba a ser recibida por la persona más grande e importante de todos los medios de comunicación de América Latina.

Eran las veintiún horas con treinta minutos, cuando sonó el timbre del teléfono de *la adorada* Elisa, al colgar me dio la bendición y dijo:

—Puedes pasar. ¡Buena suerte!

Apenas entré a la oficina, el señor Azcárraga se puso de pie, se acercó hacia mí y me dio un beso en la mejilla, terminando, comentó:

—Pasa María Antonieta, toma asiento —mientras hablaba jaló una silla y me ofreció sentarme—, me dice Elisa que me querías ver, ¿en qué te puedo servir?

Me quedé muda cinco segundos, me había dicho María Antonieta, o sea, que sabía que yo existía (por supuesto mi ángel Almada le había dicho quién era yo). Sólo me tomó tres minutos relatarle toda mi vida artística y mi lucha por protagonizar una serie. Por supuesto, don Emilio no tenía ni idea de la existencia de mi *piloto Aquí está La Chilindrina*. Lo que me llenó de gusto fue que, ese señor *taaaan grandototoooote*, en toda la extensión de la palabra, me haya escuchado sin interrumpirme y con toda atención. Cuando terminé, me dijo:

—Me alegro mucho de verte, sé por Chespirito, a quien tanto quiero, todo lo que hacen los integrantes de su elenco.

Creo que esto lo dijo por mera amabilidad, porque un hombre tan importante, con tantos negocios y problemas, es imposible que esté al tanto de todos los *asuntos menores* de una de sus cientos de empresas. Pero sí me dio mucha satisfacción que supiera que existíamos. Después, aunque no me lo crean, me contó, como si fuera una vieja amiga, varios problemas por los que pasaba la empresa, lo que me llenó de asombro fue con lo que concluyó su plática:

—Quiero decirte que hoy he tenido tantos problemas, que tú eres lo mejor que me ha pasado en este día. Gracias por venir a verme.

No podía creer lo que escuchaba. La gente decía que él era la personificación del ogro de los cuentos, y ¡oh, sorpresa! Resultó un *padre comprensivo y dulce*, ¿tal vez lo agarré en sus cinco minutos paternales? o ¿la señorita Elisa le dijo que conmigo hiciera su buena obra del día? En ese momento me sentí, por primera vez en Televisa, un ser humano respetado y pensé que había valido la pena trabajar allí desde que tenía seis años, porque el *patrón* valoraba mi trabajo. Si no hubiera conseguido que se realizara mi sueño de protagonizar mi programa, les aseguro que en ese instante no me hubiera importado, pero las sorpresas agradables no terminaban ahí. Nuevamente tomó la palabra don Emilio y dijo:

–Respecto a tu *piloto* no te puedo decir nada pues no lo he visto. Pero quiero que me hagas una película.

Hubo un gran silencio de mi parte, me quedé, literalmente muda, pero con la boca abierta. ¡El señor Azcárraga quería a La Chilindrina en el cine! Él, sin percatarse del trance en el cual estaba, continuó:

–Quiero hacer cine familiar. La *India María* produjo una película y me la vendió. ¿Tú que quieres hacer? ¿La escribes, la diriges o sólo la quieres producir y me la vendes?, o ¿quieres que te la haga Televicine?

¿Don Emilio creía que yo era tan talentosa que podría hacer todo? Me eché una carcajada que me salió del alma y contesté:

–No, señor Azcárraga. Lo único que pretendo es que no muera La Chilindrina, me encantaría hacer cine, pero sólo como protagonista.

–Entonces ve a Televicine, habla con Jorge Díaz de León, dile que yo te mando para que te haga tu película como tú quieras –dijo con ternura.

Me levanté de la silla brincando como *chiva loca*, le di un beso en la mejilla y las gracias de una manera tan efusiva que parecía La Chilindrina. Después don Emilio continuó diciendo:

–Si Chespirito no quiere volver a hacer *El Chavo*, ese será su problema, pero tú no vas a cambiar a La Chilindrina por *Marujita*. La Chilindrina es un gran personaje y no la vamos a dejar morir. Además, te prometo que en cuanto tenga oportunidad veré tu *piloto*. ¿Estás de acuerdo?

Nuevamente le di las gracias y, brincando de felicidad, dejé su oficina, el señor Azcárraga me despidió en la puerta y llamó a la señorita Elisa. Nos vimos las dos a los ojos, no hubo necesidad de palabras, ella entendió inmediatamente que lo había conseguido. Junto a la oficina de don Emilio se encontraba la del señor Gaspar Rionda, el ejecutivo más fino y educado de todo Televisa, quien fungía como intermediario entre los actores y la empresa. Era un gran amigo de todos y le confié lo que acababa de suceder. don Gaspar se alegró mucho y con palabras más, palabras menos, dijo:

—Ya verás que es el principio promisorio de una nueva carrera. Felicidades, pues te lo mereces.

¡Ese fue un gran día!

Gabriel, mi esposo, me estaba esperando en la cafetería de Televisa, cuando le conté la gran noticia los dos lloramos de emoción. Llegamos a casa, platiqué con mis hijos quienes se pusieron felices. Esa noche no pude pegar los ojos, habían sido muchas agradables sorpresas, creo que dormí sólo una hora, pero me levanté fresca como una lechuga. Me comuniqué por teléfono a Televicine con don Jorge Díaz de León, él amablemente tomó mi llamada, cuando le comenté el motivo de mi llamada supongo que no me creyó, porque me dijo que por lo pronto no tenían planeado realizar ninguna película de corte familiar, además de que toda la programación anual ya estaba calendarizada. Le pedí por favor que confirmara lo de mi cita con el señor Azcárraga y acerca de las indicaciones que él me había dado, concluí:

—Sé que puede parecer atrevido de mi parte decirle lo que debe usted de hacer, pero más atrevido sería decirle lo que le estoy diciendo si no me hubiera reunido ayer con don Emilio. Usted así confirmará mis dichos.

Pasada una hora recibí un mensaje de las oficinas de don Jorge Díaz de León, me recibiría junto con el licenciado Ignacio Sada Madero, quien resultó que era amigo de mi hija Verónica en la universidad. Me atendieron amablemente, pero me dieron a entender que para poder producir mi película tendrían que *sacrificar* una de las que ya estaban programadas. Tomó la palabra don Jorge:

—¿Ya tiene el libreto?, o ¿cuándo menos al escritor? Pues los de nosotros los tenemos muy ocupados.

Me tenía que ir de gira a Argentina por dos meses. Pero como soy muy atrevida y no iba a perder semejante oportunidad, me animé y les dije:

—No se preocupen, en dos meses regreso de Argentina con todo y guión.

Así fue, en aquel país escribí mi película *La Chilindrina en apuros*. Llegando a México le pedí a mi amigo José Luis Carreño que me ayudara con la adaptación del guion, porque yo realmente jamás había escrito nada para cine, lo único que había plasmado con palabras en una hoja de papel eran los libretos de mis *chous*.

Con el script en la mano me presenté con el Lic. Ignacio Sada, quien iba a ser el productor de la película, lo revisó y le mandó a hacer una segunda adaptación. Por fin estábamos listos para comenzar con la preproducción y buscaríamos locaciones. El licenciado Sada Madero me comentó que él hablaría directamente con Roberto y que en un mes comenzaríamos el rodaje. Al siguiente día me habló por teléfono el Lic. Sada, diciéndome que Chespirito no estaba de acuerdo para que la Chilindrina realizara su película. ¡Entonces Luis de Llano tenía razón! Como jamás me he quedado con la duda de nada, tomé el teléfono y le marqué a Chespirito. La verdad, nunca me imaginé que fuera a reaccionar de la forma en como lo hizo, contundentemente habló:

—No quiero que La Chilindrina haga cine ni televisión.

Cuando le pregunté que cuál era la razón, si él mismo me había apoyado para hacer mi programa *piloto* y ahora se negaba a que utilizara el personaje de La Chilindrina, contestó:

—Cuando hiciste el *piloto* no me importó. Pero ahora he cambiado de opinión.

No sé si Chespirito pensó que no importaba que hiciera el *piloto*, pues de todas maneras nadie me iba a contratar, o si lo consultó con su almohada (Florinda) y no le hizo gracia que yo pudiera brillar por cuenta propia o, ¿qué pasó?, tristísima, respondí:

—Roberto, por favor dame una explicación lógica.

—Pienso que los personajes de la televisión no deben hacer cine.

—Eso mismo le dije al señor Azcárraga, pero él me contestó que sabía perfectamente lo que hacía. Además, yo no le pedí hacer una película de La Chilindrina, la idea fue de don Emilio.

Se hizo una pausa, la cual me pareció enorme e incómoda, Roberto volvió a hacer uso de la palabra:

—Pues aunque haya sucedido así, no quiero que La Chilindrina haga cine.

—Perdóname que insista, Roberto, en alguna ocasión me dijiste que cuando se acabara de realizar *El Chavo* nos ibas a regalar a los personajes, ¿qué pasó?

Él, muy serio, respondió:

—Sí lo dije, ¡pero ya no lo haré!

Trataba de no ofuscarme, pero no lo lograba del todo, tomé aire y le dije:

—¿Recuerdas que alguna vez me firmaste una carta, hecha por tu secretaria, en la que me autorizabas a interpretar a La Chilindrina en el medio de comunicación que yo escogiera y cuando quisiera?

Este argumentó lo utilice con la esperanza de que Roberto Gómez Bolaños cambiara de opinión, sin embargo él sólo comentó:

—Lo recuerdo, pero te di esa carta para que pudieras seguir haciendo circo, no cine ni televisión.

No quise seguir alargando la *agonía*, lo único que me quedó por hacer fue decirle que me disculpara por haberlo molestado y me despedí. No sé por qué no me puse triste ni me enojé como esperaba, creo que en el fondo sabía que si Dios me había impulsado a ir tan lejos no me desampararía. Hablé a la oficina del señor Azcárraga, con la esperanza de encontrar a la señorita Elisa, ¿y qué creen?, ella me contestó, le conté lo sucedido y *mi ángel* me prometió que hablaría con don Emilio. Al día siguiente, el licenciado Sada Madero me dio la noticia de que la película sí se haría.

*La Chilindrina en apuros*, se comenzó a rodar, Televicine me hizo trabajar con los mejores elementos con quienes contaba, el director fue Antonio de la Riva, el fotógrafo ni más ni menos que Alex Phillips Jr., la edición estaría a cargo de Carlos Savage, mi coestelar fue mi amigo, actorazo, enorme fotógrafo y compañero, pero más que nada un gran ser humano: don Jorge Russek (q.e.p.d.). El rodaje se llevó bajo un ambiente de absoluta camaradería, no existió la *estrellitis* ni contratiempos de ninguna especie, todos nos llevamos estupendamente y los técnicos cuando se terminó la película me organizaron una comida en el sindicato y me dieron una placa, la cual contenía unas palabras que me llenaron de orgullo y que transcribo a continuación:

*Nos sentimos muy orgullosos de haber trabajado con la compañera María Antonieta de las Nieves, La Chilindrina, en su película La Chilindrina en apuros, fue un ejemplo de profesionalismo, sencillez y compañerismo.*

*La admiramos mucho por ser tan buena actriz y mejor persona.*

Yo soy quien debe agradecer a todos mis compañeros técnicos, actores, a los de la producción, y por supuesto a don Jorge Díaz de León y al

Elenco de *Aquí está la Chilindrina*.

Lic. Ignacio Sada Madero, la oportunidad que me brindaron de trabajar con ellos, ¡Gracias, muchas gracias!

Durante la filmación, me habló por teléfono Miguel Ángel Erros, quien fungía como Director de Programas Unitarios de Televisa, para darme la noticia que mi programa *Aquí está La Chilindrina*, entraba al aire, en el canal 2, en lugar de *Papá soltero*, que estelarizaba César Costa. Me contó que Chespirito se había opuesto, pero el señor Azcárraga había visto mi *piloto* y le gustó, así que: *Donde manda capitán, no gobierna marinero*.

En septiembre de 1994 salió al aire el primer programa de *Aquí está La Chilindrina*, desgraciadamente mi felicidad sólo duró 17 programas, porque Televisa decidió sacar del aire toda la barra de comedia familiar que comenzaba a transmitirse a las 20:30 horas, además de mi programa, también salieron: el de Eduardo Manzano, *Chiquilladas 2*, el de Fernando Luján y la primera hora del de Chespirito. Fue una gran pena, ¡pero por esos 17 programas valió la pena esperar toda mi vida!

No vayan a creer que hacer mi programa fue todo felicidad. No, para nada, les cuento: Ahora, sabiendo que Chespitiro estaría en contra de todo lo que yo hiciera, ya no tendría productor, así que estuve pensando que si el señor Azcárraga me creía capaz de producir pues lo haría ayudada de mi esposo, ya que siempre hemos hecho mancuerna en todos nuestros proyectos, pero iba a necesitar a alguien que supiera del trabajo de oficina y de producción técnica. En Televisa me recomendaron a Isabel Avendaño, quien resultó bastante competente para el área administrativa, ahora sólo faltaba un director de escena, ni más ni menos. Aunque Chespirito hacía todo al mismo tiempo, yo nunca podría hacerlo, porque no tengo ni su talento ni su preparación, entonces decidí pedirle a Rubén Aguirre que me echara la mano como director de escena, él me pidió también ser el productor, cosa que no requería, pero pensé que como mi esposo sería el productor general, me quitaría el crédito de productora por el de directora general, ese se lo daría a Rubén y asunto resuelto.

En la primera junta de trabajo con el Lic. Murguía, me llevé unas desagradables sorpresas, para poder hacer mi programa debería de renunciar al de Chespirito, porque la política de la empresa era que un mismo actor no podía trabajar en dos programas al mismo tiempo, sonaba lógico. Siguiente sorpresa, según la empresa *la estrella* del programa no podía dirigir ni producir, entonces comenté que mi marido sería el productor no yo, el licenciado me dijo que tampoco se podía hacer así, porque parecería que queríamos engañar a alguien pues yo sería la productora, además de que Gabriel no había hecho los méritos suficientes dentro de la empresa para ser productor. Rubén Aguirre, quien por supuesto estaba en la junta, dijo:

—No creo tener ningún problema en ocupar ese puesto, pues sólo estoy como productor asociado en el programa *TVO*.

El licenciado Murguía decidió que Rubén fuera el productor, Isabel Avendaño la productora asociada, y Gabriel y yo... Bien, gracias. En la reunión no dije nada pues pensé en hablar con don Emilio, pero sí hice hincapié en el factor económico. Aunque nunca se debe hablar del salario, por esta ocasión me lo permitiré, sólo para que conozcan algunas injusticias. Para hacer mi programa renuncié a mi sueldo mensual de diez mil pesos con Chespirito, dos mil quinientos pesos por programa. Ahora siendo estelar sólo ganaría doscientos treinta cinco pesos por programa menos impuestos. Además, me quitaban como productora, cuando la idea era mía, la letra de la canción del programa también, pero lo más indigno: ¡la oportunidad me la había dado a mí el señor Azcárraga! Y me hacían a un lado sin ninguna contemplación. Aun así acepté, cuando fui a pedir cita con don Emilio, me dieron la mala noticia de que estaba fuera del país, entonces hablé con quien me pareció que correspondía, don Gaspar Rionda. Con él se arreglaban las exclusividades, además era la única persona de la empresa con quien se podía hablar y contarle nuestros problemas como si de un amigo se tratara. Me aconsejó que aceptara la situación como se presentaba y que no me preocupara por lo económico, porque con seguridad me irían a compensar lo que dejara de ganar con Chespirito, además, concluyó:

—No es la misma exclusividad como actriz de reparto que como actriz titular de un programa.

En la segunda junta de trabajo, ahora con la directora de foros, la señora Cristina de la Parra, Rubén dijo con desparpajo:

—Espero que todos me brinden su apoyo, porque no sé nada de producción de programas de comedia, lo mío son los concursos.

Las dos nos quedamos viendo desconcertadas, sin dar crédito a lo que acabábamos de escuchar. ¡El productor que yo había puesto, no sabía nada de producción! Afortunadamente estaba Isabel Avendaño, quien fue la verdadera productora. Como regalo de consolación me dieron el crédito de directora general, a mi marido, en lugar de productor, fue locutor del programa y actuó como *Benito el jardinero* del convento. ¡Él ganaba ciento ochenta pesos por programa! Claro, con ese *sueldazo* se le cubrían las dos actividades que desarrollaba. A pesar de esos *pequeños* contratiempos le doy gracias a Dios porque se me presentara esa oportunidad. Durante la grabación del segundo programa, el señor Azcárraga fue a vernos al foro donde estábamos grabando. Al verlo corrí a abrazarlo y sin pensarlo me le monté, mis dos piernas le rodeaban la cintura, me di cuenta de mi impertinencia hasta que escuché las carcajadas de los técnicos y oí decir, al *floor manager*, *corte video tape*, ¡ni siquiera me di cuenta que estábamos grabando!

Para poder estar al cien por ciento en el programa dejé de actuar en el circo, y por ende, en todas las giras. Porque además de la preparación normal que se necesitaba para realizar el programa; grabábamos un musical para cada uno de ellos, lo cual era agotador, asimismo, corregía algunos libretos porque nadie conocía a La Chilindrina como yo. En fin, me dediqué en cuerpo y alma para poder hacer un programa digno de ser visto por todas las familias, sin ofender ni copiar a nadie, quería hacer un programa pulcro y cien por ciento familiar.

# Capítulo XXVIII

## Qué poco me duró el gusto

El día que llamaron a Rubén Aguirre, pues como saben era el productor del programa, para darle la mala noticia de que todos los programas de comedia familiar que se transmitían a las 20.30 horas salían del aire, estábamos grabando el programa de Navidad. Cuando lo vi llegar apesadumbrado y me lo dijo, fue tan grande el *shock* que lo tomé con mucha resignación. Quienes no lo tomaron con ningún gusto fueron mis actores. Luis Bayardo (Padre Luna), comentó que era injusto lo que hacía la empresa. Yolanda Mérida (Madre Superiora), me veía y decía: "no lo puedo creer". Cecilia Romo (Madre Gertrudis), dijo: "Dios sabe por qué hace las cosas." Lupita Sandoval (Sor Beba), gritó: "vámonos al canal 13". Las demás monjitas se pusieron a llorar. A Gabriel, mi marido, se le llenaron los ojos de lágrimas, me abrazó con ternura y me dijo en secreto:

—No te preocupes *Ardillita*, ya te darán otro programa.

Lo que sí me descontroló fue la reacción de mi hija Verónica (Sor Vero): se soltó a llorar y en un ataque de rabia e ironía, exclamó:

—¡Te felicito mamá, qué bien te funcionó tu metafísica! Después de esto que te están haciendo, no volveré a creer en nada. Es más, tú también deberías de olvidarte de San Judas Tadeo y todos tus santos, ¡qué en nada te ayudan!, porque de nada sirve rezar y tener fe.

En ese momento no me interesó que terminara el programa, lo único que me importaba era la estabilidad emocional de mi hija. Toda la noche la consolé, diciéndole:

—Deja todo en manos de Dios.

Su respuesta me dejó atónita.

—Pues pídele a tu Dios que realice un milagro, porque sino tampoco volveré a creer en él.

¡Eso ha sido lo más duro que he oído en mi vida! Esa noche recé con más fervor que nunca. Le pedí a Nuestro Señor que realmente obrara el milagro, para de esa manera mi hija recuperara la fe. También me encomendé a la Virgen de Guadalupe y a mi *compadre* San Judas Tadeo, a mi *comadre* la Virgen del Carmen y a todos los santos de la corte celestial. Fue increíble, me preocupaba tanto mi hijita, que olvidé por completo lo del programa. Al día siguiente, busqué a mi hija y me dijeron que había salido temprano sin decir a dónde iba, no llegó ni a desayunar ni a comer, todos estábamos preocupados pues no atinábamos a saber dónde buscarla. Cerca de las seis de la tarde apareció, traía los ojos hinchados de tanto llorar, la abracé con todo mi amor, no le preguntamos nada, ella fue quien rompió el silencio, diciendo:

—Vengan los tres (Gabriel, Gabrielito y yo), siéntense conmigo aquí en mi cama, les quiero contar lo que me pasó. He andado todo el día vagando *montada* en el auto, tratando de poner en orden mis pensamientos y sentimientos. Pensé en ir a hablar con algún sacerdote, aunque no creo mucho en ellos por las dos amargas experiencias que he tenido con ellos, pero tenía que desahogarme con alguien ajeno a la familia y al programa. Llegué a la iglesia del Pedregal, y me dijeron que no había ningún confesor que pudiera atenderme, pero que regresara mañana a las doce del mediodía, les dije que no deseaba confesarme, que sólo quería platicar con un sacerdote en ese preciso momento, que al día siguiente ya no me serviría de nada. Me salí irritada y a toda prisa de la sacristía, un poco antes de llegar a la puerta vi que entraba un señor, ya mayor, quien me saludó muy amablemente, le respondí el saludo y proseguí mi camino, me detuve al escuchar que me llamaba:

–Ven acá hija, ¿no eres de por aquí, verdad? Te lo pregunto porque nunca te he visto por esta iglesia.

–Tiene razón, no vengo a esta parroquia, pero aquí se encuentran las cenizas de mi mamá *Malu* (María Luisa, su verdadera madre), y además estoy buscando un sacerdote con quien pueda charlar.

–¡Mira qué coincidencia! A esta hora nunca estamos los sacerdotes. Si estoy aquí es porque me han solicitado que bautice a un pequeñín que está muy enfermo. ¿Por qué no me ayudas a bautizarlo?, y así aprovechamos para reafirmar tu bautizo con Dios.

En esa parte del relato los cuatro estábamos llorando, (es más, en este momento que lo estoy escribiendo también estoy a lágrima viva, al recordar uno de los episodios más emotivos que hemos tenido como familia), Vero continuó:

–¡Se obró el milagro mamá! ¡Mi nuevo bautizo fue maravilloso! Ese magnífico sacerdote habló conmigo como si fuera mi mejor amigo y me hizo ver la realidad y lo hermosa que es la vida. ¡Perdóname mamá! ¡Te prometo que jamás volveré a dudar y blasfemar! ¡Te lo juro!

Ahora ya llorábamos a más no poder, pero era de alegría, nos dimos un enorme abrazo que duró toda una eternidad. Me queda claro que, ¡aquí en la tierra hay ángeles que producen milagros!

Todavía realizamos un último programa de *Aquí está La Chilindrina*, fue el de *Día de Reyes*. Llegué muy temprano al set de grabación, no había nadie todavía, al encontrarme sola viendo por última vez la escenografía del convento, con los arcos y la fuente, me percaté de lo qué iba a echar de menos esos preciosos momentos que pasé haciendo mi programa. Recordé cuando se me perdió mi perrito *Peluchín*, y se me salieron las lágrimas sin sentir, las limpié sin discreción alguna. Después solté una carcajada cuando recordé el programa de *Halloween*, cuando *La Chilis* y las monjitas se disfrazaron de monstruos. Me dio mucha ternura al recordar el programa de Navidad, con el pesebre en la capilla, la Madre Gertrudis disfrazada de Santa Claus y al final nos dábamos cuenta que quien había traído los regalos era el verdadero Santa.

¡Nunca voy a olvidar esos maravillosos 17 programas!

Como nunca olvidaré Santiago Ixcuintla, Nayarit, México. Dios ha sido maravilloso conmigo, pues sin merecerlo me han hecho un sinnúmero de homenajes y me han dado varios reconocimientos, tanto en el extranjero como en mi país, pero hay uno en especial que me llenó de orgullo y nostalgia.

Una servidora, realmente nací en la Ciudad de México, pero siempre he presumido *una mentirilla*, que de tanto repetirla ya me la creí: siempre digo que mi nacimiento fue en Santiago Ixcuintla, Nayarit, México. Porque desde que vi la primera luz en mi vida, quise a la tierra que vio nacer a mis padres y de ahí mi presunción.

Cuando en 1994, estaba haciendo *Aquí está La Chilindrina*, en un programa, la Madre Gertrudis me preguntó:

—Chilindrina, ¿cuál es la capital de Nayarit?

Le respondí con toda la seguridad del mundo.

—¡Santiago Ixcuintla!

La madre me corrigió inmediatamente.

—No Chilindrina, la capital de Nayarit es Tepic.

Pero con una chispa de sarcasmo, La Chilindrina contestó:

—Eso dicen los de Tepic, pero pregúntele a los de mi pueblo y verá lo que le responden.

Después de ese programa todo mundo juraba, al igual que yo, que había nacido en Santiago Ixcuintla. Me imagino que por esa razón, el Presidente Municipal y sus colaboradores me organizaron el homenaje más bonito y lleno de cariño que he recibido en toda mi vida. En la carretera que viene de Tepic a mi pueblo habían colocado unos letreros enormes dándome la bienvenida. Me nombraron hija predilecta de Santiago Ixcuintla y del estado de Nayarit. Todo el pueblo estaba allí, es más, hasta una comunidad de huicholes y otra de coras bajó de sus montañas para saludarme.

Subida en un jeep descapotado y vestida como *La Chilis*, recorrí todas las calles del pueblo, conmigo venían mis hermanos Raúl, Edmundo y Olga Elena (ellos sí habían nacido allí), los cuatro no pudimos contener ni la emoción ni el llanto. En pleno zócalo colocaron un templete donde se escuchaba música, hubo cantantes y hasta una representación de *La Vecindad de El Chavo*, organizada por profesores y alumnos de una escuela, los disfraces eran costosísimos. ¡No faltó nada! ¡Ni siquiera mis papás! Porque yo sabía que desde el cielo, *donde están viviendo*, se asomaron felices y orgullosos para ver, con una sonrisa de aprobación y satisfacción, a su *mentirosilla* hija, recibiendo un homenaje en su tierra querida.

El pergamino que me avala como hija predilecta está enmarcado y colgado en el estudio de mi casa, en un lugar muy especial.

Una anécdota que me encanta contar de ese día es la siguiente: un señor, bastante mayor que yo, me comentó:

—Por supuesto que es cierto que María Antonieta nació en este pueblo. Lo recuerdo perfectamente, pues íbamos juntos a la escuela primaria. Es más, era tan traviesa que por eso desde chiquilla la apodamos: La Chilindrina.

¿Qué les parece? ¡A poco no tengo el don de convencer a *mis paisanos*!

# Capítulo XXIX

## Después de la tempestad... Viene La Chilindrina

Una vez que se terminó el programa, comenzaron a llegar a la oficina miles de cartas pidiendo que volviéramos al aire. Desafortunadamente no se pudo, desde aquellos tiempos no se han vuelto a hacer programas de comedia familiar, sí, esos de humor blanco. Durante cuatro años consecutivos se repitieron los programas de *Aquí está La Chilindrina* en los canales 2, 4 y 9. Mis 17 entregas se los sabían de memoria *todos* los niños de México.

Mientras realizaba el programa, me vino a la cabeza la idea de grabar otro disco, aprovechando la popularidad que me estaba dando *Aquí está La Chilindrina*. Además quería volver a montar otro espectáculo. Estando en Puerto Vallarta me encontré con mi buen amigo Raúl Vale, él me presentó al dueño de *Discos Continental*, el señor Marco Antonio Lugo, quien me solicitó que grabara en su disquera. El contrato fue por cinco años e incluía que podría realizar todos los discos que yo quisiera. Escogimos doce temas, entre los que incluí dos *covers* míos: *Si yo tuviera una mamá* y *Peluchín* que fue mi más grande éxito musical en los años noventa.

Antes de comenzar a grabar, hablé por teléfono a la oficina de Chespirito, para volver a pedirle el favor de que me autorizara para usar el nombre de La Chilindrina. Lolita, su secretaria, me comentó que no se encontraba, entonces le pedí el nuevo número de teléfono de su casa pues el que yo tenía ya no lo respondían y suponía que lo habían cambiado.

—Así es, lo han cambiado. Discúlpame Tony, no te puedo dar el nuevo número pues es privado y tengo estrictamente prohibido, por parte de Florinda, no dárselo a nadie, sea quien sea.

Pedí hablar con Florinda, pero no sé si se negó o en verdad no estaba.

Sinceramente, fue muy difícil para mí tomar la decisión de hacer el disco sin el permiso de Chespirito para usar el nombre de La Chilindrina. Entonces, muy a mi pesar, decidí ir a registrar el nombre de *La Chilis*, como me dicen cariñosamente los niños. Cuando llegué a la oficina de Derechos de Autor para solicitar el registro, todo mundo se desvivió en atenciones y elogios para mi programa. Cuando llené el formulario para registrar el nombre de *La Chilis* y se lo presenté al jefe de la oficina, me pidió que esperara pues iba a cotejar que nadie lo hubiera registrado con anterioridad. Pero, ¿cuál sería la más agradable de las sorpresas? El señor regresó y me dijo categóricamente:

—Por qué no mejor registra el nombre de La Chilindrina, ya que éste está sin registrar desde hace más de 15 años y cualquier persona puede venir a registralo porque está libre.

¡No habían vuelto a pagar el registro! ¿Qué quería decir eso? ¡Que se les había olvidado porque el personaje ya no les importaba! ¡Gracias, Dios mío, por permitirme ser La Chilindrina para siempre!

Por supuesto registré el nombre de La Chilindrina en todos los formularios habidos y por haber. Ahora con las nuevas características: vestido verde con cuello, moño y bolsita amarilla; sweter rojo torcido por la espalda, zapatos escolares, calcetines blancos, pecosa, chimuela, lentes y colitas chiquitas y chuecas. También registré una caricatura que hizo mi hijo Gabriel y toda clase de mercancías del personaje. Aunque hasta la fecha todos los productos que hay en el mercado son *piratas* y no recibo ni un solo centavo de regalías.

Quiero agradecer infinitamente a Chespirito, porque él fue quien inventó el personaje *hipotético* y el nombre de La Chilindrina, pero creo que yo también tengo mi mérito, pues yo le di las características físicas y psicológicas al personaje. Fui la creadora de las pecas, de ser chimuela, de las colitas chuecas y los lentes. Recuerden que el primer vestido me lo hizo mi mamá Pilla. Con los años seguí transformándola, le cambié el vestuario, le puse fleco, le corté las colitas, le enseñé a *berrear*, a decir *fíjate, fíjate, fíjate* y también la instruí para que riera hipócritamente, levantando cada brazo hacia la cabeza, cada vez que hacía su clásico *eje, aja, eje.* El padre de La Chilindrina es Chespirito, pero la madre... ¡Soy yo! Pero después del *divorcio*, la tutela de *mi hija* La Chilindrina... ¡Es solamente mía!

Gracias a Dios ahora duermo tranquila al saber que nada ni nadie puede detener mi trabajo en ningún medio de comunicación dedicado al espectáculo.

¡Por fin La Chilindrina era mía!, o al menos, ¡Yo así lo pensé!

# Capítulo XXX

## ¡Qué tipazo el señor Alemán Magnani!

Aunque la serie *Aquí está La Chilindrina* terminó muy pronto, tenía la esperanza de poder arreglar mi asunto económico con la empresa. Desafortunadamente, no pude volver a ver don Emilio Azcárraga Milmo, porque ahora siempre estaba fuera de México, pensé que atendiendo sus negocios, pero luego me enteré que su salud se estaba mermando rápidamente, al mismo tiempo que su mente, por aquella *secreta* enfermedad, la cual no se dio a conocer hasta que ya fue inevitable ocultarla.

En más de tres ocasiones fui a hablar con don Gaspar Rionda acerca del aumento en mi exclusividad, pero él *le echaba la bolita* al Lic. Jorge Eduardo Murguía, iba a hablar con el licenciado y él lo anotaba en *su libreta de asuntos importantes*, pero nunca se llevó a cabo el prometido sobresueldo. Entonces, antes de que falleciera don Emilio, me contacté con los ejecutivos de *Telemundo* por medio de mi amiga Rebeca Montañez, productora del programa Él y Ella. Yo estaba muy sentida con Televisa, porque por primera vez se organizó un magno desfile para conmemorar

*El día del niño* y no me tomaron en cuenta, por lo tanto pensé: "si ni siquiera le interesó al productor, Gabriel Vázquez, invitarme a ese único evento dedicado a la niñez, entonces buscaré trabajo donde sí me valoren. Pero antes pensé en renunciar a Televisa, hacer las cosas como Dios manda y no irme como *las chachas*. Cuando llegué a las oficinas del señor Azcárraga, me encontré con un chico muy guapo, decentísimo y súper sencillo: Miguel Alemán Magnani. Me saludó amablemente y preguntó si tenía cita con *el patrón*. Le contesté que no, pero que deseaba verlo para renunciar a mi exclusividad y a la empresa, y buscar una oportunidad en otro lugar. Él me miraba muy serio mientras le contaba todos los contratiempos a los que me enfrentaba en Televisa. Y, aunque ustedes no lo crean, ese gran tipo me pidió que le concediera una cita para platicarme de los planes de la empresa.

–Por favor, no renuncie. La Chilindrina es sinónimo de Televisa.

Al ver la oportunidad que me daba de hablar, la aproveché. En dos minutos le conté todas las cosas que me inquietaban, entre una de ellas, le dije:

–En la empresa se están haciendo muchos programas *pilotos*, y a mí no me han aceptado hacer ninguno de los cuatro que les he traído.

Entonces un señor que estaba con él, quien después supe era Alberto Ciurana, le comentó que mi *piloto* no había gustado.

–¿Cuál *piloto*? Dije asombrada.

–El que tiene Miguel Ángel Erros, –contestó con toda seguridad.

–Es el colmo, ni siquiera he podido verlo a él desde que terminó *Aquí está La Chilindrina*. Y ahora me entero que mi *piloto* no les gustó.

En fin, una semana después me reuní en su oficina con el señor Alemán Magnani. El chico (para mí es una criatura), me dijo que me esperara un poco, porque yo era parte de la *familia Televisa* y había planes de hacer programas para niños y que obviamente, no sólo iba a participar en ellos, sino que iba a ser la imagen de la barra infantil. Siempre pensé que me hablaba con la verdad, pero desgraciadamente cambian tan rápido los planes de la empresa… Que todavía estoy a la espera de que se produzcan dichos programas. El señor Alemán, personalmente, solicitó que me incluyeran en el promocional del *canal de las estrellas*, así como en todos los eventos de Navidad, ¡me sentí nuevamente útil!, y entonces le di las gracias a Rebeca Montañez por haberme ayudado con las personas de *Telemundo*, pero había decidido quedarme en Televisa.

Pasó el tiempo. Tenía en puerta una gira a Brasil con el circo y además haría algunos programas de televisión. Hablé con Lucy, la encantadora secretaria del señor Alemán, solicitando permiso para la gira, minutos después me dijo que no era posible pues precisamente en septiembre íbamos a empezar con un proyecto que él tenía en mente. ¡Cancelé la gira, y aquí en México se pospuso el proyecto!

En un programa especial de Televisa que se realizó en el *Circo Ringling Brothers*, el productor me hizo una *jugada muy fea*, eso fue la gota que derramó el vaso. Como no estaban en México ni el señor Alemán ni don Emilio, fui a la oficina del licenciado Murguía, él estaba muy ocupado, entonces le dije a su secretaria que le avisara que ahora sí me iba, no porque me fuera a otra empresa, sino porque no podía aceptar los desaires de ningún *productorcillo*, cuando salía de la oficina, escuché a mis espaldas la voz del licenciado, entonces me detuve y volteé hacía donde venía el sonido.

–María Antonieta, espérame, ¿qué te parece si me cuentas lo que te pasa, mientras me acompañas hasta la puerta de la oficina del señor Azcárraga?

Lo tomé del brazo, no pude contener las lágrimas de impotencia. Le conté en tres minutos (como acostumbro), todas mis desventuras e inquietudes, lo único que me pidió fue que esperara otra semana. Lo dejé en la oficina de *El Tigre*, como cariñosamente llamaban sus amigos a don Emilio Azcárraga Milmo.

A principios del año 2000, no recuerdo exactamente la fecha, Televisa le rindió un homenaje muy bonito y emotivo a Chespirito. Nos pidieron a todos los actores de su elenco que fuéramos los presentadores. A mí me tocó hablar acerca de Ramón Valdés, quien ya había fallecido, y realmente fue muy conmovedor mi discurso. También me solicitaron que dijera qué significó para mí haber trabajado en esos programas, lo hice en el escenario y no como La Chilindrina sino como María Antonieta de las Nieves, el video está en *Youtube* y lo último que dije fue Chespirito… Gracias por existir.

Una semana antes del evento, Gabriel y yo nos realizamos nuestro chequeo médico anual de rutina, nuestra doctora y amiga, Beatriz Espinoza, le detectó cáncer en la próstata, y a mí muchas posibilidades de tener cáncer en los senos. Fueron noticias desgarradoras para toda la familia. Mi marido se operó un día después del homenaje. Gracias a Dios el tumor estaba encapsulado y no se había diseminado a ninguna otra parte del cuerpo. Le extrajeron la próstata y por fortuna no le dieron quimioterapia, sólo medicamentos para el dolor, además de cortisona, ésta lo hizo engordar mucho, pero a mí me gustaba mi gordito sano, alegre, de buen humor como siempre ha sido.

A la semana siguiente entraría yo al quirófano, pero antes querían estar completamente seguros del diagnóstico, así que con anestesia local me hicieron la biopsia, es otra de las peores intervenciones de mi vida. Tuvimos que esperar diez días a que nos dieran los resultados, fueron de los peores días que hemos pasado en la familia. Afortunadamente lo que me quitaron del seno derecho sólo fue cicatriz calcificada, pero me asusté tanto que le pedí a los médicos me quitaran las prótesis, que aunque eran muy pequeñas estaban encima de las glándulas mamarias y no se veían bien los senos en la tomografía. Fue la sexta y última operación de esa parte de mi cuerpo, no me quedó el busto tan bonito, como hubiera querido, pero cada año estoy más tranquila. Por supuesto que la prensa no se enteró de nada de esto, pues siempre he pensado que las cosas privadas son eso y no se debe andar lucrando con ello.

Después de ese gran susto, vino una de las alegrías más grandes de mi vida, el 25 de julio a mí hija Verónica le empezaron las contracciones de parto. Le hablamos a Fito, su esposo, para que nos alcanzara en el Hospital Ángeles. Ella ya estaba *en un grito*, caminaba casi en cuclillas. Cuando mi esposo, Vero y yo llegamos al hospital inmediatamente la metieron a la sala de trabajos de parto. En cuanto llegó Fito, lo disfrazaron todo de azul, parecía *pitufo*, los abuelos nos quedaríamos afuera.

De pronto sale el doctor –y me dice:

–¿Es usted la mamá de la señora Verónica?

Se me subió la sangre a la cabeza y empecé a sudar frio. Al percatarse de ello, el doctor vuelve a hablar:

–No se asuste señora, la reconocí en cuanto llegó con su hija, por eso le pido que entre al quirófano pues su yerno está a punto de desmayarse.

Solté una estruendosa carcajada y dirigiéndome a Gabriel, solté lo siguiente:

–¿No que muy macho?, hasta se llevó la cámara de video para filmar el nacimiento de su primera hija.

Cuando entré a disfrazarme de *pitufo*, el médico comentó a los presentes que yo era la doctora Gómez, tuve el cuidado de no hablar para que nadie más me reconociera, ya que no podía estar adentro más de un familiar de la paciente. Llegué al quirófano muy nerviosa. No estaba preparada para eso, pero me moría de ganas de ver a mi primera nieta.

A Fito ya le habían dado los primeros auxilios, aunque mareado y pálido, le daba la mano a mi hija y me dijo:

—Suegra, grabe usted, yo no puedo.

Tomé la cámara, la encendí y filmé como toda una profesional.

A mi hija le tuvieron que hacer cesárea porque la niña venia mal, ninguno de nosotros lo supo, así que yo seguí grabando, cuando vi aparecer a esa preciosidad de nena, las lágrimas me corrían a *chorros*, pero al mismo tiempo estaba carcajeándome, no sé si de nervios o de felicidad, nunca me di cuenta de lo que estaba diciendo y haciendo, aparte de grabar, hasta que después vimos todos juntos el video.

En cuanto nació la niña, no lloró inmediatamente, se la llevaron a un pequeño cubículo, los doctores me hacían señas con las manos para que ya no filmara. Yo creí que levantaban hacia arriba el dedo gordo, como diciendo: *yuuuuuuupiiiiii*, todo salió bien.

Estaba tan feliz que no me percaté de que a mi nieta la estaban resucitando, porque las flemas le obstruían los pulmones, y por ello, no podía respirar ni llorar. Afortunadamente, en pocos segundos, con un saca flemas se las retiraron, le metieron un tubo por la boquita, bueno, más bien *bocota*, y mi niña, mi adoración, empezó a llorar. Fue hasta entonces que me di cuenta que habían tenido problemas con ella, y conmigo, porque yo les obstruía el paso pues andaba por todos lados para poder filmarla, aunque no lo crean, hasta llegue a hacer a un lado a una enfermera porque me estorbaba, el colmo, me agaché hasta el piso para filmar entre las piernas del doctor, quien las tenía abiertas, para así poder filmar mejor.

Y comenzó la felicidad, y un amor, que yo no sabía, hasta ese momento, se podía experimentar. Mi hija Verónica lloraba, Fito lloraba, yo no me había dado cuenta que berreaba y suspiraba igual que La Chilindrina.

En ese momento todo el mundo supo quién era yo y se carcajearon. Le pusieron a mi hija a su bebita en los brazos y la nena dejó de llorar, Fito le dio un beso en la frente, a cada una de las dos. En ese preciso momento me desplomé, sólo les tome un par de fotos más a los tres, y con cámara en mano, salí corriendo del quirófano sin quitarme el traje de *pitufo*, lo único que ahora quería era enseñarle a mi marido a su primera nieta.

Pensé, erróneamente, reitero, que ya había experimentado toda clase de amores, pero no, qué va. El amor de una abuela hacia sus nietos es indescriptible, es lo más tierno, creo yo, que puede sentir un ser humano.

Le doy gracias a Dios, a mi hija Verónica, y a mi nieta Fernanda, por permitirme el regalo de que, a los cincuenta años, pudiera ser la mujer más *lograda* y feliz del mundo.

Esa niña nos vino a *mover el tapete* a todos en la casa, Verónica, mi hija, también era mi vecina, vivía en una casita al fondo de la privada, era una casa de cuento, muy chiquitita, con una sola recamara, ahora necesitaban otra para que durmiera en ella la nena. Por tal motivo, se debían de cambiar de casa. Fue la peor noticia que me hubieran podido dar. Su marido había conseguido una casa allá por la carretera a Cuajimalpa. Si así, viviendo tan cerca, no veía, debido a mi trabajo, a mi nieta tan seguido como yo quería, pues ahora no la vería nunca, pues yo vivía en el Sur de la ciudad y no manejaba tan lejos. Cuando me lo dijo, las dos nos pusimos a llorar, jamás pensé que nos podría pasar algo así, estábamos tan unidas y felices, y a partir de ahora nos deberíamos separar. Entonces pensé que algo teníamos qué hacer.

Se me ocurrió la idea de vender mi casota, la cual, para mi marido y para mí ya era muy grande, comprar un terreno y hacer tres departamentos: uno para ella, otro para cuando mi hijo se casara y otro para nosotros. La peor noticia fue que nos enteramos que por este rumbo ya no dejaban hacer proyectos como ése. No teníamos mucho dinero ahorrado, pero sí el suficiente para abonar el enganche para otra casita, en alguna privada que quedara cerca de la mía. Visitamos muchísimas, pero nada que pudiera estar al alcance de nuestras posibilidades. Por fin encontramos una nueva urbanización cerca del Desierto de los Leones. Era una colonia toda cercada, donde se ubicaban alrededor de cien casitas, tenía una casa club con piscina y un pequeño gimnasio.

Mi hija me dijo:

−Vamos a estar como a quince minutos de distancia entre casa y casa, es muy buena oportunidad, gracias mamá.

Entonces pensé, si vendo mi casa, puedo comprar la de Vero al contado y dar el enganche de dos casas más: una para Gabo y otra para nosotros. Fue la primera vez que pensé en vivir juntos pero no revueltos, esa era la solución. Regresamos a mi casa para darle la sorpresa a mi marido, él nos pidió que lo lleváramos a ver las casas. Lo vimos muy serio durante todo el recorrido de regreso, cuando llegamos a comer a la casa, nos dijo:

–De ninguna manera me parece una buena idea. Primeramente, el conjunto habitacional está muy cerca de las vías del tren; en segunda, estaríamos junto a un panteón; en tercera tu mamá –se dirigió a Vero–, no puede vivir en un lugar con tantas casas ni gozar del club y gimnasio. En cuanto los vecinos sepan que ahí vive La Chilindrina no la van a dejar vivir tranquila, respiró profundamente, nos abarcó con la mirada y continuó:

–Para una chica como tú que empieza a vivir está bien, pero para tu mamá, que ha pasado toda su vida trabajando como *loca*, y yo que he ahorrado hasta el último peso… No me parece justo. Tu mamá se merece una casa como ésta, o mejor, el único *pero* que le ponemos a nuestro castillo es que es demasiado oscuro y hace mucho frio, pero hasta ahí.

Le respondí muy desilusionada.

–Gabriel, si primero estás pensando en mí, te lo agradezco, pero mi felicidad es estar cerca de mi hija.

Le pedí que nos acompañara a otra privada que nos había gustado. Aunque yo sabía que vendiendo mi casa sólo podríamos dar el enganche de cada una de las tres y echarnos una deuda de no sé cuántos años. Nos acompañó a Avenida Contreras, apenas estaban empezando la construcción de las casas, las cuales por cierto eran bastante grandes, más grandes que la que habitábamos actualmente. Sólo estaba la casa muestra, por supuesto le encantó, lo malo era que la calle era muy transitada, de doble circulación, y además no había banquetas todavía. Pero lo que más le gustó era que teníamos, afuera de la privada, estacionamiento para visitas, y adentro, cada casa contaba con estacionamiento techado para dos autos, y cabían otros dos, pequeños, en hilera. A las casas les entraría el Sol a todas horas, contarían con una escalera muy ancha y un domo hermoso. Por la entrada del garaje llegabas a un sótano enorme, el cual se podría acondicionar como sala de juegos, de billar, o una biblioteca o una *egoteca* para La Chilindrina. Además tenía un baño *monísimo* y un jardín bastante grande. Subías al primer piso y había una sala comedor muy amplia, con un pequeño despacho o estudio, un baño para visitas y una cocina inmensa donde cabría un antecomedor de muy buen tamaño. Las ventanas daban al jardín y a un invernadero que había atrás. O sea que la vista eran puros árboles, flores y ardillas. En el tercer piso habían tres recámaras: la principal con un *walking closet* y un baño gigante, las otras dos con un closet bastante grande y con baño privado, y por si fuera poco, había un pequeño estudio para ver televisión.

Para nosotras esas casas era un sueño, pero imposible de comprar ni una sola, porque vendiendo mi casa no alcanzábamos a comprar ninguna. Le dimos las gracias a la vendedora y nos fuimos a nuestro castillito frio y con poca luz, la verdad donde vivíamos era una privada preciosísima, entrabas y parecía que estabas en Europa, eran once castillitos, todos diferentes, tipo inglés. La sala tenía un vitral de siete metros de altura y parecía como de iglesia, preciosísimo, la privada estaba llena de árboles y contábamos con unos vecinos maravillosos, pero sin mi hija, nada iba a ser igual.

Llegamos a casa los tres muy tristes, pensando que el sueño de mi vida de estar juntos los *cuatro gatos* (Gabo, Vero, mi marido y yo) no iba a ser posible de realizar. Nos sentamos en la sala, eran aproximadamente las tres de la tarde y empezamos *a botanear*, con chicharrón, quesito, tostaditas, guacamole y un tequilita para mi marido. Al rato, mi hija, que es *tequilera*, se sirvió uno, a mí me cae muy mal el tequila, sólo tomo un vino blanco espumoso italiano llamado *Ásti spumanti*, también me gusta un vino californiano llamado *White Sinfandel*, pero como no teníamos en casa ninguno de los dos pues, casi obligada por mi hija, (que sea para menos, ¿verdad?), también me tomé un tequilita, en lo que yo me bebí uno, mi hija se tomó tres y mi marido seis. Cerca de las seis de la tarde todavía seguíamos comentando lo lamentable del asunto de las casas, al verme llorar, mi marido no aguantó *mi tango* y dijo:

—¡Total!, para qué sirven mis ahorros y esta casa, mañana mismo compramos las tres casas aunque nos quedemos con una mano atrás y otra adelante. Lo importante es que *mi vieja*, a quien adoro, ¡sea feliz!

Verónica y yo saltamos de alegría. Lo besuqueamos, le dijimos que era el mejor padre y esposo del mundo. Comenzamos a hacer preparativos, queríamos cambiarnos al día siguiente.

Al otro día fuimos a ver a la vendedora, y entonces, la que no cabía de alegría era ella. Con lo que teníamos sólo nos alcanzaba para dar el enganche de las tres casas, lo bueno es que apenas las estaban construyendo. Pusimos en venta nuestro castillito, tardó en venderse, cuando lo logramos, pagamos en su totalidad la casa de Verónica, y dimos otra cantidad de dinero para el pago de la nuestra. Nos cambiamos sin tener un centavo como soporte. Eso sí, seguimos trabajando como locos y terminamos de pagar nuestra casa. Ahora, sólo nos faltaba pagar la de mi hijo, no nos apuraba tanto porque todavía no se le veían *trazas* de casarse, pero cuando a finales de 2001 le entregaron su casa tan bonita, entonces se animó a casarse, y así lo hizo el 2 de febrero de 2002. Entonces casi todo fue felicidad, y digo casi, porque estábamos pobres aunque no lo pareciéramos. Teníamos un departamentito en Acapulco, por los rumbos de Caleta, daba hacia la isla La Roqueta, allá donde se emborracha el burro, para llegar al departamento se pasaba por una parte muy fea y peligrosa. Y además, como no teníamos acceso a la playa, mi yerno, siempre que íbamos, inventaba llevarse a mi hija y a mi adorada nieta a casa de su mamá, porque estaba a media cuadra de la playa. Yo me ponía *verde* de coraje cuando eso pasaba, porque tenía muy poco tiempo para estar con mi nietecita, y él se la llevaba sábados y domingos.

Por fin llegó el día esperado de la súper boda de mi hijo Gabriel con su novia de toda la vida: Marcela García Ramos. La boda fue en Acapulco, en la casa de los *Barones de Portanova*, una de las casas más bellas y lujosas de Acapulco. Una de las revistas más prestigiosas del jet set, dijo que estaba catalogada como una de las diez residencias más hermosas y lujosas del mundo (afortunadamente no nos tocó a nosotros pagar nada, todo lo pagó el papá de Marcelita), la verdad echaron la casa por la ventana, y no sé cómo le hicieron porque no son millonarios, sino gente como nosotros que nos gusta vivir bien y disfrutar la vida. Los papás de Marcela tienen grandes amigos muy importantes, creo que por medio de ellos consiguieron la casa. La boda fue fastuosa y maravillosa, se publicó en casi todas las revistas de México. Nosotros estábamos felices porque trabajamos como *locos* y ya habíamos acabado de pagar la casa de Gabriel. Por fin estábamos descansando, ya libres de deudas.

Dos años después nació mi segunda nieta, y vivimos lo mismo, el disfraz de *pitufo*, la misma cámara, el mismo doctor, las mismas enfermeras, el mismo marido (ahora un poco más valiente), la misma hija, pero no la misma abuela, ahora ésta, ya estaba experimentada en partos. Me encontraba igual de feliz y nerviosa, pero ya sabía qué hacer, comencé a grabar, pero ya llevaba un pedestal, luces y camarógrafos, jejeje, lo de los camarógrafos no es cierto.

En el nacimiento de mi segunda nieta no hubo ninguna complicación, también nació por vía de la cesárea, pero ahora todo estuvo tranquilo. La felicidad flotaba por todo el quirófano, y ésta, recibió con júbilo a: Andrea de las Nieves. Sentía como si esta nena fuera toda mía, por aquello de, de las Nieves, me pareció lindo de parte de mi yerno, quien me quiere mucho, el detalle del nombre, porque fue a él a quien se le ocurrió bautizar, a su ultima nena, con el tercero de mis nombres. Ya mi hija tenía su familia completa y era muy feliz.

Pero siguió la *mata dando*, a los dos años de casado, mi hijo Gabriel, y por supuesto, su esposa Marce, me premiaron con mi primer nieto hombre: Gabriel tercero. Era igualito a mi hijo, o sea, se parecía a mí. Desde bebé siempre fue un niño súper inteligente y súper inquieto.

Dos años después… Nació mi clon. Mi adorable nietecita se llama Luisa, y desde que vio la luz en esta vida, era idéntica a mí. Aunque berreaba igual que La Chilindrina. Ella, todo el día canta y dibuja; estudia baile y patinaje sobre hielo, es vanidosa como buena fémina pues se ve en el espejo un minuto sí y otro también. Cuando no estoy en casa, mis tres nietas se ponen mi ropa de actuación, y entonces, bailan y corren, por toda la casa, con mis tacones puestos.

Pensé que con cuatro nietos había acabado de *abuelear*, pero qué equivocada estaba. Pasaron cuatro años y nació el último: Jerónimo, es el único que salió parecido a la familia de mi nuera, los García Ramos, algo les debíamos dejar siendo tan buenas personas, pero mejores consuegros. Es un ángel de bebé y nos trae con la baba escurriendo a todos.

En fin, he sido una abuela muy *prolífera*, pero más… Afortunada, Dios me premió porque me encantan los niños. ¡A mis cinco ángeles-nietos sólo me queda decirles que los adoro por igual!

# Capítulo XXXII

## Qué sucedió con Chespirito

Pensé en dejar este relato hasta el año 2000, pero el devenir de los acontecimientos me ha hecho cambiar de opinión. Según yo, ya nada importante e interesante podría sucederme, pero como dice la canción: *la vida te da sorpresas, sorpresas te da la vida.*

Siempre he pensado que todas las cosas importantes se deben realizar en el momento oportuno. Cuando terminé la primera parte de este libro, no creí pertinente buscar a la persona adecuada para que puliera mis ideas, corrigiera los errores de estilo, editara y publicara mi vida. ¿Por qué? Porque Chespirito se encontraba delicado de salud y pensé que le podrían afectar todas las cosas, absolutamente ciertas, que escribí acerca de Florinda. Aunque no lo crean, quiero muchísimo a Roberto Gómez Bolaños, lo respeto, le guardo un enorme agradecimiento y deseo su felicidad como él la quiera y con quien anhele compartirla.

En estos últimos trece años, me han ocurrido grandes sustos, pero sobre todo, enormes desilusiones. Así las cosas, mis hijos me hicieron cambiar de opinión, pues me estaba deprimiendo por todo lo que sucedía a mi alrededor y qué mejor desahogo que escribir. Además, me convencieron de que no me debería quedar callada más tiempo. Con ustedes, queridos lectores, tengo la obligación de contarles mi versión de los hechos.

A finales del año 2000, realicé una gran temporada de circo con los *Espectaculares Fuentes Gasca* en Buenavista, Buenavista, Buenavista. Invité a ver el espectáculo a Rosy Ocampo, una de las mejores productoras con las que cuenta Televisa. Al terminar el *chou*, Rosy me dio una gran alegría, pues me propuso que hiciéramos un programa infantil, el cual se llamaría *El circo mágico de La Chilindrina*.

—Me ha encantado todo lo que haces en las pistas. Me parece que puede funcionar para la televisión, ¿qué te parece? —dijo Rosy contenta.

¡Qué me iba a parecer!

—Magnífico —le contesté.

—Entonces debes concertar una cita con el licenciado Benítez. Él se ocupa de tener en orden los derechos legales y de autor de los personajes que aparecen en la televisión. Porque debemos producir una gran cantidad de artículos comerciales con la imagen de La Chilindrina.

La cita se concertó para el jueves. Llegó el día. Me presenté con el Lic. Benítez con el título de propiedad de La Chilindrina y del nombre artístico. Él me pidió que hiciera un convenio con sus abogados para registrar a La Chilindrina y de esa manera comenzar a producir cuadernos, cerámica, juguetes, ropa y un largo etcétera. Llevar a cabo esos registros tenían un costo considerable, yo no tenía dinero suficiente para hacerlo, el licenciado me tranquilizó diciendo:

—No se preocupe, cuando me refiero a mis abogados, realmente son de Televisa, ellos harán todo y será totalmente gratuito. ¿Le parece si nos vemos el martes? Cito aquí en mi oficina a los abogados. Usted trae estos mismos documentos que me ha mostrado.

—Por supuesto —respondí esbozando una sonrisa.

Al regresar a mi casa estaba feliz, al fin tantos años de espera, trabajo y constante preparación, daban sus frutos. Le platiqué a mi hijo Gabriel lo sucedido, él me comentó:

—Mamá, no tienes porqué molestar a la gente de Televisa. Un vecino de mi empresa, es uno de los mejores abogados de registros de derechos de autor. Se lo digo y te aseguro que nos da crédito para pagarle, ¿cómo ves?

El viernes le llevé los documentos al abogado y el lunes ya tenía todos los registros necesarios y pensé que el mundo era mío. El martes por la mañana le hablé al licenciado Benítez para comentarle que en ese momento salía a verlo y que le agradecía el favor, pero que ya no sería necesario que citara a los abogados pues yo ya tenía todos los registros en regla. Se escuchó un silencio de aproximadamente quince segundos, de repente escuché la voz del licenciado:

—Por favor traiga todos los documentos, debo de revisar que realmente estén en regla.

Salí rumbo a la empresa, ese martes pensé que era uno de los días más felices e importantes de mi carrera… Pero no, fue uno de los más terribles, me sentí manipulada y frustrada.

Llegamos, mi marido y yo, a la oficina del licenciado, nos sentamos en uno de los sillones de la sala de espera, y comencé a rezar, como lo hago siempre que voy a participar en una reunión de trabajo importante. Suspendieron mis oraciones unos estruendosos gritos que salían de la oficina de Benítez, cinco minutos después salió Roberto Gómez Fernández, hijo de Chespirito, *echando chispas*, enrojecida la expresión de su cara y bufando como toro de lidia. Inmediatamente nos percatamos de que algo estaba mal. Un minuto después Benítez nos hizo pasar, estaba extremadamente pálido y sudando. Caminaba molesto por toda su oficina, nunca se sentó. Me pidió los papeles, los miró rápidamente, pero el suficiente tiempo para darse cuenta de que todo estaba en orden y ya no tenía más nada qué hacer. Mis registros estaban en regla pues se habían hecho con todas las de la ley. Dios me ayudó a salvar a mi Chilindrina, porque, ¿qué hubiera pasado si le dejo los documentos como me lo había solicitado? Probablemente estaría contando otra historia. Por supuesto, Benítez nos dijo que había serios problemas y que sería muy difícil llegar a una negociación.

Salí llorando de la oficina, me puse lentes, mi marido me abrazó para consolarme. Casi llegando al estacionamiento nos alcanzó el hijo de Chespirito, me comenzó a insultar, a decirme una serie de infamias y me advirtió que no se me ocurriera incluir en mi show la canción ¡*Qué bonita vecindad!*, la cual acababa de grabar en mi último disco como un homenaje a su papá.

–Me sorprende lo que me dices, pues antes de grabar el disco se lo comenté a Chespirito y le pareció una buena idea. Cuando salió a la luz, se lo regalé a tu papá, la prensa tomó fotografías del evento y nadie dijo nada.

Él, iracundo, me respondió:

–No dijimos nada porque mi papá creyó que sólo grabarías ocho o diez discos y no pondrías ninguno más a la venta.

–¿Cómo pueden creer eso? ¿Acaso no saben lo que cuesta producir un disco?

Gabriel, que hasta ese momento no había hecho nada, tomó la acertada decisión de rodearme por los hombros y dirigirme a nuestro auto.

Como a las dos semanas, Roberto Jr., me llamó y me citó en su oficina para hablar tranquilamente. Mi esposo no quiso acompañarme para evitar alguna pelea o algún rato desagradable. Al hijo de Chespirito nunca lo había visto, como el energúmeno en que se convirtió unos días antes, sino como un chico adorable, a quien vi crecer al igual que a sus hermanas, y a todos los consideraba como de mi familia.

En la reunión cuide muy bien lo que yo decía, porque podría asegurar que estaba grabando la conversación. Voy a tratar de relatarles, lo más fielmente posible, aquella plática.

*Roberto*: te mandé llamar, porque debes saber que mi papá ya no quiere que uses el personaje de La Chilindrina.

*Tony (yo)*: ¿estás loco?, ¿qué estás diciendo?

*Roberto*: que tú te robaste a La Chilindrina. Aprovechándote que papá es muy bueno y no sabía que estaban sin registros los personajes porque a mi tío Horacio se le olvidó refrendarlos.

*Tony*: Yo le pedí permiso a tu papá para grabar el disco de *Aquí está La Chilindrina*, él se negó rotundamente, así que fui a la oficina de derechos de autor a registrar el personaje de *La Chilis*, como bien sabes, así también me conocen los niños. Allí me dijeron que podía registrar a La Chilindrina, pues los registros prescriben a los cinco años y los de los personajes de *La Vecindad de El Chavo* llevaban 15 años sin ser renovados. Me pidieron que demostrara que al menos llevaba 15 años interpretando al personaje, como te haz de imaginar, eso no me costó trabajo hacerlo pues tres años antes de que comenzara *El Chavo* la caracterización siempre fue mía. Para que te des cuenta, y se lo comentes así a tu papá, de mi buena fe, en derechos de autor me dijeron que podía registrar como de mi propiedad a todos los personajes de *La Vecindad de El Chavo*, por supuesto no lo hice, porque no soy una ratera como me lo estás diciendo. A mí sólo me interesaba La Chilindrina y fue a quien registré. De haberlo hecho de otra manera, en este momento yo sería la multimillonaria y no ustedes.

*Roberto*: –Hablándome como si no hubiera escuchado lo que acababa de decirle–, arremetió –: pues te sugiero, para que no tengas problemas, cites a una conferencia de prensa, y delante de todos los periodistas, de rodillas, le pidas perdón a mi padre y le devuelvas todos los documentos que tienes del registro del personaje. Sino lo haces así, contrataremos al mejor abogado, buscaremos algo que hayas hecho mal, cualquier mínimo error, por esa hendidura nos meteremos y recuperaremos a La Chilindrina.

*Tony*: ¿y si lo hago, podré seguir trabajando como La Chilindrina?

*Roberto*: eso ya lo veríamos.

*Tony*: perdóname que me gane la risa al escucharte. Eres un iluso, Roberto. Dile a tu papá que si quiere use a La Chilindrina como mejor le convenga, yo la usaré como quiera.

*Roberto*: de ninguna manera. Es más, ¿cuánto dinero quieres por La Chilindrina?

*Tony*: La Chilindrina no tiene precio. Además, tu papá y yo nunca hemos tenido que arreglar nuestras diferencias con dinero. Si él la quiere usar, no le cobro ni un centavo, por supuesto, si yo la utilizo, de hoy en adelante no le pago nada. Porque yo tengo y seguiré teniendo todos los derechos.

*Roberto*: eso lo veremos.

*Tony*: salúdame a tu papá, y dile, aunque no lo creas, que siempre lo querré mucho.

Así terminó la conversación. Salí sin más ni más, llegué al estacionamiento, me subí a mi automóvil y me marché. Durante todo el trayecto fui pensando cómo Horacio, hermano de Chespirito, al principio de mis giras me cobraba cuarenta por ciento de mi sueldo para darme permiso de trabajar, o sea, para usufructuar el personaje de La Chilindrina, argumentando que al final del año, ese dinero se repartiría entre los demás compañeros del elenco pues ellos no trabajaban tanto como yo, porque sus personajes no eran tan populares (nunca supe si así lo hizo). Con el sesenta por ciento, mi marido, quien fungía como la empresa, debería de pagarle a la ANDA, a los músicos, bailarines, y a mí, además debía sacar lo de la producción. Esos gastos deben de constar en los archivos de Humberto Navarro, pues él fue quien nos contrató para trabajar en el Hotel Continental. Dos años después comencé sólo a pagarle, a Horacio, diez por ciento de mis contratos, pero eso fue durante ¡veinte años! En descargo de él, en los últimos años, cuando se dio cuenta de lo poco que ganaba en el circo, ¡sólo me cobraba diez mil pesos a la semana! Creo que Chespirito nunca supo eso, aunque Horacio Gómez Bolaños siempre dijo que ese dinero era para su hermano.

Llegó el momento que temía, Chespirito presentó una demanda para anular los derechos. No sé si estaba bien asesorado pues según la ley, cualquier persona, y no solamente yo, podría registrar a los personajes si los registros no habían sido renovados, sólo con comprobar fidedignamente que habían interpretado a los mismos.

Cuando me llegó la demanda, fue tan fuerte la desilusión que la presión arterial se me subió a 120-200, empecé a sudar frío, me dolía mucho la cabeza, me sentía *rara*… Muy mal. Me llevaron al hospital *Médica Sur*, me internaron inmediatamente en Urgencias, me colocaron cualquier cantidad de aparatos. Yo sólo sentía un zumbido que me taladraba la corteza cerebral, y aunque no lo crean, sentí como si mi alma se desprendiera de mi cuerpo y llegara al techo… No tenía miedo de morirme. Entre penumbras vi a mi hija Verónica en cuclillas, tapándose la cara con ambas manos para que no la vieran llorar; a mi adorado Gabriel quien estaba de espaldas a mí, viendo hacia la pared, para no mirar lo que estaba sucediendo, y a mi querido amigo el doctor Arriaga sólo le veía mover la boca, sin escuchar lo que decía, me imagino que daba órdenes a las enfermeras y a sus médicos asistentes pues todos se movían de prisa. Después, no recuerdo qué sucedió, si me desmayé o me inyectaron algún somnífero. Cuando desperté ya estaba en terapia intensiva, me dijeron que ya había pasado lo más grave, pero que había estado a punto de un ataque cardíaco. Tres días después me pasaron a mi cuarto, y al octavo día me dieron de alta. Salí prescrita con diez medicamentos, uno, *Tenoretic*, lo tomo hasta la fecha pues es el que me controla la presión alta.

Comenzó el litigio y gané en la primera instancia. Ellos ganaron la segunda. Yo gané la tercera. Mientras ellos estaban tranquilísimos, nosotros estábamos apuradísimos con los gastos que conllevaba el juicio y con la presión que ejercía la prensa, porque cada vez que me presentaba en un espectáculo, las preguntas sólo rondaban sobre el tema de la demanda: ¿cómo se siente después de esta desilusión?, ¿Chespirito fue quien interpuso la demanda?, o ¿fue Florinda, quien por envidia quiere terminar con su carrera? Siempre me salía por la tangente, porque nunca me ha gustado hablar de mis compañeros de profesión, sin importar lo que sentía dentro de mí.

Cada vez que en la Oficina de Derechos de Autor nos citaban a las partes, Chespirito nunca asistía, iba el abogado en su representación, quien a pesar de ser el defensor de Roberto, siempre fue muy amable y correcto conmigo. En alguna ocasión él me comentó que, estando en una charla con las hijas de Chespirito, Graciela, la mayor de ellas, se había expresado muy bien de mí, dijo que: "La conozco de toda la vida, cuando era pequeña la admiraba muchísimo." Le respondí al licenciado que mis sentimientos eran recíprocos para todos ellos, pero principalmente para Graciela, la exesposa de Chespirito.

Pocos días después de esa audiencia, me habló por teléfono Cecilia, otra hija de Roberto, me pidió una cita, y la invité a reunirnos en mi casa. Me dio mucho gusto verla de nuevo. Charlamos como dos viejas amigas, pero después vino un silencio embarazoso, el cual se resolvió satisfactoriamente pues ella me dijo:

—Tony, por favor olvidemos los malos momentos. Se tiene planeado hacer para la televisión la caricatura de *La Vecindad de El Chavo* y, por supuesto, *La vecindad* no estaría completa sin La Chilindrina.

Sentí que se me salía el corazón de su cavidad y pensé que la pesadilla había terminado. La abracé y le respondí:

—Estoy extremadamente feliz por esta decisión.

Me enseñó un proyecto de contrato, en el cual se estipulaba que ellos me darían un porcentaje de la venta neta del producto, yo sólo debería aportar el personaje. Realmente a mí me hubiera gustado darle mi voz a La Chilindrina, pero no quisieron estipularlo en el convenio. Para concluir, le comenté:

–Cecilia, todo está muy bien, pero de ninguna manera voy a aceptar que tu hermano me vuelva a tratar tan mal y me diga cosas que, además de ser mentiras son muy ofensivas, menos le aceptaré un insulto.

Cecilia se me quedó mirando con cara de asombro.

–¿De qué me estás hablando, Tony?

Ella desconocía por completo lo que había sucedido entre Roberto Jr. y yo. Cuando le conté con lujo de detalles lo ocurrido no daba crédito.

–Te prometo que desconocía que Roberto pudiera reaccionar así, discúlpalo, te lo pido encarecidamente.

A ambas se nos llenaron los ojos de lágrimas y nos volvimos a abrazar.

–No me des ninguna respuesta ahora. Déjame hablar con mi hermano para saber por que obró de esa manera ¿estás de acuerdo?

Se retiró, no sin antes despedirnos cariñosamente. Esa noche no pude conciliar el sueño dándole vueltas al asunto. Al día siguiente regresó Cecilia a mi casa muy contenta, diciéndome:

–Hablé con Roberto. Aceptó que todo lo que dijiste es verdad y quiere disculparse contigo.

Esa ha sido la única ocasión que alguien ha querido disculparse conmigo. No sé qué sentí, creo que pena, me dio vergüenza, como si yo fuera la culpable. Lo único que sí sé, es que no me hubiera gustado estar en los zapatos del hijo de Chespirito, le dije:

–Ceci, no sé cómo voy a reaccionar cuando estemos frente a frente, realmente me dolió mucho cómo me trató. Por supuesto, acepto sus disculpas y espero nunca más vuelva a suceder.

Cecilia le llamó por teléfono a su hermano, le explicó mi posición y me dio el auricular:

*Roberto*: hola Tony, ¿qué me cuentas?

*Tony*: estoy esperando que me des mi llamado en tu telenovela.

Los dos soltamos una carcajada por mi *puntada* y quedamos de vernos en su oficina al día siguiente. Fue una reunión con un poco de tensión, pero se puede catalogar amable. Me comentó que no podrían hacer la serie de dibujos animados para la televisión sin la participación de La Chilindrina. Le respondí que estaba de acuerdo. Me mostró los dibujos y me encantaron, aunque La Chilindrina no tanto, me hubiera gustado más tierna y no con cara de mala, las piernas se hubieran visto mejor más torneaditas pues era lo único bonito de *La Chilis* jejeje. Hicimos las paces con un afectuoso abrazo. Al salir de su oficina había varios periodistas y a quienes les pareció rarísimo vernos juntos. Roberto tomó la palabra y les adelantó la buena nueva: "ahora sólo falta que se pongan de acuerdo nuestros abogados, con lo referente al contrato, para ponernos a trabajar y olvidarnos de asuntos pasados." Yo estaba radiante de felicidad. ¡La Chilindrina saldría en las caricaturas de El Chavo!

Comenzaron las reuniones entre los abogados. Por verdaderas estupideces no se ponían de acuerdo. Mientras tanto, yo no trabajaba ni salía de México esperando el feliz término de las conversaciones, así como la presentación de las caricaturas.

Al poco tiempo, me llamó la persona más linda, amable y encantadora que hay en Televisa: el señor Carlos Moreno. No tenía el gusto de conocerlo, me pidió que tuviéramos una reunión. Llegué a su oficina, al entrar, sentí una paz y una armonía que jamás había experimentado al visitar alguna otra oficina de la empresa. Me recibió con una amplia sonrisa, me extendió la mano y me pidió que tomara asiento, durante un minuto charlamos de trivialidades y después me dijo:

–Quiero ofrecerle uno de los estelares, como la primera actriz que es, de la telenovela *Sueños y caramelos*. Usted tendría el tercer crédito, ¿qué le parece?

Pensé que quería a La Chilindrina como actriz, pero no, él pretendía todo lo contrario a lo que interpretábamos *La Chilis* y yo, se trataba de realizar el papel de una señora de sesenta años, continuó:

–No quiero que se pinte canas, porque usted le dará vida a una mujer del jet set, quien tiene mucho dinero, es muy culta y se llamará: doña Antonieta Monraz.

Por supuesto, le habían llamado Antonieta por mí, entonces respondí:

–Acepto.

No me arrepiento. La experiencia de haber trabajado con Carlos Moreno, de saber cómo se puede tratar bien a los actores, su cortesía, amabilidad y don de gente fue incomparable. Además fue un gratísimo placer trabajar con una vieja amiga y excelente directora: Lilí Garza. A mis compañeros no los conocía, pero terminamos siendo buenos amigos, desde estas páginas saludo a: Manuel Saval, René Stikler, Alessandra, Raúl Padilla *Chóforo*, Polo Ortín y Lalo *El Mimo*, entre muchos otros. La telenovela duró aproximadamente nueve meses y yo seguía esperando el contrato de las caricaturas. Cuando hablaba con Robertito, él le echaba la culpa a los abogados. Cuando lo hacía con mi abogado, él no sabía por qué la otra parte le daba tantas vueltas al asunto.

Terminó la telenovela, yo estaba feliz pero demasiado inquieta. Llegó diciembre, y con él, el *Teletón*. Desde que éste inició, me he sentido parte del proyecto. El creador y director, el señor Landeros, mejor conocido entre sus amigos como *Choby*, es amigo mío. Alguna vez coincidimos en un crucero y nos divertimos mucho. Es un hombre sensacional y maravilloso, es más, les haré una confidencia: si yo tuviera el poder de escoger al Presidente de la República, a él lo colocaría como el mayor Magistrado de la Nación, porque es la persona más justa y buena que he conocido. Bueno, bueno, regresemos a donde estábamos. Termina mi participación en el *Teletón*, paso la *gorra* entre los niños con discapacidad y salgo del escenario. Cuando partíamos del foro, mi marido y yo, me aborda la prensa, se me hizo raro que todos vinieran directo conmigo y dejaran de entrevistar a los demás artistas, entre mí pensé: ¡qué importante soy! Lo que nunca me imaginé es que el mundo otra vez se me viniera encima.

*Periodistas*: María Antonieta, dinos ¿por qué ya no vas a salir en las caricaturas de *La Vecindad de El Chavo*?

*Tony*: ¿Whhhaaattt? Claro que sí voy a participar en ellas. Es más, La Chilindrina está hermosa y se ve muy tierna junto a El Chavo.

*Periodistas*: (ríen), no, en serio, danos tu versión. Ayer fue la presentación de los dibujos animados y nos extrañó que no apareciera La Chilindrina. Así que le preguntamos a Roberto Bolaños Fernández, que cuál era el motivo de tu ausencia y comentó que ustedes no habían llegado a ningún acuerdo porque tú te habías puesto muy *pesada* y no habías querido aparecer en las caricaturas.

Ya no les contesté absolutamente nada. Así, vestida de La Chilindrina me fui a la oficina de Roberto Jr., acompañada de Gabriel. Lolita, su secretaria, me dijo que no se encontraba, pero que lo esperara. Me senté, esperé cinco minutos y él vino hacia mí, le dije:

—Es urgente que hablemos.

—Claro que sí. Aguántame dos minutos, tengo una llamada urgente que hacer.

Me senté. Le dije a mi marido que por favor se fuera a mi camerino, yo lo alcanzaría en cuanto terminara de hablar con Robertito. Lo hice así porque nunca le había visto tal cara de odio a mi esposo y temí que reaccionara de una manera violenta, porque me imaginé, que de haber tenido oportunidad, lo hubiera golpeado.

Esperé dos, cinco, diez, 15 minutos, por fin, cuando el reloj marcó la espera de treinta minutos le dije a Lolita:

—Dile a Roberto que, cuando quiera hablar conmigo se comunique a mi casa o me envíe un correo electrónico, porque jamás volveré a buscarlo. Y si para principios de año no se ha comunicado, (aunque dicen que tengo el logotipo de Televisa tatuado en la frente), me voy a buscar trabajo a otro lado, porque los artistas vivimos de nuestro trabajo.

Corrí hacia mi camerino, llegando me solté a llorar, mi marido me consolaba:

—Esto te pasa por confiada. Es la segunda vez que te lo hacen, espero que sea la última.

Pero no, todavía llegaría una tercera. En cuanto regresé a casa hablé con mis hijos y me tranquilicé. Entonces me puse a pensar: con razón me dieron la telenovela, querían que me mantuviera ocupada, contenta y tranquilita hasta que me dieran la estocada. Seguí pensando, ¿realmente me querían para hacer las caricaturas? Me contesté que sí, sino para qué tanto molestarse y hacerlo público a través de la prensa. Me imagino que cuando le pasaron la propuesta que me hicieron al licenciado Benítez, quien era el de *los dineros*, a él no le debió de haber agradado.

Pasé esa Navidad y el Año Nuevo pensando. Días después del incidente, comencé a tocar puertas en Televisa para saber si alguien me podía dar una explicación lógica de lo que estaba sucediendo. Dos semanas antes, todos los ejecutivos de la empresa me recibían y ahora todos estaban demasiado ocupados para mí. Mi último recurso fue tratar de hablar con el *patrón*: don Emilio Azcárraga Jean. Me animé a llevar a cabo esa última jugada pues un tiempo antes nos habíamos encontrado en la sala VIP de Aeroméxico, procedentes de un vuelo desde París. Cuando lo vi, se me quería salir el corazón, pero con todo y la pena fui a su encuentro, en cuanto me vio se apartó un par de pasos de con quien estaba y me recibió con una sonrisa. A *boca jarro*, le solté:

–Don Emilio, ¿cómo está? Quiero dejar Televisa. Tengo demasiados problemas en la empresa, ya hasta estuve hospitalizada por las presiones.

Él cambió la sonrisa por una mueca muy seria y contestó:

–De ninguna manera puedes dejar la empresa. Tienes el logo tatuado de Televisa en la frente.

Nunca olvidaré esas palabras, continuó:

–Habla con Lucy, mi secretaria, y que te dé una cita. Insiste hasta que nos reunamos.

Le agradecí, pero sabía que lo difícil era encontrarlo en sus oficinas de la Ciudad de México. Varias veces había intentado concertar la reunión, pero nunca tuve suerte. Lucy se deshacía en disculpas y me decía que lo siguiéramos intentando.

–Tú llámame las veces que desees. En cuanto don Emilio esté por aquí, te aseguro que te recibirá.

En esa época de finales de año, es cuando la gente está más ocupada en miles de compromisos, y por supuesto, el señor Azcárraga no era la excepción.

Algo tenía qué hacer para no irme como la servidumbre: sin avisar. La ocasión se me presentó. Carmen Armendáriz me llamó para hacer un show, conmemorando el *Día de Reyes*, en el programa *Hoy*. Fue entonces cuando tomé la decisión más difícil y peligrosa de mi carrera: despedirme al aire de la *(mi)* empresa, la cual me dio vida y me cobijó desde que yo tenía seis años. En donde hice una carrera, con orgullo lo digo… Ejemplar. Nunca llegué tarde. Siempre llevaba los argumentos aprendidos, nunca tuve dificultades con casi nadie ni jamás hablé mal de Televisa, al contrario, siempre me sentí orgullosa de la labor que hacíamos en equipo. En pocas palabras, llevaba sin mancha alguna… 49 años de trabajo fecundo y creador.

Ese seis de enero de 2004, abrió el programa con mi canción *Popurrí con La Chilindrina*, después vinieron los saludos y presentaciones de costumbre. Carmen me dejó hacer *diablura y media* en toda la emisión, la cual terminó con mi musical *Mi amor es de chocolate*, después vino el festejo de conmemoración del *Día de Reyes*, con partida de rosca incluida, así como la apertura de regalos. Tres minutos antes del final del programa pedí permiso para dirigir unas palabras, por supuesto me lo otorgaron pues nadie se imaginaba lo que iba a hacer:

"Quiero agradecer, en primer lugar a Televisa y a los señores Azcárraga, pues con los tres tuve la fortuna de trabajar y los tres me recibieron, cuando fue necesario, en sus oficinas. Asimismo, quiero agradecerle a los ejecutivos de la empresa. Quiero hacer una mención especial para quien me dio la oportunidad de trabajar, me enseñó mucho de lo que sé y formó un grupo maravilloso de trabajo: Roberto Gómez Bolaños *Chespirito*. Ustedes se preguntarán, ¿a qué viene todo esto? Les contesto: porque pienso dejar esta empresa, pues me he dado cuenta, debido a los acontecimientos recientes, que ya no me necesitan y que soy *persona non grata* para algunos ejecutivos. Y como ustedes, querido público, deben comprender, a estas alturas de mi vida no voy a andar tocando puertas en Televisa solicitando trabajo, eso ya lo hice hace más de cuarenta años. Los recordaré y amaré siempre con toda mi alma. La decisión más difícil que he tomado en mi vida, de dejar esta empresa para ir a buscar trabajo a otro lado, la sustento en que debo de trabajar para vivir como lo haría cualquier otro de mis compañeros. Ya no puedo esperar más, llevo un año para que alguien autorice que trabaje aquí interpretando a quien soy: La Chilindrina. Gracias."

A todos los allí presentes se nos salieron las lágrimas, entre ellos estaban, Andrea Legarreta, Ernesto Laguardia, mis viejos amigos los camarógrafos y los demás del staff. Bueno, con decirles que hasta Carmen Armendáriz se unió al llanto, pero no sin antes comentarme:

—Espero que esta decisión no me afecte también a mí. Voy a tener que dar muchas explicaciones.

Afortunadamente, creo que no pasó nada. Es más, para mí que no se enteró nadie pues no recibí ni una sola llamada de alguien de la empresa, para cuando menos decirme: úshala, *úshala*.

Lo único que me apenaba, en verdad, era que ya no participaría en el *Teletón*, porque cada año mi intervención la hacía con mucho cariño. Aunque todavía tenía la esperanza de que mi *problema* con la empresa no interfiriera en la decisión de invitarme, pero ¿qué creen?, *se equivocaron queridos lectores*, sí lo obstaculizó. Lo malo fue que, Luis Mario Santoscoy, nunca supo que no debía llamarme y me llamó. Me puse muy contenta, dejé todo lo que estaba haciendo de trabajo para asistir, pero el mero día me cancelaron el llamado. Entonces sí lloré como nunca lo había hecho, me dio mucho sentimiento y rabia ver que otros canales de televisión sí enviaban a sus artistas a Televisa para apoyar a esta noble causa y a mí no me tomaban en cuenta. Al año siguiente sucedió lo mismo, me llamaron para invitarme, esa vez estuvo peor, pues mi hija Verónica habló directamente con Luis Mario y le contó lo mal que me había puesto el año anterior y que si volvía a suceder, lo más factible era que me volvieran a hospitalizar, porque otro *descolón* de esa naturaleza no lo iba yo a aguantar. Él le ofreció una disculpa a Vero y le aseguró que eso no sucedería. Volví a dejar el trabajo del circo, volé hacia la Ciudad de México, pero ahora no esperé a que me dieran el llamado sino personalmente hablé a la oficina de Luis Mario para saber a qué hora me presentaba y con cuál canción sería mi participación, etcétera. No me tomó la llamada Santoscoy, sólo me mandó decir con Octavio Esquerro, quien era amigo mío, o al menos eso suponía, que la barra infantil que manejaban *Chabelo* y *Tatiana*, habían grabado tres días antes en Guadalajara y que me ofrecían una disculpa pues se les había olvidado avisarme.

Al día siguiente de dejar Televisa, me invitó Paty Chapoy, a su programa *Ventaneando*, para entrevistarme, por supuesto que no dudé ni un instante en ir. Ella se comportó muy cariñosa y respetuosa. Sólo aproveche el espacio para decir la verdad de las cosas. Ya para finalizar, dije:

—Paty, es la decisión más seria que he tomado en mi vida. Siempre estaré agradecida con Televisa por darme la oportunidad de trabajar tantos años en esa empresa.

Me comencé a sentir mal, de la misma manera que la última vez, la presión se me fue al cielo. En verdad, pensé que inmediatamente me ofrecerían propuestas de trabajo, ya fuera en canal 13 o en el 22, o en *Univisión*, o en *Telemundo*, y sí me llamaron ya para finalizar la entrevista con Paty, pero no para ofrecerme trabajo sino sólo para enterarse, por mi boca, del chisme.

Saliendo del canal 13 me fui directamente a *Médica Sur*, me internaron inmediatamente en Cuidados Intensivo Coronarios. En esa ocasión me asusté más que en las otras y me recriminaba que yo sola me hubiera provocado ese estado de alteración, todo era mi culpa. Llena de tubos, agujas, suero, mascarilla de oxígeno, etcétera, pasé los siguientes cinco días, mismos que no pude dormir, sólo pensando en lo que había hecho. No podía hablar con nadie por obvias razones, debía estar en reposo absoluto. Fueron los cinco días más terribles y angustiantes de mi vida, ¿había obrado bien o mal? Cuando me subieron a mi cuarto ya me estaban esperando mi esposo y mis hijos, empecé a llorar, ellos me secundaron, pero me dijeron algo que no olvidaré: "eres muy valiente, hiciste bien y te apoyaremos siempre." En ese preciso momento acabó la duda. Juré que nunca más iba a hospitalizarme por algo relacionado con el trabajo, porque lo más importante era mi familia, en segundo lugar queda todo lo demás.

Continué con mi vida. Seguía pagándole al abogado pero seguíamos en las mismas año tras año. En 2008, llamaron de *Telemundo* para que trabajara en otra telenovela, la cual llevaría el nombre de *Dame chocolate*, por supuesto, nunca acepté ir a hacer *casting* a Miami ni prueba de vestuario ni de maquillaje ni de nada. Aceptaron todas mis condiciones, la más difícil de cumplir fue conseguirme un camerino para mí sola. Nos alquilaron tráileres sólo a Carlos Ponce, Génesis Rodríguez y a mí. Cuando llegué a la primera lectura del libreto, el productor, el director y la escritora se quedaron asombrados al verme, después me comentaron que creían iban a encontrarse con una viejecita, porque interpretaría a una mujer de ochenta años y cuando vieron a una señora de 58 años, con *rayos* en el pelo corto al estilo *punk* y sin una sola arruga, no quedaron más que sorprendidos. Me dio un ataque de risa cuando me lo dijeron, entonces les respondí:

–Con un caracterizador bueno y una peluca blanca seré la viejita que quieren.

Pero para dejarlos más tranquilos, allí mismo, vestida como iba, interpreté tres tipos distintos de mujeres mayores, así ellos podrían escoger cuál querrían que interpretara. Cuando terminé *la audición*, todos se echaron a reír y aplaudieron, en ese momento se les terminó el temor acerca de mí. Ya estaban seguros y tranquilos de que tendrían a su viejecita de ochenta años, sorda y con bastón. Ese año que viví en Miami fue uno de los mejores de mi vida. Les prometo que se me olvidó Televisa y mis demás problemas.

Todos me trataban muy bien, realmente como a una señora octogenaria. Por ello, les contaré la siguiente anécdota: el *script man* era un señor, quien bien podría ser el hijo de doña Dulce Amado, a quien yo interpretaba. Tenía aproximadamente 55 años, con el pelo blanco en una *colita de caballo*, y lentes, era igualito a mi personaje, era tan amable que diario me ayudaba a subir y bajar las escaleras de la mansión. Así pasaron como dos semanas, un día no tuve llamado y llegué al foro en jeans a media pierna, una playera escotada, maquillada como María Antonieta de las Nieves y con una gorra adornada de piedrecillas. Cuando el *script man* me vio y reconoció, corrió hacia mí, se tapó la cara con ambas manos y con mucha vergüenza me dijo:

–Doña María Antonieta, qué gran actriz es usted, le juro que llevo todo este tiempo pensando que es usted una ancianita y resulta que es una chica de cuarenta y tantos y además guapa. Discúlpeme por tratarla así.

Detalles como esos me pasaron muy a menudo. Todos fueron maravillosos compañeros, además de enormes actores. Al principio de la historia, el señor Héctor Suárez hizo una actuación especial de tres capítulos, estuvo genial y me dio la pauta para realizar mi papel de doña Dulce. Él interpretaba a mi hermano, éramos una familia de campesinos y se había ido a los Estados Unidos a probar suerte. No les contaré de qué iba la historia, ahora es muy fácil comprarla o verla por Internet, así que no se pierdan *Dame chocolate*, estelarizada por: Carlos Ponce, Génesis Rodríguez, Cristina Lily, Kotan, Rosalinda Rodríguez, Ricardo Chávez, Karla Monroig, Julie Guiliberti, Riczabeth Zobalbarro, Mauricio Ochman (como estrella invitada) y una servidora. La dirección estuvo a cargo de Luis Manzo y la producción de Jairo Arcila. En Univisión, la competencia, se estaba realizando otra telenovela, la cual llevaba como protagonista a mi gran amigo de toda la vida: Manfredo *Manfre* Shmid.

Les contaré rápidamente mi feliz historia por aquellos lares. Trabajaba de lunes a viernes, el sábado nos íbamos con *Manfre* a cenar a casa de algunos cuates o de compras. El domingo asistíamos a misa de once de la mañana a la iglesia de San Judas Tadeo, allí cantábamos Lucía Méndez, Alondra y yo. Nos subíamos a donde se encontraban el coro y el órgano, de esa manera participábamos en el ritual musical. Después nos dirigíamos a comer, tratábamos de variar los tipos de comida, Alondra y su esposo, Lucía y su hermano Abraham, mi marido y yo. Algunos otros domingos llegábamos a casa de Jairo (mi productor) y su esposa Maryr. En otras ocasiones nos llegamos a reunir en casa de la Maestra Adriana Barraza y *Mocky*, su argentino, precioso *ché* amigo y esposo, allí, en alguna ocasión nos encontramos con Christian Bach, Mauricio Islas, y otros amigos, en algunas otras con Gloria Trevi y su mamá, o con Alan Tacher y su bellísima esposa, quienes siempre estaban acompañados de sus adorables pequeños, éramos aproximadamente como veinte personas las que allí nos reuníamos, sin faltar, Héctor *Adorado* Soberón, su preciosa esposa y su niña, quien parecía una muñeca. Manfredo, mi esposo y yo, nunca habíamos tenido una vida social tan activa ni nunca nos habíamos divertido tanto.

Sólo les contaré una anécdota más de nuestro paso por Miami.

Cuando se cumplen las cien representaciones al aire, de algún programa, en *Telemundo* se acostumbra organizar una pequeña fiesta para conmemorarlo. En ella, cada uno de los integrantes de la producción, actores, staff, etcétera, debe de hacer algo que no realice en la telenovela, por ejemplo, Carlos Ponce cantaría el tema musical de la misma, el cual él interpretó en las primeras emisiones. Otro actor y cantante, de nombre Gustavo, quien tenía un lugarcito bohemio, cooperó con el sonido y cantó. Y a mí, Jairo me dijo que sorprendiera a todos vistiéndome de La Chilindrina y cantara una canción, por supuesto que acepté. La función, en la fiesta, la abrió Carlitos, le siguió Gustavo y después mi marido entró a la pista y me presentó, como acostumbrábamos en el circo, como acostumbrábamos en el circo, y anunció que cantaría *Aquí está La Chilindrina*. Enseguida presentó a mi ballet, eran todas las actrices bellas y jóvenes quienes bailarían conmigo, por supuesto, habíamos ensayado como *locas* durante tres días, yo mandé traer mi ropa del show desde México. Todos estábamos felices, hasta el señor Joe Brown, quien en ese tiempo era el director de *Telemundo* y quien no entendía bien el español. Después, Gabriel y yo hicimos un *squetch* donde salía mi personaje Dulce Amado, como *La bizcabuela*, y la cual interpretó la vestuarista, quien era una chava más loca y animada que yo. Para finalizar, le hago un chantaje sentimental a mi esposo, diciéndole:

—Echo de menos a mis amigos de la vecindad, —él me responde:

—Chilindrina, con la imaginación todo se puede, cierra los ojos e invócalos.

Lo hago y les pido a todos que gritemos mis palabras mágicas: ¡*Qué bonita vecindad!*. Instantáneamente empieza a escucharse la música de ¡*Qué bonita vecindad!* y vuelve a entrar a escena mi ballet, durante la canción comienzo a nombrar a cada uno de mis compañeros de aquel programa y van apareciendo: *Quico*, interpretado por Carlos Ponce; *El profesor Jirafales* lo protagonizó el actor que hacía el papel de abogado en la telenovela; Rosalinda Rodríguez apareció cuando mencioné a *Doña Florinda*; *La bruja del 71*, la encarnó Cristina Lily; a *Jaimito el cartero*, le dio vida otro actor, por desgracia no recuerdo su nombre; Ñoño, lo realizó una actriz gordita y embarazada quien fungía como mi nieta en *Dame chocolate*; al *Señor Barriga*, lo interpretó una chica que salía de sirvienta pero que estaba *llenita*; a mi papá *Don Ramón*, lo estelarizó Ricardo Chávez; a la *Popis*, la actuó Génesis, quien estaba feliz de recibir la oportunidad de trabajar en esa locura; y *El Chavo*, le quedó a la perfección a Mauricio Ochman, quien durante una semana estuvo ensayando, atrás del foro, la pataleta; ¡ah!, se me olvidada, a La Chilindrina, la realicé yo.

Quiero reconocer desde estas páginas, lo grandes actores e imitadores que son todos, si cualquiera de ustedes los hubieran visto, a lo lejos, cantar y bailar, hubieran jurado que eran los actores originales. Fue maravilloso, todos lloramos de la emoción, aquellos compañeros de trabajo pertenecían a *la competencia*, pues aun así, reconocieron que esos personajes eran entrañables y que se sentían orgullosos de haberlos podido interpretar. Yo me sentía, como lo deben de imaginar, feliz. Todos aplaudimos a rabiar, a los demás actores que no les tocó papel, solicitaron que se organizara otra *vecindad* para que tuvieran chance de participar. Los dueños, el señor Brown, el señor Patricio, Aurelio, el productor principal, y Jairo, estuvieron encantados. Asimismo, el consenso arrojó que, de todas las fiestas realizadas para conmemorar cien representaciones, esa había sido la mejor. La telenovela terminó y mi felicidad también.

Pero, la función debe continuar. Me fui a trabajar con el circo a Perú, un país que adoro por lo increíble de su gente y por la exquisitez de su comida, pero me tocó trabajar con un empresario chafa, quien no tenía dinero para pagarme, por fortuna se asoció con una empresa llamada

*Rwana* y ellos a su vez lo hicieron con nosotros, gracias a dicha empresa la gira fue un éxito total, tanto así, que ya llevamos tres años trabajando juntos en varios países de Centro y Sudamérica.

Aprovecho para presumir que en todos los países que hemos visitado, presidentes, gobernadores y alcaldes me han otorgado reconocimiento y me han celebrado homenajes, pero el mejor homenaje que he recibido es el del cariño de mi público. A mediados de 2010, me llamó Mishell Morán, mi representante en las telenovelas, para ofrecerme un papel sensacional, le pedí que le agradeciera al productor, porque para esas fechas ya tenía compromiso con el circo en Ecuador. Antes de dar principio a esa gira, me regreso a México a descansar unos días, entre todos los recados acumulados encontré el de un chico que había trabajado conmigo en el teatro, él era actor, pero por falta de oportunidades se volvió productor. Me puse en contacto con él y me contó lo siguiente:

—Estoy por comenzar una telenovela y dentro de la producción hay un señor argentino que te admira mucho y quiere conocerte. Esto se debe a que presumí que éramos amigos y pues ahora está terco en que los presente.

—No te preocupes. Vengan a mi casa pasado mañana que estaré un poco desocupada.

Llegó el día y yo andaba en *fachas* ni me había arreglado pues estaba haciendo *talacha* en los closets. Cuando bajé, ya estaban sentados en un sillón de la sala, tomando un vaso de agua que les habían ofrecido. Cuando vinieron las presentaciones me quedé asombrada porque mi *fan* resultó ser el productor de la telenovela que me habían ofrecido a través de Mishell, su nombre era Feliciano Torres de ojos azules, los cuales se le llenaron de lágrimas al estrecharme la mano, me soltó y me abrazó por espacio de un minuto. Al separarnos comenzó a decir cosas maravillosas acerca de mí.

Sin falsa modestia les cuento que, en mis presentaciones en el circo, al final de cada función me fotografío con público de todas las edades, y de esa manera tengo la oportunidad de platicar algunos segundos con ellos. Mucha gente oscila entre los veinte y los sesenta años (así es de grande el rango), quien me abraza, llora y me platica todo lo qué significamos para ellos, porque desde su infancia quedaron enamorados, no sólo de mí, sino de todos los personajes de *El Chavo*.

Cuando toqué el tema de la telenovela me dijo:

–No te preocupés. No he venido a tu casa para convencerte. Lo he hecho sólo por el placer de conocerte. Pero sí es una lástima que vos no puedas interpretar a doña Gardenia, porque el escritor, quien también es tu *fan*, la escribió especialmente para que vos le dieras vida.

–Por pura curiosidad, ¿de qué va la novela?

Me contó a grandes rasgos la trama, pero cuando me dijo de qué se trataba el papel de doña Gardenia… Me enamoré de Feliciano, del escritor, de Gardenia, de la telenovela y dije:

–Tengo que hacerla. Pero como bien sabes ya estoy comprometida, con dinero adelantado y todo, para hacer la gira con el circo en Ecuador. Mishell me dijo que comenzarían a grabar en noviembre ¿verdad?, pero llego a México hasta principios de diciembre.

–¿Verdaderamente querés estelarizar a doña Gardenia? Si es así, te podríamos esperar.

Dios nunca me abandona, cada día lo tengo más claro. Así que, el 12 de diciembre de 2010 comencé a realizar, en la telenovela *Amar de nuevo*, el mejor papel que me han dado después de La Chilindrina… A doña Gardenia. El día que llegué al foro me presentaron al escritor, otro pelón argentino, más o menos como de mi edad, al verme, igual que a Feliciano, se le llenaron los ojos de lágrimas, cabe decir que a mí también, como es muy alto me subí en una escalera para alcanzarlo y darnos un fraternal abrazo, al oído le murmuré:

–Gracias, de verdad muchas gracias.

–¡Qué va! Las gracias te las debo dar yo a vos, así como al pibe por convencerte.

Él se llama Enrique Torres y es el padre de Feliciano, además de uno de los mejores escritores de la Argentina. En México escribió la telenovela *Al diablo con los guapos*. Después de muchos besos y abrazos me comentó:

–Cualquier cosa que vos querás cambiar al libreto para mí estará perfecto, yo sólo quiero que vos trabajés a gusto, solamente deseo verte feliz.

Si durante el rodaje se me ocurría algo, inmediatamente se comunicaban con Enrique a Los Ángeles, él vive allá; la respuesta, invariablemente era la misma: "que hagás lo que vos querás".

Doña Gardenia era una mujer de mi misma edad, pero más *loca* que yo. Le decía a todo el mundo que de joven había sido actriz y cantante, que a ella la trataron de imitar vedettes de todo el mundo, de la calidad de: Rosita Fornés, Sarita Montiel, Libertad Lamarque y hasta *La Doña*. Lo peor de todo es que cada vez que hablaba de alguna de ellas se ponía peluca y disfraz, y las interpretaba cantando y bailando. Por supuesto, ni cantaba ni bailaba bien, pero ella se pensaba lo máximo, además se lo tomaba muy en serio pues ya se había creído sus propias mentiras de tanto repetirlas. Esa era su vida imaginaria, en la vida real tampoco era nada cuerda, decía que muchos de los grandes actores de aquella época se habían enamorado de ella, pero Gardenia sólo tuvo un gran amor: el cacique del pueblo, pero aquel hombre era casado y siempre le mintió diciéndole que se divorciaría para casarse con ella. Por supuesto eso nunca lo cumplió.

En la historia pasan cosas interesantísimas, las cuales, por supuesto no se las contaré, para de esa manera los obligue a ver la telenovela *Amar de nuevo*. Lo único importante y que me interesa sepan, es que me divertí horrores con mis compañeros y con el *staff*. Lo malo fue que, mientras grababa, mi hermano Sergio falleció en Acapulco y no pude estar con él para despedirlo. Asimismo, mi marido, Gabriel, quien siempre me acompaña a lo que estoy haciendo, comenzó a sentirse mal una de aquellas heladas noches, empezó a faltarle el aire y a ahogarse. Le hablé a mi hijo para pedirle me enviara un chofer, y así, poder llevar a su papá a *Médica Sur*, inmediatamente lo internaron y le administraron oxígeno, eso fue aproximadamente a las dos de la mañana. Para llegar al llamado, tenía que trasladarme durante dos y media o tres horas, porque *Argos*, la empresa para la cual grababa la telenovela, se encuentra en el Norte, tan lejos estaba, que tuvimos que rentar un pequeño departamento por el rumbo de Tlalnepantla, a la vuelta de la empresa. Las cuatro veces que estuvo *mi viejo* internado, estuve todas las noches cuidándolo, sólo dormía, en el auto, durante el trayecto del hospital a *Argos*. Pobre de Gabriel, lo daban de alta y a los 15 días ya estábamos de regreso. Las dos primeras veces le diagnosticaron Neumonía. Le realizaron todos los estudios habidos y por haber, le cambiaron, no sé cuántas veces los medicamentos, lo auscultaron cualquier cantidad de especialistas, todos le encontraban cosas

distintas y al final nunca supimos, a ciencia cierta, qué fue lo que tuvo. Pero él no fue el único, todos los que participamos en la telenovela nos enfermamos, lo más común de bronquitis, varias veces fui a trabajar con fiebre de cuarenta grados.

Acabó de grabarse la telenovela, a *mi viejo* lo dieron de alta definitiva, con permiso y bajo prescripción médica podríamos viajar a Perú para presentar un nuevo show: *El circo que viene y va*, en cuatro días, antes de partir al país de los Incas, teníamos que montar tres coreografías nuevas, una era un popurrí de *rock and roll*, muy movido, y en el cual se hacían cinco cambios de vestuario, estaba feliz de volver a estar en movimiento. Fue un lunes cuando tuve que ir sola a una entrevista, Gabriel siempre me acompañaba, pero todavía estaba convaleciente, me iba a reunir con mi gran amigo, actor, director de doblaje y con maestrías en no sé cuántas cosas: Salvador Najar, más que entrevistarme charlaríamos como si estuviéramos en la sala de una casa. Como me *choca* hablar por teléfono, eché el celular en mi bolso, el cual más bien parecía talega y éste se fue hasta la parte inferior. Sorda que estoy, no lo oí sonar en toda la tarde, la conversación duró aproximadamente cuatro horas. Najar y yo llevábamos casi treinta años sin vernos, así que nos pusimos a *echar chal* bien y bonito, hablamos acerca de nuestra niñez, de cuando él doblaba a *Rin tín tín*, más bien al niño dueño del perro, no vayan a pensar que Salvador decía *gua gua gua*. Estando en la charla llegó Amparito Garrido, quien dobló a *La Cenicienta* en la película de Walt Disney, otra gran amiga y compañera. En fin, me la pasé sensacionalmente, mientras que mi marido se moría de la angustia pensando que algo me había pasado pues no contestaba el teléfono, la inseguridad era terrible en nuestro México, y Gabriel elucubró quién sabe cuántas cosas malas. Cuando me subí al auto, para regresar a casa, busqué el celular y le llamo a mi adorado Gabriel, cunado contestó oí que apenas podía hablar y me asusté mucho, él comenzó a llorar y no entendí lo que me decía, le dije:

—Gaby, cálmate, voy rumbo a casa, estoy bien, hablamos cuando llegue ¿te parece?

Afortunadamente me llevaba un chofer, sino, a las once de la noche y tan nerviosa creo que no hubiera podido manejar. Llegué a casa y encontré a Gabriel casi sin poder hablar, se estaba ahogando, le quise poner el oxígeno y me dijo que no porque lo sentía muy frío, traté de ponerle el nebulizador y fue peor, le pregunté:

—¿Quieres que te lleve al hospital?

Asintió moviendo la cabeza de arriba hacia abajo.

—¿Quieres que le llame a Gabrielito para que nos acompañe?

Nuevamente volvió a asentir con la cabeza, pero ahora de manera desesperada. En ese momento sentí como si me dieran un mazazo en la cabeza, sentí que me desplomaba como si me hubieran desenchufado (fue un sentimiento muy raro), no podía hablar ni moverme, me dolía todo el cuerpo, estaba como paralizada, es más, no recuerdo cómo fue que llamé, por teléfono, a mi hijo a su casa para que viniera por su papá. Creo que me pasó todo eso porque Gabriel jamás había querido que le llamáramos a su *bebé*, para no asustarlo; cómo se debería de sentir que ahora sí lo permitió. Cuando llegó a casa Gabito, vio tan mal a su papá, que casi lo cargó para subirlo al automóvil, acto seguido me pidió que me subiera en el asiento trasero, le contesté que no iría, mi hijo no me pidió explicaciones de por qué, sólo me dijo que lo llevaría al *Hospital Ángeles* porque quedaba a unas cuantas calles de la casa y se marchó. Cuando se fueron pensé que no volvería a ver a *mi viejito*, no porque él se fuera a morir, sino porque me moriría yo primero.

Aproximadamente a las tres de la mañana me habló mi hijo y dijo:

—Mamá, no te preocupes por papá. Ya lo checaron varios médicos, está muy bien, todos concuerdan en que lo que le dio fue un ataque de pánico al pensar que algo malo te había pasado. Así que lo darán de alta en un par de horas.

—Gabriel, por favor intérnalo. Yo no lo puedo cuidar.

Creo que en ese momento, a mi hijo, como se dice coloquialmente: *le cayó el veinte*. Porque era muy extraño que, por primera vez en cuarenta años, yo no estuviera presente para cuidar y consentir a su papá como siempre.

Al día siguiente, cuando mi hijo fue por mí para llevarme al médico del *Hospital Ángeles*, donde estaba internado mi Gabriel, me preguntó:

—¿Cómo pasaste la noche?

No supe qué contestarle. Porque no me acordaba si había dormido o me quedé de pie toda la noche. No recordaba si me había bañado sola o mi *muchacha* me había ayudado. De lo único que estaba segura es que me dolía todo el cuerpo, desde la punta del cabello de la cabeza hasta las uñas de los pies, como si tuviera el cuerpo cortado, pero a la centésima potencia de cuando uno tiene gripe. El doctor me examinó y me diagnosticó: fibromialgia, enfermedad dolorosísima provocada por tensión nerviosa prolongada. Hasta ese momento reparé en que llevaba casi cuatro meses sin dormir bien, preocupada por la enfermedad de Gabriel y por estar estudiando los diálogos de la telenovela. Fue por ello que, cuando la noche anterior vi a mi esposo ahogándose, mi cuerpo ya no soportó la tensión y se derrumbó, de ahí que me pusiera tan grave. Los médicos me dijeron que esa enfermedad, tan poco común, podría tardarse en sanar meses, tal vez años o no hacerlo nunca. La única solución era tratarse con un siquiatra, tomar antidepresivos y un analgésico fortísimo.

Pero además, existía ya otro problema, era sábado y el debut en Perú era el siguiente viernes. Mandé llamar a mi coreógrafo, Manuel Jiménez, y a mi representante, Bárbara, y les dije la verdad de lo que estaba sucediendo. Ella habló con los empresarios, pero la respuesta fue:

—Bárbara, sentimos mucho lo que le está pasando a María Antonieta, pero ya está montada la carpa con sonido y efectos especiales. Los bailarines llevan días ensayando. La publicidad ya está en todos los medios. Por lo cual no se puede ya cancelar el espectáculo porque el público no creería esa justificación. Lo que sí se puede hacer es esperar a que el jueves, día que se supone llegan todos ustedes, cuando la prensa asista a recibirlos al aeropuerto, entonces tú les expliques lo que está sucediendo, ¿te parece?

Hablé con los doctores solicitándoles permiso de viajar a Perú, para que el público se enterara de viva voz de la gravedad de mi enfermedad. Me dijeron que ellos ya no podían hacer más de lo realizado, que sí yo quería y me podía mover, era decisión mía y sólo mía si viajaba o no. Si lo hacía era bajo mi propio riesgo, pero que si de algo me servía, querían que supiera que todas las personas reaccionaban de diferentes maneras ante esa enfermedad. Pero que solamente un milagro me quitaría de la noche a la mañana los tremendos dolores.

Reuní a Manuel, a Bárbara, a mis hijos y a mi marido, quien gracias a Dios ya se sentía y se veía mucho mejor, les platiqué mi plan:

—Manuelito me dejará grabadas las coreografías y se irá el lunes a Perú para terminar de montar el show. Bárbara, Gabriel y yo nos iremos el miércoles en la noche, sin importar cómo nos sintamos. Tomaremos *al toro por los cuernos*, la empresa que tan bien se ha portado con nosotros, pero sobre todo, ese público maravilloso no se merece que los dejemos plantados. Por lo tanto, lo menos que podemos hacer es este esfuerzo para darles una explicación, ya ellos decidirán si debo actuar o no, ¿cómo ven?

Así lo hicimos, el sábado grabamos las coreografías. El domingo, lunes y martes me las aprendí, obvio sin levantarme a ensayar pues las piernas apenas si me sostenían, todo lo hacía mentalmente, escuchaba la música y según yo ensayaba pero… Sin ensayar.

El martes en la noche me llamó por teléfono Mishell Morán, diciéndome que una compañía estadounidense quería contratarme:

—Saben que no haces *castings*, pero que te llamaban por si te interesaba. Se trata de una serie de comedia. Eugenio Derbez, sí lo hará. Por supuesto que los programas son en inglés y se comenzaría a grabar en septiembre.

—Pero tú sabes que en ese mes hago gira en Ecuador. Dime Mishell, ¿cómo se enteraron de mí?

—Porque el asistente del director vivió hace algunos años aquí en México y cuando el director solicitó una comediante mexicana que hablara inglés, él se acordó de ti.

Siempre he creído que Dios nos manda las cosas para probarnos. Aún sin poder caminar le dije a Mishell:

—Diles que me envíen por correo electrónico el guion de las dos escenas, pero que el *casting* lo debería de hacer al siguiente día porque en la noche salía para Perú.

—Ya me había adelantado —comentó Mishell—, porque sabía que aceptarías. Mañana a las diez de la mañana pasan por ti y terminando te regresan a tu casa. Mucha suerte Tony.

Esa noche ya no estudié mentalmente las coreografías, sino los diálogos en inglés de las dos escenas. Al día siguiente sentí una leve mejoría, le pedí a mi *muchacha*, que me ayudara a bañar, a vestirme, me secara el pelo y me arreglara. Afortunadamente ella estaba estudiando para cultura de belleza, así que echó mano de todos sus conocimientos y quedé bastante bien. El dolor había disminuido un poco, pero mi estado de ánimo estaba en el cielo, ¡ahora sería estrella de Hollywood! Llegué a los pequeños estudios, me recibió el asistente del director, un chico exageradamente amable, quien me dijo que me conocía del doblaje y de la serie de *El Chapulín Colorado*. Por primera vez en mi vida hice un *casting* y además en inglés. Hice dos tomas de cada escena y cambié algunos diálogos por lo nerviosa que estaba. Aquel chico me dijo que no me preocupara:

—Lo hiciste muy bien. En dos semanas te escribo un correo electrónico para darte la respuesta del productor.

Me despedí agradecida y le comenté que esperaría su correo si resultaba positiva mi actuación, ahora el único problema era la gira a Ecuador.

En cuanto salí de allí me dije: "María Antonieta, si pudiste pararte para hacer un *casting*, donde no te pagaron nada, ahora vas a bailar *rock and roll* en Perú, donde aparte de pagarte por hacer lo que más te gusta, existe tu público maravilloso, quien merece ese esfuerzo y más." La historia termina así: con todo y fibromialgia y con algunos fuertes dolores, debuté un viernes en Perú, con mi nuevo show: *El circo que viene y va*.

Sé que durante todo el libro he sido reiterativa, pero es que en verdad así lo siento... Dios ha sido muy bueno conmigo. Ahora puso ante mí un proyecto único, el cual jamás pensé llegaría a mis manos: un estelar en una serie de televisión estadounidense. Creo que me lo envió para superarme y echarle ganas a salir de mi enfermedad nerviosa, además con marido "nuevo", porque mi viejo sufrió una gran transformación, para bien, al darnos cuenta que nuestro Dios nos había bendecido con la oportunidad de una vida nueva por un tiempo más.

El tan esperado correo electrónico llegó una semana tarde, ¿qué me decían en él?: que el papel no era para mí. Argumentaron que la grabación de la serie se traslaparía con mi gira al Ecuador y que no sabían si podrían esperarme. Creo que fue una salida con mucho tacto de parte de la producción. Porque la verdad, pienso que no les gustó mi prueba, pero no me importó, la prueba a la que me sometió Dios fue la importante: siempre, por muy enfermo que esté uno, si cuentas con un aliciente para vivir, puedes salir más rápido de una enfermedad o de cualquier problema que se te presente, por más difícil que éste sea.

Estoy escribiendo esto, justamente 18 meses después de caer enferma. Sigo con el tratamiento contra la fibromialgia, ya estoy casi bien. Sólo algunas veces me duelen los brazos y la rodilla derecha, ahora quien tiene fibromialgia, por los sustos que le doy, es mi marido, le dio más leve pero maaaaaás larga, diario le duele algo diferente, cuando no es el cuello es el brazo derecho, al otro día es el izquierdo, y como no tiene más que dos, al siguiente día le duelen ambos al mismo tiempo. ¡Ah! También la espalda le duele de *vez en diario*. Yo le doy masaje, con *Voltarén gel*, en todas sus partes adoloridas, es una medicina estupenda, en un año creo haber usado casi cien tubos, *fíjate, fíjate, fíjate, fíjate*. Gabriel con esta enfermedad también aprendió a bailar, a cada rato se marea y parece que se va a caer, pero no, sólo hace un pequeño *pa'deburé* y vuelve a su paso normal, el *pa'deburé* hacia atrás le sale mejor, porque parece que con ese sí se caerá de verdad.

Estoy por terminar este relato, hoy es 16 de junio de 2012, aunque creo que la verdad debería esperar hasta fin de año, porque no sé cómo vaya a resultar la más reciente prueba que Dios ha puesto en mi camino. En este momento, aunque no lo crean, estoy desempleada.

Es más, regresamos a México porque le iban a organizar un homenaje a nivel mundial a Chespirito, algo que me pareció merecidísimo, no hay otra persona en el mundo del espectáculo con tantos logros y triunfos como él. A Roberto se le debe un reconocimiento de esa magnitud. Su programa, ha sido el de mayor venta a nivel mundial, el que mejor ha vendido Televisa, en todos los tiempos, desde hace cuarenta años. Él mejor que nadie sabe que no lo hizo solo, y así lo reconoce, sino que se hizo acompañar por los actores idóneos para interpretar cada uno de los personajes. No sé si éramos buenos o malos actuando, pero sí éramos a quienes él se había imaginado en cada papel. Antes del programa de *El Chavo*, ya existíamos todos los personajes, pero con otro nombre, sino, a las pruebas me remito: ¿Quién se podría parecer más a una jirafa si no Rubén Aguirre?; Chespirito se inspiró en Edgar Vivar para crear al *Señor Barriga*, si Edgar hubiera sido flaco, entonces hubiera sido el *Señor Palillo*; Carlos Villagrán, desde antes inflaba los cachetes para interpretar a un muñeco de ventrílocuo y de ahí nació *Quico*; Florinda Meza ya había realizado un papel similar al de *Doña Florinda*, en un programa llamado *Loquibambia*, sólo que en aquel entonces no se había operado la nariz, la cual tenía de gancho, y la hacía verse más fea. El personaje de *Don Ramón*, para mí era el mejor, y lo más destacable es que Ramón Valdés no actuaba, así era él, realmente Chespirito no tuvo que escribirle sus diálogos, sólo necesitó copearle su forma de ser, vamos, le copió hasta el nombre; y yo, la primera vez que realicé el papel de la niña con pecas, lentes, colitas chuecas y chimuela, fue en el programa *Sábados de la fortuna*, tres años antes de que diera comienzo el programa de *El Chavo*, yo decidí cómo era el personaje de la niña, quien en aquellos ayeres no se llamaba La Chilindrina, sino *Toñita* o algo parecido, no recuerdo bien. Entonces cuando Chespirito quiso incorporar a La Chilindrina ella ya existía, tenía alma y personalidad, toda la creación es mía, el nombre sí se lo puso Roberto.

Regresando al asunto del homenaje. Cuando los organizadores lo dieron a conocer, en una conferencia de prensa, las personas de los medios preguntaron si estábamos invitados Carlos Villagrán y yo, los señores Galindo respondieron que por supuesto, cada uno de nosotros contábamos con dos asientos en el auditorio, y que si deseábamos asistir sólo deberíamos ir a recoger los boletos, ¡Qué les parece semejante majadería! La etiqueta social o protocolo, como quieran llamarlo, dicta que el organizador debe de enviar, *con un propio*, las invitaciones a los invitados especiales, y considero que eso somos, porque quiénes más especiales que los actores de la serie mexicana de mayor éxito en México, en Latinoamérica y en otras partes del mundo. Imagínense, si no me dejan entrar a las instalaciones de Televisa, ya quiero pensar qué me dirían si llego a preguntar dónde recojo mis boletos para el homenaje, me mandarían de una patada a la calle, y creo, no sería justo. En verdad no me explico el porqué de esa actitud tan desagradable, me pregunto ¿qué tiene la empresa contra mí? Realmente nunca les hice nada, a menos que sea verdad que les malogré su negocito de los dibujos animados.

Jamás me he expresado mal ni de Televisa ni de Chespirito, al contrario, siempre he hablado de ellos con respeto, admiración y agradecimiento, y en pago por mi buen comportamiento, ahora mandan correos electrónicos a cualquier lugar en donde me vaya a presentar, de parte de altos ejecutivos de la empresa, amenazando a las televisoras, radiodifusoras, y me imagino que también a la prensa escrita, diciéndoles que si me dan trabajo, me conceden entrevistas, me hacen promoción o admiten mis comerciales, tendrán problemas posteriormente, lo malo del asunto es que no me dicen quién o quiénes envían los correos. Por supuesto, no creo que los más altos ejecutivos de la televisora estén enterados de este penoso asunto. Quisiera que quienes envían los correos den la cara, de esa manera sabría quiénes son mis enemigos, porque no me parece justo que, si algunas personas de Televisa no me quieren en México, tampoco me dejen buscarme el pan de cada día en algún otro lugar del mundo.

Acabo de estar en Colombia, donde trabajé con mi espectáculo del circo, cuando llegamos al aeropuerto de Bogotá, esperaba, como siempre, que me estuviera esperando la prensa, pero no había nadie. Me recibieron los empresarios y me dijeron que la logística de trabajo había cambiado, que me lo explicarían en el hotel. Lo que escuché nunca lo esperé: "ya teníamos todo preparado para iniciar en Bogotá, después Cali, Medellín y Cartagena, pero ahora no podrá ser posible, porque cuando fuimos a contratar tu publicidad a RCN, que como sabes es la cadena más importante de televisión aquí en Colombia, en donde pasa el programa de *El Chavo* y muchos otros de Televisa, nos dijeron que habían enviado un correo electrónico desde Televisa donde les solicitaban, por favor, que no apoyaran tu publicidad pues eras una persona *non grata* para la empresa."

Por supuesto, todo mundo se asusta cuando llega una petición de esa naturaleza, porque no es usual que algún jefe importante de Televisa se preocupe por esas tonterías. Aprovecho para comentar que a la gente de *Rwana Producciones*, mis representantes en Perú, les había dado pena comentarme que el año pasado habían recibido un correo con la misma petición, y que por ello se había cancelado, por orden de Televisa, mi publicidad en TV América.

Como ya estábamos en Colombia, entonces decidimos comenzar la gira presentándonos en los pueblos más alejados. Llegamos a Valledupar, un pueblecillo muy bonito y pintoresco, me recibió en el aeropuerto la primera dama, además me esperaban cientos de motociclistas para escoltarme hasta la casa de gobierno, en donde me iba a celebrar un homenaje el presidente municipal, quien pertenecía al grupo de motociclistas, fue maravilloso ver tantos jóvenes, señoras, ancianos y hasta niños, quienes iban en las piernas de sus papás, desde luego todos llevaba sus cascos puestos y me saludaban, con el universal movimiento de la mano, de un lado a otro. Ochenta por ciento de los vehículos de esa ciudad son motocicletas. Cuando llegamos al palacio municipal, no pudimos bajarnos por falta de seguridad, se había dado cita todo el pueblo para recibirme, entonces nos dijo la primera dama, quien venía encogida en el asiento trasero, que mejor nos fuéramos al hotel. A los diez minutos llegó el presidente municipal y allí nos prestaron un salón para realizar el evento de bienvenida. Después de las placas y pergaminos que me obsequiaron, nos quedamos platicando, ya sin prensa y sin testigos incómodos. Fue entonces que el señor presidente me preguntó:

—Nos complace la distinción, pero ¿por qué han escogido este lugar tan remoto para iniciar su gira? ¿Pudiéndolo hacer, como todos los demás artistas, comenzando por Bogotá y de allí a todas las demás ciudades importantes, y si les queda tiempo pues entonces ya nos visitan?

Le contesté con la verdad. Entonces él le pidió a su secretaria que lo comunicara con el director de RCN, al cabo de unos segundos lo enlazaron, se saludaron y después el presidente municipal le hizo la fatídica pregunta, él se quedó callado unos instantes y se despidió, entonces, muy apenado me dijo:

—Todo es verdad. De Televisa te van a obstruir a donde quiera que vayas.

—¿Le dijo el director de RCN, quién firma el correo electrónico?

—No. Sólo me comentó que era un alto ejecutivo.

También quisimos publicitarnos en Radio Caracol, pero la respuesta fue la misma. Después de Valledupar nos presentamos en Cúcuta y dos pequeños pueblos más, en donde no creyeron que era la verdadera Chilindrina, porque después del evento de homenaje a Chespirito han aparecido, por doquier, un sinnúmero de *Chavos y Chilindrinas*. Afortunadamente nos fue bien en todos los lugares, pero nos costó mucho trabajo hacer publicidad con los pocos medios con los cuales contábamos. Decidí dar por terminada la gira porque andaba todo el tiempo con diarrea nerviosa.

Regresamos a México y me puse a valorar qué era lo que debía de hacer, porque era muy difícil llevar tantos años como actriz y comenzar de cero. A los pocos días recibí una estupenda noticia, me querían en *Telemundo* para estelarizar otra novela, me puse feliz. Cuando nos reunimos los directivos y yo, acordamos que el contrato se manejaría de la misma manera que el anterior. Días después empezaron los problemas, hasta que me dijeron que el factor económico no lo podían solventar, y por lo tanto, no habría contratación. ¿Era eso cierto? No lo sé, pero alguna vez escuché un dicho que rezaba: *piensa mal y acertarás*.

Durante dos años fui la imagen de *Caremore*, una asociación para ancianos latinos que residen en Los Ángeles, ahora me llamaron otra vez, pero querían hacer una campaña más grande y espectacular pues habían abierto otro lugar en Nevada, quedamos de acuerdo con el día de arranque de la grabación y con mis honorarios, faltando pocos días para comenzar me enviaron un correo electrónico disculpándose, aduciendo que habían tenido problemas financieros y que no se haría la campaña.

Me acaban de hablar para participar en una película en España, cuando estábamos haciendo los últimos arreglos, dejaron de llamarme y no he tenido más contacto con ellos. *Piensa mal…*

Pensé que ya no habría mucho más qué contar, pero me equivoqué… La demanda por la obtención absoluta de mi querida Chilindrina lleva doce años, sigo paga y paga al abogado. Ya estamos en la última instancia, la cual espero ganar, con el permiso de Dios, otra vez, y entonces veré, si divulgando la noticia por todo el mundo me vuelven a contratar, y así, de esa manera tener trabajo fecundo y creador. Ya tengo 63 años. Chespirito dejó de interpretar a *El Chavo*, a los 64 años, o sea que cuando menos me queda un año más de trabajo arduo.

Continuo. Allá por agosto de 2012 me habló Mishell Morán para decirme que de Univisión me querían para participar en un programa llamado: *Mira quién baila*. No me extrañó tanto, porque un año antes ya me habían contactado para lo mismo y me había negado, a través de un correo electrónico, de la manera más atenta. En esta ocasión, no sabía si lo hacían para quitarme del camino, porque ellos iban realizar la misma gira que yo en Sudamérica, ellos con el espectáculo de los *Pagotes de La Vecindad de El Chavo* y yo con mi show: *El circo de La Chilindrina*. Eso era sólo una suposición mía. Por supuesto, mi primera idea fue negarme, primero, porque pensé: ¿cómo voy a competir contra jóvenes, hombres y mujeres, muy guapos atletas y bailarines, sí yo tenía 62 años y había dejado el baile hacía cincuenta años? Además, me daba miedo romperme algún hueso y no estaba dispuesta a hacer maromas ni giros.

Mis hijos me recordaron que, de niña, ese era mi sueño… Bailar, sí, pero ahora mi sueño estaba oxidado y lleno de telarañas. Lo único bueno es que era para Univisión, la cual es una empresa filial de Televisa. Mis hijos me insistieron tanto, que me empezó a entrar *el gusanito* de: por qué no, pues a mí, todas las trabas que me pone la vida, las salto aunque me caiga. Una noche no pude dormir de la ilusión que me hacía bailar de nuevo. Cancelé mis compromisos y acepté la oferta.

Era un contrato por diez semanas y el programa final. Por supuesto, me arriesgaba a que me eliminaran a las primeras de cambio: *y qué oso*. Pero si Dios me daba la oportunidad de lograr un sueño más en mi vida, lo iba a intentar. *Mi viejo* Gabriel, mi coreógrafo Manuelito, mi perrita *Chiquita* y yo, nos fuimos ilusionados y asustados a Miami.

Nos hospedaron en un hotel que no conocíamos: *Mutiny* cerca de *Coconot Grove*, enfrente había un parque muy grande donde podríamos caminar y el embarcadero de los yates pequeños. Al día siguiente tuvimos la primera junta con el equipo de producción. Cuando entré a la sala, donde había una mesa enorme, rectangular y llena de gente alrededor, toda se puso de pie, empezó a aplaudir y hacer algarabía… Felices. Todo el miedo que traía se convirtió en alegría que hacía muchos años no sentía. Yo también… Estaba feliz.

Me mostraron el primer vestido que querían que usara, me reí.

—¿Por qué la risa? —me preguntaron.

—Porque ese vestido es para una *Barbie* y yo traigo diez kilos de más —respondí sin dejarme de sonreír.

Después de esa primera desilusión me dijeron:

—No se preocupe, lo harán de nuevo. Y todos los detalles que le hagan falta para verse mejor *(menos gorda)* los arreglaremos para que usted se sienta más bonita.

Me explicaron las reglas del concurso, las cuales, después no se llevaron al pie de la letra, pero es lógico, siempre hay momentos en que algo falla y hay que suplirlo.

Lo único que no me gustó fue que, mientras estás ensayando, no permiten visitas de ninguna especie, y por ningún motivo, nadie puede ayudar a un participante a ensayar porque los demás estarían en desventaja. O sea que, no estaría conmigo mi marido y Manuelito no podría ayudarme con las coreografías. De los males el menor, cuando menos estaría tranquila, porque a mi marido, quien todavía no se sentía del todo bien, le harían compañía mi Manuelito y la perra. Mientras yo ensayaría todos los días, cuatro horas seguidas, tendría un breve descanso para comer, después daría entrevistas, iría a probarme el vestuario y a la filmación del ensayo con *Potty*. Él, es un asunto aparte. *Mira quién baila* es: *Potty*.

Con los años que tengo en el medio, creía que ya conocía el carácter de todos los directores y de todos los coreógrafos, pero no, *Potty* es: el Ángel de la Guarda de todos los participantes. Es la persona más encantadora que he conocido. Primeramente, está guapísimo, alto, alto, delgado, delgado y con una sonrisa angelical. Siempre dispuesto a ayudarnos con sus lindos consejos, y además, sólo que no se lo digan a nadie, enamorado de mi hija La Chilindrina ¡Cómo ven!

Todo el tiempo me ponía como ejemplo, creo que era por ser viejita y atrevida, porque mis compañeros de baile no podrían ser mejores, eran fantásticos.

El primer programa, *the opening*, fue maravilloso. Empezaron con un baile muy suntuoso, después fueron presentando a cada una de las estrellas que participaría en el concurso, y al final presentarían a la estrella de lujo, que nadie sabía quién era, porque en todos los promocionales aparecían cada uno de los artistas, al final decía un locutor y la estrella de lujo será… No decían nada, sólo se veía en la pantalla un signo de interrogación. Pero ese día sí lo dijeron, la estrella principal es: La Chilindrina.

Entonces, de las alturas caía suavemente una niña con vestido verde, sweter rojo torcido por la espalda, con colitas, lentes, pecas y llevaba en la mano aproximadamente cuarenta globos de gas, los cuales, se suponía la iban bajando, mientras tanto, se tocaba el tema musical de *El Chavo*. Todo el público se levantó a aplaudir. Yo, al único que distinguía era a *Sammy*, porque parecía un niñito pequeño dando unos brinquitos que sólo él sabe dar, y con lágrimas en los ojos decía: "bravo, bravo, bravo". Quién es *Sammy, el Peluquero de las Estrellas*, quien tenía una serie de productos de belleza maravillosos, su frase era: "si tú luces bien… Yo luzco mejor". Hace algunos años vendió, en varios millones de dólares, su cadena de salones de belleza y toda su *marca* a unos japoneses, el dinero lo repartió, equitativamente, con su hermana, quien toda la vida lo ayudó y con su socio. Así como hizo eso, lo hace con todo lo demás, realmente es encantador, pero sobre todo generoso, si no me creen, pregúntenle a mi *Chiquita*, quien salía a pasear con él en su Rolls Royce.

Imagínense qué tan grande era mi alegría, vamos, me sentía mejor que *El Chavo* en su homenaje. Mis compañeros de baile eran: Bobby Pulido, Fernando Arau, Henry Santos, un españolito como de veinte años, con ángel, de quien en el primer programa todas las chicas se enamoraron. Las mujeres éramos: Valentina, una linda chica de Tijuana, muy buena cantante, niña hermosa y de familia, su mamá siempre andaba con ella; Argelia Atilano, una locutora de Los Ángeles, casada y con dos hijos; la Miss Universo, Alicia Machado y yo.

En ese primer programa me tocó bailar *New York, New York*, estaba muy nerviosa pero me sentí Ginger Rogers. Las jueces eran: Lili Estefan Villalobos y Bianca Marroquín, quien en realidad era la única que sabía de baile y sus críticas eran muy acertadas. En general, me dijeron que era un baile muy fácil, y que habría podido hacerlo mejor. En la primera eliminatoria salió Valentina, pero no por no bailar bien, sino que se lastimó la espalda en un ensayo, el doctor no le permitió que bailara hasta pasadas tres semanas. De todas maneras, todavía faltaba que el público decidiera quién salía: ella o yo. La votación comenzó.

A la semana siguiente primero bailaría una *salsa* y de segundo un *rock and roll*, cuando me vio ensayar el director se le ocurrió que el *rock* lo bailara La Chilindrina, y para tener pretexto, *La Chilis* estaría entre el público echándole porras a su mamá María Antonieta, después se enojaría, cuando los jueces dijeran que bailaría otra vez, entonces se vería que La Chilindrina saldría furiosa diciendo: "le voy a ayudar a mi mamá". Primero grabamos a La Chilindrina, antes de que empezara el concurso y entraran a escena los jueces, después a María Antonieta, con el primer traje de baile, buscando a *La Chilis*. Empezó el segundo programa, tal como lo ensayamos, me dijeron que entraría al final otra vez a bailar, al anunciar mi segundo número, sale La Chilindrina con su traje de *rock and roll*, un moño espectacular en la cabeza y bailando, el público se atacó de risa, los jueces también y yo estaba feliz triunfando. Al final del programa, los jueces dijeron que, por unanimidad, estaba sentenciada para el siguiente programa: La Chilindrina. El argumento fue: "no es justo para los demás que un personaje tan importante concursara así, que descalificaban a María Antonieta por bailar como La Chilindrina". ¿*What?*

Me fui al camerino muy molesta y les dije al productor y al director:

—No fue a mí a quien se le ocurrió que La Chilindrina bailara. Cómo es posible que si ustedes mandan, ahora los jueces digan otra cosa.

Los directivos no sabían qué decirme. Porque la culpa era de ellos. No recuerdo a quién se le ocurrió comentar:

—No hay de qué preocuparse, esto nos servirá como estrategia para tener más audiencia.

Por supuesto, funcionó *el truquito*, aunque yo me sentí muy desilusionada. Pero como Diosito me quiere mucho, para levantarme el ánimo, me mandó un gran regalo de compensación, les cuento. Todas las personas que durante algún tiempo, mucho o poco, hicimos doblaje, siempre deseamos trabajar para alguna película de Disney y, por supuesto, yo no era la excepción. En los tiempos cuando hacía doblaje, las películas de Disney las manejaba, de forma exclusiva, una compañía que se llamaba *Estrellita*, el dueño era el señor Santos, él tenía varias hijas y sobrinas quienes también doblaban voces de niños y animalitos, así que yo sabía que nunca iba a tener oportunidad de doblar para Disney, además, siempre fui tan creída, que sólo esperaba doblar los estelares, no cualquier *papelito*. Después de treinta y cinco años de no hacer doblaje, en el momento más oportuno para, reitero, levantarme el ánimo, mi hija Vero me llamó por teléfono:

—No lo vas a creer. Pero a los ejecutivos *Disney Pictures* les urge hablar contigo para que dobles el estelar de su última película.

Pensé primero que era una broma, pero mi hija y mis nietas gritaban de alegría y me pidieron que no me pusiera mis moños, que les llamara y aceptara.

Así lo hice. La gente de Disney me dijo que si les podría hacer el favor de trabajar con ellos, que era urgente mi respuesta, porque sólo faltaba mi voz.

Les comenté que me sentía muy orgullosa de que se interesaran en mí, pero que en ese momento no podía aceptar porque tenía el compromiso con *Mira quién baila*, y no tenía ningún día desocupado, pero que en México encontrarían muy buenas actrices para hacer el trabajo.

Me contestaron que el director de la película insistía en que yo fuera la voz de *Vanellope*, en *Wreck it Ralph*, *Ralph el Demoledor*, y que si era necesario se trasladarían a donde yo estuviera. Me solicitaron que le pidiera permiso a la producción del programa de darme dos días solamente, o el tiempo que ellos quisieran.

No podía dar crédito a mi buena suerte. Para cerrar el año con broche de oro, los dos últimos sueños, los cuales ya no esperaba que se realizaran, me cayeron del cielo.

Como el productor de *Mira quién baila* se sentía apenado conmigo, por lo sucedido en el programa anterior, me otorgó el permiso, para el siguiente martes y miércoles, y así poder doblar la película.

Les hablé a las personas de los Estudios Disney y me dijeron que grabaríamos en un modesto estudio en Miami. Cuál sería mi sorpresa, cuando me enteré que era en los *modestísimos* estudios de Emilio Estefan. No podría ser más grande mi suerte, gritaba de felicidad.

La felicidad seguía mientras ensayaba un *cuplé*. Al siguiente programa me fue muy bien con los sinodales, porque dijeron que se notaba que yo bailaba *mexicano* desde chica, ¿desde cuándo un *cuplé* es mexicano?, ¿será porque en México también hay corridas de toros? Acá entre nos, eso lo dijo Lili Estefan. Toda la semana siguiente la pasé sin ninguna preocupación, porque debía de bailar un *vals* y una *bachata* que es un baile tropical, el cual no conocía, pero todos mis amigos, aparte del coreógrafo me enseñaron muy bien. Les juro que me sentía muy preparada para la quinta semana.

Cuando terminé de bailar el *vals* volví la mirada a *Potty*, y él, alzando el dedo pulgar de la mano derecha me dio a entender que el baile había estado estupendo. Me sentí que floté en el aire, tal y como lo había indicado en el ensayo él, mis brazos bien alargados, estéticos, en las vueltas mi cabeza la inclinaba al lado contrario y mis pies casi no tocaban el suelo. Cuando terminé, la juez, Lili otra vez, me dijo que necesitaba fuerza en el baile, que quería verme como una mujer quien iba todos los días al gimnasio, porque al *vals* le faltaban movimientos fuertes. En verdad siempre creí que bailar vals era todo lo contrario, pero en fin, me tranquilicé porque el siguiente baile lo tenía súper bien montado.

Cuando salí para el segundo baile, lo hice como toro de lidia en la Plaza México, brava, dándole fuerza y cadera a todo, había vueltas y cargadas, y lo realicé todo lo sexy que me fue posible. Terminé, el público aplaudió muchísimo, entré feliz al camerino. Henry Santos, quien es un *batachero* de primera, por tanto, es profesional en ese ritmo, me cargó, yo estaba encantada. Pero al final del programa los jueces decidieron que estábamos nominados para salir, la semana siguiente, Fernando Arau y yo, no lo podía creer, pensé ¿será otra estrategia?, no me importó eso, me puse furiosa y todos los demás también. En las entrevistas, las cuales siempre se realizan al término del programa, todo el mundo supo que yo no estaba de acuerdo con el veredicto y que estaba muy molesta, pero me puse aún más enojada al ver a Fernando Arau muy seguro de sí mismo, como diciéndonos a todos que él iba a ganar el concurso. Me enfurecí tanto, que les dije a los jueces que no entendía en qué criterios se basaban para nominarlo a uno, pero que ya me dieran por muerta, porque la semana siguiente no iba a poder ensayar pues tenía otro asunto más importante que atender.

Hablé con *Potty*, quien también estaba muy molesto, porque para él, ese había sido mi mejor día, en el cual no me equivoqué e hice todo como él me lo había montado. El productor dijo que los jueces eran autónomos y podían eliminar a quien quisieran, aproveché para recordarles lo del asunto de mi grabación de la película la semana siguiente, y me di cuenta que ni siquiera se acordaban.

El lunes no se podría ensayar porque no sé qué evento había en el canal, el martes y miércoles yo grabaría la película de Disney, por lo tanto, el jueves sería el único día que tendría para ensayar, porque el viernes sería el ensayo general y el sábado se grabaría el programa.

Realmente me tuve que hacer un *coco wash* para no acelerarme, porque tenía que realizar el doblaje más importante de mi vida y quería estar perfectamente de la garganta.

Manuelito me pidió permiso para ir a México, debía atender un compromiso muy importante, así que nos quedamos, mi marido, mi perra y yo solitos en Miami. El martes llegamos al estudio de grabación *rayando el caballo*, pues me perdí un poco para llegar. Por afuera los estudios no te dicen nada, pero por dentro, ¡Virgen María Purísima! Te quedas estupefacta, para subir al elevador se debe de entrar por un lobby como de veinte metros de altura, desde donde se ven aproximadamente doscientos pósters con la imagen de Gloria Estefan, pero existe uno, gigantesco, el cual domina casi toda la pared. El elevador también está tapizado, en todas las paredes, con fotos de Gloria y Emilio acompañados de muchas personalidades, al bajar llegas a una recepción preciosa y decorada con muy buen gusto, pero ya sin fotos, a la derecha hay un pasillo que conduce a uno de los estudios, en las paredes de dicho pasillo se encuentran todos los discos de oro y platino otorgados a ese par de grandes artistas. El estudio no es muy grande pero si muy moderno, está equipado con los mejores aparatos. El ingeniero de sonido es un muchacho muy joven y amable, y el director de doblaje es un señor súper cordial y atento, quien nos comentó:

—Es un gusto poder trabajar contigo, me han hablado mucho de ti, todo el mundo te echa porras.

Le respondí:

—No te confíes, porque no conozco las nuevas técnicas de grabación y no sé cómo se hace.

Muy amablemente me explicó la técnica de los *loops*, no viene al caso que se las repita, pues al inicio de estas memorias ya lo hice, ¿lo recuerdan?

Después me expuso cómo se realiza el doblaje en la actualidad. La nueva técnica, no sé si es mejor o peor, lo que sí sé es que es muy distinta a la que yo hacía en mis años mozos. Me metieron a una salita muy *mona*, con las paredes y el techo alfombrados, había un micrófono, un monitor como de televisión antigua, una mesa donde colocaron refrescos, agua, y me ofrecieron un café cubano ¡mmhh! Delicioso, también, al lado derecho había un atril donde estaba el libreto. Yo no lo sabía, pero ahora, todos los actores doblan por separado, y el mago del ingeniero une todas las voces, le adecúa la música y los efectos y además pone las distancias, no es lo mismo que un actor esté en un acercamiento, a que hable a la distancia. Anteriormente era más difícil, porque los actores nos movíamos para dar la distancia, hoy se dobla sentado y uno no tiene que moverse. Lo malo es que si no tienes buena vista estás *amolado*, porque la pantalla es súper chiquita, y por lo tanto, las bocas de los personajes son muy pequeñas. En la actualidad, los *loops* ya no se cortan en pedazos, la película toda está unida, es el ingeniero quien adecúa el *loop* que él quiera, o más bien, el que convenga.

Sólo les contaré de mi primer *loop*, el cual era más o menos así: se veía a mi personaje (la niña) trepada en un árbol de caramelo, las ramas estaban pintadas como de caramelo de fresa y algunas ramas tenían doble línea esas no las podías pisar porque se rompían. Ralph se había salido de su juego porque buscaba una medalla para que todos vieran que era bueno, ya no quería ser el malo de la película. Sin querer entra al mundo de *Sugar Rush*, mi mundo, y allí comienzan mis problemas.

Lo primero que yo debía de decir era:

—Hola.

Después:

—¿Eres extranjero?

Todo está bien le dije al director, pero:

—Cuándo empiezo a hablar, si no existen las tres bolitas y una cruz, como antes, las cuales me daban la entrada.

—Cuando veas el número 438, —respondió.

—¿Queeeeeé? ¿Qué es eso?

Resulta ser que, arriba de la pantalla, en el lado izquierdo, se encuentra el dichoso número de la cinta, o sea que, tenía que ver los numeritos y cuando llegara el 438 debía de hablar. Lo malo era que para entonces ya se me había olvidado el diálogo. Entonces me puse a sudar y casi me quedo ronca de los puros nervios.

El director, Raúl Aldana, me comentó que no me preocupara, ellos me ayudarían. En la pantalla colocarían una diagonal roja, la cual entraría por la izquierda, pasaría rápidamente, y cuando desapareciera, yo empezaría a hablar. Así ya todo fue más fácil, pero la voz se me escuchaba como la de un grillo cantando. Al director no le molestó cómo me escuchaba, es más, le hizo gracia, pero a mí sí me preocupó pues cómo iba a mantener esa voz durante toda la película. Terminé la primera escena sin saber bien a bien lo que estaba haciendo. El director y el ingeniero de sonido me pidieron que pasara a la sala de grabación para enseñarme algo.

Había una gran televisión digital, en ella corrieron toda la escena, con todas las voces, la música y todo lo que se necesitaba para quedar perfecta, cuando se terminó la proyección yo estaba llorando de emoción, la cinta se veía y oía preciosa sin un solo error.

Se me quitó el miedo y seguimos grabando, cada vez que terminaba la escena me la mostraban y cada vez yo estaba más eufórica. A la una de la tarde era el corte a comer y ya habíamos avanzado en un tercio de la película. Me felicitaron el director y el ingeniero, pero la mera verdad, no era yo la buena, sino ellos..

Saliendo de la cabina, al fondo, existe una pequeña oficina, y al final. Está un lindo restaurante, donde no se guisa pero hay horno de microondas, cafetera, refrigerador y una mesa con barra, como la de *Food Rockers*, sí, así, de ese estilo. Me pareció encantador, nos trajeron unas pizzas buenísimas para la dieta. Cuando ya íbamos a reanudar, me hablan por teléfono de *Mira quién baila*, porque estaban los camarógrafos en el estudio para ver mi ensayo. La verdad es que les dije que ellos sabían perfectamente que yo no podía ir porque estaba grabando. El maravilloso del director del doblaje me dijo que fuera, pero que al día siguiente empezaríamos una hora antes, porque de acuerdo con la velocidad que estábamos trabajando, sí terminaríamos en el tiempo previsto. Sólo le pedí al director que por favor repitiéramos la primera escena porque no me había gustado cómo había quedado. Por supuesto, pienso que de todas maneras la hubiera repetido, hicimos la escena como en quince minutos y me fui volando a mi ensayo.

Allí estaban *Potty* y un coreógrafo, quien le estaba montando un *rock and roll* a Fernando Arau, y dos camarógrafos. Entonces *Potty* me pidió que lo acompañara al otro estudio. Me explicó que nos pondrían las mismas coreografías a Fernando y a mí, porque de todas maneras, según el voto del público, uno de los dos saldría, y no bailaría ninguno de los bailes, a menos que el otro, por algún motivo no pudiera hacerlo. *Potty* personalmente, en una hora, me montó el *rock and roll*, y cuando fui al salón de grabación a verlo no se notó que, sesenta minutos antes, no tenía ni la más mínima idea de lo que haría.

Al día siguiente llegué a la hora en punto a mi grabación. Ya más contenta y tranquila. Nos faltaba poco más de media película, y a las tres de la tarde, siete horas después de haber empezado, ya habíamos terminado. Por supuesto, no quise parar de grabar ni un momento, para mí fue todo un reto haberlo hecho tan rápido, pero creo que para ellos fue algo de lo más normal, porque después de comer, ya me estaban esperando los camarógrafos de los Estudios Disney para realizar las tomas con las que se llevaría a cabo la promoción. Yo no lo sabía, pero ellos querían usar mi nombre para hacer todos los promocionales que aparecerían en los Estados Unidos y Latinoamérica, conmigo también como imagen. Por supuesto, en español. Primero hicimos las tomas de cuando estoy doblando; después montaron en el lobby una juguetería con las fotos de Ralph y Vanellope, allí grabamos aproximadamente tres horas.

Cuando terminamos, comencé a despedirme, pero me dijo el ingeniero que si me podía esperar 15 minutos. "Por supuesto", le respondí. La sorpresa que me tenían guardada fue que llegó Emilio Estefan pues quería saludarme, ¡Dios mío, qué honor! A Emilio lo había conocido diez años antes, cuando hicimos un *piloto* para Don Francisco, los conductores éramos Don Francisco, Yuri y yo, y los invitados serían Jon Secada y Emilio Estefan, pero en verdad les digo, jamás pensé que se acordaría de mí. Nos saludó con mucho afecto, nos invitó a su despacho, y Dios mío… Me quedé impresionada de lo hermoso y elegante, ni siquiera la oficina de los señores Azcárraga era así de bella. Después fuimos al estudio donde él graba, era diez veces más grande que el estudio donde grabé yo. Emilio jamás permite que nadie toque sus consolas si no es él. Por si fuera poco, nos *presumió* un video que estaba haciendo con Thalía, nos quedamos con un agradable sabor de boca, además de mantenerla abierta durante todo el recorrido. No cabe duda que la gente, entre más importante, más sencilla es. Cuando nos despedimos, nos invitó a todas las personas que quisiéramos, a la Casa Larios, su restaurante. El ingeniero de sonido se comunicaría conmigo para ponernos de acuerdo. Nos fuimos felices pensando y dando gracias a Dios por todas las cosas buenas que nos estaban sucediendo.

Al día siguiente nos habló por teléfono el ingeniero para saber cuándo queríamos ir al restaurante. Estaba yo atiborrada de trabajo y no iba a tener tiempo de ir, le di las gracias y le dije que después nos comunicaríamos con él. Ahí no acaba la historia, al siguiente día me hablaron de Disney para invitarme a la alfombra roja del estreno y a pedirme de favor que agendara otras entrevistas en México, las cuales las llevaría a cabo junto con el productor de la película, por supuesto acepté.

El jueves, último día que tenía para ensayar, realicé un *hip hop callejero*, Dios mío, qué cosa más difícil. Por supuesto hice trampa, les dije que me dejaran grabar el ensayo y me lo permitieron, el *rock and roll* no tenía problemas, pero el *hip hop*, qué susto, no daba una y ensayé toda la tarde. En cuanto llegué al hotel llamé a Manuelito, obvio ya había regresado, le enseñé el video y le dije:

–Hasta que no me salga perfecto lo dejamos.

Y así fue, terminamos a las 11 de la noche, pero el baile quedó regular *pegándole* a bien.

Llegó el ensayo general, y por supuesto era un caos, porque ninguno estábamos perfectos, a mí me faltaron tres días de ensayos, dos coreografías difíciles, por el mismo estilo estábamos todos, además de muy nerviosos y alterados. Al finalizar el día no habíamos acabado de ensayar y así nos quedamos.

Llegamos al sábado, el día de la verdad entre Fernando y yo. Éramos los dos más grandes de edad, los dos con una carrera enorme. A Fernando lo quieren mucho en Estados Unidos porque tuvo un programa, durante más de diez años, llamado *Despierta América*, pero el programa sólo se transmitía en la Unión Americana. A mí no sólo me conocían allá, sino en México, Centro y Sudamérica, y por supuesto, yo lo había publicitado por todos lados. Lo que nunca supe era que sólo se contabilizaban los votos a partir de que terminara la transmisión del programa en Estados Unidos una hora más tarde, eso quería decir que todos los votos provenientes de México, Centro y Sudamérica no contarían, porque el programa no pasaba en el mismo horario de Miami.

El sábado era el día de la grabación del programa, yo todavía tenía la ilusión de ganar. Nos encontramos en el *back lot* Fernando y yo, como siempre, nos saludamos con cariño. Pero me extrañé cuando fue a saludarme personalmente el nuevo director de Univisión: Alberto Ciurana.

Pues bien, comenzó el programa y yo veía a Fernando muy seguro. Cuando nos iban a presentar, Fernando y yo estábamos solos en lo más alto de la escalera, por donde entran todas las estrellas ganadoras. Mientras, Javier Poza comenzó a hablar, Fernando y yo nos agarramos de las manos, él empezó a rezar, no recuerdo exactamente lo que oró, pero era algo bello, profundo, lo cual me tranquilizó y me hizo pensar en la voluntad de Dios.

Oíamos la voz de Poza que decía: "en la historia de *Mira quién baila*, nunca se había dado una competencia más reñida en votos, pero antes de dar el cómputo final que decidirá quién de nuestras dos estrellas nos deja para siempre, vamos a darles una última ovación a María Antonieta de las Nieves y a Fernando Arau, ésta será la última vez que los verán juntos." Bajamos la escalera, todo el público, entre él estaban mi marido y Manuelito, se puso de pie y nos ovacionó. Cuando Javier estaba a punto de decir el veredicto, se hizo un minuto de suspenso, que a mí, me pareció una hora. Poza abrió el sobre y dijo:

—El quince por ciento de los votos es…

Me quedé pensando, y la cámara me tomó cuando negué con la cabeza, cómo dijo que era una votación muy cerrada si el resultado sería de 15 contra 85%. No lograba entender, por supuesto iba a reclamar, porque no se me hacía lógico que a Fernando le pudieran dar tan pocos votos. Los sinodales estaban impávidos, el público susurraba, Fernando se veía tranquilo, la única que estaba hecha una idiota era yo.

Cuando Javier Poza dijo quién dejaba la competencia, me quedé más sorda de lo que estoy, sólo escuchaba un zumbido en la cabeza. Entonces me asestan el mazazo final… "Deja la pista de *Mira quién baila*… María Antonieta de las Nieves."

Yo nada más veía al público parado, despidiéndome, y a Fernando con una enorme autosuficiencia, como si siempre hubiera sabido lo que iba a pasar.

Javier Poza, terminó diciendo: "María Antonieta, tu público te despide como tú te lo mereces, con una ovación, con cariño y el reconocimiento por tus 56 años de carrera."

Cuando me iba dice *Chichiquira*, la conductora: "Chilindrina, por favor no vayas para el *back lot,* ve a tu camerino porque tus compañeros te quieren dar una sorpresa y me piden te diga que allá los esperes."

Me fui como autómata para mi camerino, Manuelito abandonó su butaca y me siguió. Ya estando en el camerino, cosa rara en mí, no lloré, sino que me puse a pensar qué había pasado, entonces me di cuenta de que todo estaba fríamente calculado, pero, ¿por qué hacerme sentir mal con esa diferencia de 70%?, definitivamente no lo creía, además ¿por qué el comentario previo de Javier Poza de que había sido el conteo de votos más cerrado en la historia de *Mira quién baila*?, o él ¿tampoco lo sabía?, o ¿le mandaron que lo hiciera así para herirme? ¿Por qué?, eran las dos palabras que daban vueltas en mi cabeza. Conque hubiera dicho: 48% para María Antonieta y 52% para Fernando, todos nos hubiéramos quedado contentos, y sería creíble.

Ahora sí empecé a creer que me habían invitado a *Mira quién baila* para mantenerme contenta y ocupada, porque sí les estorbaba para las giras en Sudamérica, de los *Pagotes de El Chavo*. No lo entendía. Hasta ese momento todos me habían tratado muy bien, ¿qué fue lo que paso?

No me había percatado que en todo el día no me habían mandado la ropa de los bailes ni los zapatos, como lo hacían siempre, para ver si me quedaban bien antes de programa, ¿por qué no me los mandaron?, ¿porqué el jefe de vestuario también lo sabía?

Manuelito llegó a mi camerino a tratar de consolarme, pero no estaba triste, estaba desilusionada.

Le tocó a Fernando realizar su primera coreografía, y como me lo habían dicho, era idéntica a la mía. Era lógico porque o bailaba Fernando o yo. Mis demás compañeros terminaron sus coreografías. Ahora los sinodales debían decidir quiénes tenían que pasar a la pista a hacer la segunda coreografía, quedaron dos, uno fue Henry Santos, y el otro, ¿quién se imaginan? Sí, Dios me hizo justicia, Fernando Arau, yo quería ver, morbosamente si así lo quieren, cómo bailaba el *hip hop urbano* que tanto trabajo me costó ensayar y aprender.

Henry, como es de suponerse, lo hizo muy bien; y cuando le tocaba a Fernando se armó un escándalo en su camerino, el cual estaba ubicado junto al mío. Yo no escuché bien, Pero Manuelito sí, creo que hasta pegó el oído a la pared para escuchar mejor. Fernando no quiso salir a la pista, argumentando que tenía una rodilla lastimada, era cierto, pero se la había lastimado de joven, y siempre ha usado dos rodilleras para no lastimarse de nuevo. Los ejecutivos se molestaron y le dijeron:

—Según las reglas, si no puedes bailar, entonces tendrá que hacerlo, en tu lugar, María Antonieta.

Inmediatamente salí de mi camerino y le dije al director, que si así lo deseaban, yo estaba lista. Él me respondió que los sinodales decidirían.

Fernando entró cojeando a la pista, lo malo, para él, fue que todos lo habían visto salir feliz rumbo a su camerino, cuando dieron el veredicto de su triunfo ante mí, y saltando de la emoción. Los sinodales decidieron darle otra oportunidad para la semana siguiente, por supuesto, nadie creyó en su versión.

Terminó el programa y salimos todos los participantes a despedirnos del público, en cuanto terminamos, el jefe de pista me tomó del brazo y me llevó a mi camerino yo le dije:

–Quiero ir al *back lot* a despedirme de mis amigos, y él argumentó que no podía ir, porque como me había dicho *Chichiquira*, ellos me estaban preparando una sorpresa.

Llegamos a mi camerino, me cambié, me desmaquillé, le di un abrazo *enooooorme* a mi marido y él verdaderamente me tranquilizo. Esperamos en el camerino como una hora, entonces mandé a Manuelito para que investigara si ya estaba lista la sorpresa porque ya me quería ir. La sorpresa ¡Fue!... Que ya no había nadie en las instalaciones ni en ningún estudio.

Me habían dejado sola para que no pudiera hablar con la prensa, porque sabían que podría haber dicho algo inconveniente. Lo malo fue que no me dejaron despedirme de mis amigos a quienes tanto quiero. Eso sí me enfadó mucho. En cuanto llegamos al hotel tenía varios mensajes de ellos, en los cuales me decían que todos me estaban esperando en la habitación de Henry. Fui para allá, al llegar percibí que estaban molestos conmigo, les pregunté el motivo, me explicaron que querían verme porque todos estaban conmigo, me apoyaban, y yo ni siquiera quise ir a despedirme. ¡El colmo! ¡A ellos les habían manejado que estaba tan enojada que no quería ni verlos!

Qué lástima que hayan actuado así en Univisión, que no hayan tenido el valor de decirme que querían que ganara Fernando, porque terminando el concurso le volverían a dar otro programa y había que posicionarlo.

Todos los chicos estaban furiosos, Henry y Bobby querían renunciar pues se habían dado cuenta de la trampa.

Les cuento. Resulta que Fernando no había ensayado el segundo baile porque estaba muy difícil y porque nunca creyó que al bailar perfecto el rock, lo iban a volver a nominar. A la semana siguiente me regresé a México sin dar ninguna explicación a la prensa, pero a quien le fue como en *feria* fue a Fernando, porque tanto la prensa, como el público no le creyeron su mentira. En el programa del domingo, para que el público creyera que todo había sido derecho, llevaron a un interventor con un detector de mentiras, Fernando aceptó el reto. El resultado: el detector demostró que era un mentiroso, todo lo dicho por él era puro cuento y a Fernando no le quedó más remedio que reconocer: "no había estudiado el segundo baile."

¿Qué sucedió con la veracidad del programa? No lo sé. No quise volver a entrar a la página Web de Univisión, porque ahora no iba a creerles nada. La siguiente noticia que tuve acerca del concurso fue cuando se iba a llevar a cabo el último programa, y al cual, se supone invitan a volver a todos los participantes eliminados para despedirse del público.

Jamás pensé que me fueran a invitar, además no quería regresar, pero la invitación llegó, entonces mi familia me recordó todo lo feliz que había sido hasta mi último programa, y que de esa manera podría volver a ver a todos mis amigos, me animaron y nos fuimos.

En cuanto llegué todo fue felicidad, todos nuevamente me saludaron con mucho amor, como si nada hubiera pasado. En la final participarían: Alicia Machado, Fernando Arau y Henry Santos. Alicia estaba segura de ganar, porque terminando le darían el estelar de una telenovela en México; a Fernando ya no lo sentí tan seguro; y si no había trampa, de seguro ganaba Henry, siempre fue el mejor, además para cada baile actuaba diferente, se transformaba y todo el mundo lo adoraba, el público en el estudio gritaba: "Henry, Henry, Henry."

A cada uno de nosotros nos tocó realizar un baile que ya habíamos hecho con anterioridad, yo bailé el *rock and roll*, y no me van a creer: me pidieron que lo bailara La Chilindrina. No lo podía creer, me habían sentenciado una vez porque bailó *La Chilis* y ahora me pedían por favor que lo hiciera ella. Creo que esa maravillosa idea se le ocurrió a *Potty*, mi gran pero gran amigo, porque a él le dejaron, al cien por ciento, la responsabilidad de realizar el programa final, entonces, en ese… Su final, yo fui la estrella. Me pusieron hasta adelante y todos los demás parecían mis bailarines.

Ahora se me acabaron los malos recuerdos y el rencor, al contrario, le agradezco a Dios y a Univisión que me hayan invitado. Pero sobre todo, vaya toda mi admiración, y todo mi tremendo amor, al señor *Mira quién baila*: mi adorado *Potty*.

Sólo quiero agregar una anécdota más de ese gran final, a *Potty*, los patrocinadores de Nescafé le llevaron desde México un regalo, se trataba de una muñeca de La Chilindrina, la más linda que he visto en mi vida, todo el día la tuvo en la mano mientras dirigía, bailaba y seguía el programa, en fin, se la presumió a todo el mundo. Ya casi para terminar el programa hubo una pausa, mientras los sinodales decidían quién ganaba el primer lugar, *Potty* estaba agotado y se quedó dormido en un sillón del *back lot* durante unos minutos, estaba roncando abrazado de su Chilindrina: lo amo.

Resultado de la gran final:

Tercer lugar: Alicia Machado (quien salió hecha una furia hacia su camerino).

Antes de anunciar el segundo lugar, proyectaron un video, donde cada una de las personalidades que participamos decíamos a quién queríamos como ganador, sin presión alguna y unánimemente todos nos decidimos por Henry.

El jurado dio su decisión.

Segundo lugar: Fernando Arau

Obvia decir quién ganó el primer lugar, lo que quiero comentar es que todo el público, técnicos, bailarines, participantes, y les juro, creo que toda la teleaudiencia coreaba al mismo tiempo: ¡Henry, Henry, Henry, Henry!

Por fin se hizo justicia: *Mira quién baila* lo ganó mi adorado Henry Santos. Estoy segura que de haber sido otra la decisión, jamás hubieran vuelto a creer en ese programa, y no dudo que los cubanos hubieran hecho destrozos en el canal.

Al finalizar el concurso toda la prensa nos rodeó, ya no les dio miedo que diera mi opinión porque yo estaba feliz y la verdad es que *Potty* me hizo sentir la estrella del show. Fui la última en dejar el set, todavía había una señora, quien me pidió que me tomara una foto con ella, me la tomé, después de despedirnos y al dar la vuelta para irme a mi camerino, no me di cuenta que había en el piso un plástico naranja, el cual sirve para tapar los cables de luz, me resbalé y caí de cara, inmediatamente llegaron los paramédicos y me llevaron al camerino, realmente el golpe de la cara no fue tan fuerte, pero había caído sobre la mano izquierda y me dolía mucho, los paramédicos me querían llevar al hospital para checarme, pero al percatarme que no tenía ninguna fractura, sino sólo un ojo morado y la mano con un hematoma gigante, y la cual casi no podía mover, decidí que no quería ir al hospital, ya conozco el truco, te llevan, te están checando durante tres horas y si no tienes nada, el chiste te sale en ocho mil quinientos dólares, pero si tienes algo más grave, tienes que empeñar hasta a tu mamá para pagar, eso sí, lo puedes hacer en abonos.

Llego el director del canal a verme y se portó muy amable, pero se veía claramente asustado, no me di cuenta por qué (después les explico) me dijo tan solícito que si se me ofrecía cualquier cosa para ayudarme no dudara en pedírselo. Acepté y le pedí que alguien me llevara al hotel porque no podía manejar, que al día siguiente, por la mañana, me llevaran mi coche al hotel, que por favor cambiaran los boletos del avión para tres días después, porque si no tendría que volar al otro día temprano, y por lo tanto, tenía que empacar y yo no estaba en condiciones de hacerlo sola y menos cargar las maletas (Manuelito se había quedado en México). El director aceptó todas mis peticiones. El coche me imaginé que lo llevarían de parte de Mishell Morán, así como gente de él me iría a ayudar a empacar, que cambiarían los boletos de avión, y que además, me pagarían el hotel los días extras que me tuviera que quedar por si el golpe tenía consecuencias.

Ahora les explico lo que dejé pendiente unos renglones antes. El temor del director era porque hay muchas personas que abusan de un accidente, ha habido muchos casos en que han llegado a hacer demandas millonarias, por supuesto, a mí ni siquiera se me ocurrió. Me despedí de los paramédicos, quienes quisieron tomarse una foto conmigo, me despedí del director y me llevaron al hotel. Lo peor de todo esto fue que había una gran fiesta de despedida por el final del programa, yo había quedado de bailar con todos y cada uno, ahora los iba a dejar plantados, en ese momento sí lloré, porque por primera vez en mi vida quería ir a una fiesta con mis verdaderos amigos. Me tomé las pastillas para el dolor y me dormí.

El coche no me lo llevaron por la mañana sino en la noche. Entonces llamé a las asistentes de Mishell Morán, quienes no sabían nada del accidente ni de nada, creían que ya me había regresado a México, (en ninguna parte del mundo, las personas que me contratan me dejan botada para que me regrese sola, las asistentes de Mishell sí lo hicieron, pensé que era su obligación atenderme, ya que ganan el veinte por ciento de comisión de lo que a mí me pagan de sueldo).

No les hago el cuento largo, nadie me apoyó para que me cambiaran los boletos de avión, los cuales se perdieron y los tuve que comprar de nuevo, por supuesto no pagaron los días extras del hotel, su servidora lo tuvo que hacer; bueno, con decirles que ni siquiera me llevaron al aeropuerto. Yo andaba con la mano vendada y mi esposo con la espalda lastimada, es más, no me hablaron para preguntarme cómo seguía, menos para despedirse.

El último día de estancia en Miami, para no quedarme con ningún resentimiento, fui manejando, como pude, a despedirme del director del canal, y de la directora del programa, los dos, nuevamente se portaron muy amables, y no sé, si irónicamente o en serio, me dijeron:

—Ojalá se la haya pasado muy contenta y estupendamente.

¿Pueden creerlo?

Así se acabó mi historia con Univisión.

Ahora les contaré mi historia con los Estudios Disney y *Ralph el Demoledor*. En cuanto llegué a México se llevó a cabo la premier, con alfombre roja incluida a la cual fui invitada.

Esa noche nos invitaron a dormir, a mi marido y a mí, a un súper hotel en Paseo de la Reforma, antes de hospedarnos, nos agasajaron con una cena en un pequeño restaurante muy elegante, asistieron personas del comité de producción de Estudios Disney dos señoras y dos señores, uno bien *trajeado* al igual que mi esposo, las señoras muy guapas y yo pues... También, por qué no. Al final llegó un señor de tipo muy *gringo*, delgado, rubio platinado, con camisa vaquera a rayas y muy simpático, cuando me lo presentaron, no recordé su nombre, como siempre me pasa, toda la plática se llevó a cabo en inglés pues el *gringo* no hablaba nada de español, aunque entendía algunas palabras. La cena estuvo deliciosa y la charla muy amena, por supuesto siempre se habló de Disney, de *Ralph el Demoledor* y de *Vanellope*, mi personaje. Todos nos echamos porras mutuas.

Al día siguiente madrugamos, debíamos de estar listos, a las nueve de la mañana, en el restaurante para desayunar. Departimos todas las personas de la noche anterior, además de la edecán, quien manejaría la rueda de prensa, ella sí nos hablaba todo en español. Un desayuno espectacular. A las diez de la mañana había preparado dos sets, en uno estaba yo sentada detrás de un escritorio, de *back lot* tenía unas figuras enormes de los personajes de la película; en el otro set sólo había un pequeño escritorio, como el mío, y unas mantas pintadas de verde cromático para la sesión fotográfica. Toda la mañana, la edecán me pasó uno por uno a los periodistas de televisión abierta, radio, sitios Web, televisión por cable y de todas las redes conocidas y desconocidas por mí, por supuesto, todos los publirrelacionistas que trabajan en los programas de Disney estaban allí. Cada entrevista tenía una duración de cinco a diez minutos como máximo, fue maratónica la sesión pues en cuanto salían unos entraban otros, jamás pensé que me realizaran tal cantidad de entrevistas en tan poco tiempo.

Recuerdo una entrevista en especial, la que me realizó un chico de la cadena de Disney, me preguntó:

—¿Conoce al productor?

Sin ningún pudor le contesté:

—No.

La edecán me corrigió y dijo:

—Claro que sí lo conoces María Antonieta, es el señor de la camisa vaquera con quien cenaste ayer y desayunaste hoy. Además estuviste bromeando con él toda la mañana, ¿ya te acordaste?

Dios mío. ¿Quién iba a pensar que ese joven, de apenas cuarenta años y con camisa vaquera fuera el productor?

Lo peor de mi metida de pata fue que, el entrevistador me dijo que el productor pidió, especialmente, que me contrataran, porque la película la hizo pensando en mí la mayor parte del tiempo.

Cuando Rick, como se llama el productor, era aún joven, vivió durante algún tiempo en Tijuana, y con sus amigos mexicanos veía *El Chavo del Ocho* y le encantaba La Chilindrina, es por ello que *Vanellope* tiene algunas cosas de *La Chilis*, y por eso, él insistió en que yo la doblara. ¡Ufff!, qué orgullo para mí.

Para la hora de la comida ya me habían hecho aproximadamente cincuenta entrevistas, cuando nos sentamos a comer, el señor de la camisa vaquera ya no era mi amigo sino el señor director o señor productor. Entonces me preguntó qué me pasaba, cuando conté mi anécdota a todos quienes estaban conmigo en la mesa, no hubo uno que no se echara a reír. Rick se levantó de su silla, me abrazó y me dijo:

–*Don't worry* Chilindrina, *you are the famous, not me.* Toda la tarde nos la pasamos juntos dando entrevistas y tomándonos muchas fotografías para todos los medios de comunicación.

Ese fue uno de los días más agotadores de mi vida, pero la satisfacción del resultado de nuestro arduo trabajo fue máxima.

*Ralph el Demoledor* ha sido una de las películas más taquilleras realizadas por Disney, además estuvo nominada para el *Oscar*, no lo ganó, pero sí obtuvo un *Oscar especial*.

Platicaré una historietilla más. Como ya les he contado soy muy despistada. Además, estaba tan ansiosa de que me hubieran llamado para promocionar el DVD de la película para todo México, Estados Unidos, Centro y Sudamérica, que el cuatro de febrero me fui al Aeropuerto Benito Juárez de la Ciudad de México, para tomar el vuelo rumbo a Los Ángeles, porque allí se encuentran los Estudios Disney de *Burbank*, donde se hacen los dibujos y películas animadas y en donde se iba a presentar el DVD de *Ralph el Demoledor* en todas sus versiones. Llegamos muy a tiempo al mostrador de American Airlanes, allí me dijeron que el vuelo no existía y me mandaron a *Alaska Airlanes*, donde me comentaron que no estaba en el vuelo de ese día, pero que probablemente en Aeroméxico estuviera documentada. Para ir hasta el mostrador de dicha aerolínea, tuvimos que atravesar, corriendo, todo el aeropuerto y tomar el tranvía que va de una terminal a la otra. Cuando llegamos a Aeroméxico me saludaron con cortesía, muchas personas me conocen, entonces les di los pasaportes de mi marido y el mío, les di el número de vuelo y ¿qué creen? Acertaron, no estábamos en el vuelo, realmente me enfadé y le hablé por teléfono a Bárbara del Campo, como saben, ella es mi representante y nunca me ha fallado en nada.

–Hola Bárbara.

–Hola señora Tony, ¿cómo está?

–¿Cómo quieres que esté? ¡Furiosa! He ido a tres diferentes aerolíneas y en ninguna estoy registrada para volar a Los Ángeles.

–¿Y para qué quiere ir a Los Ángeles?

–Por favor, Bárbara, ¿cómo para qué? Para hacer la promoción con Disney.

–Perdóneme, señora Tony, pero hoy es cuatro de febrero y usted debe de estar allá, para realizar la promoción, el cuatro de marzo.

¡Qué tal! Sólo me equivoqué por un mes… ¡Eje, aja, eje! (como diría La Chilindrina), pero yo dije:

–Trágame tierra. Discúlpame Bárbara.

Cuando en la línea aérea se dieron cuenta de mi gran error, todos soltaron la carcajada y yo también, no me quedó más remedio.

Gabo, mi marido, me preguntó:

–¿Qué hacemos ahora?

Le contesté:

–Ya que estamos aquí y no tenemos nada más qué hacer pues vámonos a Las Vegas ¿cómo ves?

Por supuesto, íbamos a Las Vegas por una semana, pero en cuanto ésta acabó, nos quisimos quedar otra, y pues, nos quedamos. No cabe duda: estoy tomando la vida con inteligencia y disfrutándola al máximo.

Ahora sí llegó el cuatro de marzo. El gran día de la promoción en los Estudios Disney, se me ocurrió algo que, creo, a ningún artista se le ha ocurrido: me disfracé de *Vanellope*. La gente de Disney me había regalado una sudadera con la imagen de *Vanellope*, pero como me quedó chica se la regalé a Fernanda, mi nieta mayor, para disfrazarme se la pedí y la mandé a arreglar, me hice una falda de tablones, me compré unas medias de niña, como de caramelo, adquirí unas lentejuelas, para pegármelas en el pelo y me pinté el cabello de café oscuro, en fin, me sentía fascinada. El día cinco me levanté a las tres de la madrugada, a las cuatro pasaron por mí porque a las cinco debía estar en maquillaje y peinada, porque a las seis estaríamos al aire en un noticiero. Después otra entrevista a las ocho y nuevamente rueda de prensa igual a la anterior (con edecán y cada cinco minutos una entrevista), acabamos casi a las tres de la tarde y comimos; terminando. Hice un comercial con todos los productos que saldrían a la venta y, para finalizar, fotografías con todas y cada una las personas latinas que trabajan en los Estudios Disney, eran como treinta, quienes quisieron una foto del recuerdo. Para cerrar con broche de oro, llegó un *güerito*, como de cuarenta y tantos años, me dijo que él no hablaba nada de español, pero que, cuando vio la película se volvió mi fan. Era nada más ni nada menos que el caricaturista de Estudios Disney, quien había inventado a *Vanellope*. Lo abracé y lo besé, no me importó que la gente me viera. Dios mío, ¡qué orgullo conocer un talento así!, y que además, ¡había esperado casi una hora para felicitarme! Como fin de fiesta, delante de todos me pasaron un teléfono con el altavoz activado. ¡Era Rick! Me saludó con mucho cariño, se disculpó por no haber estado en el evento de promoción porque estaba de vacaciones con sus hijos. Nuevamente me felicitó y me dijo:

—Ojalá pronto volvamos a trabajar juntos.

Le respondí:

—Sí, pero con una condición.

—¿Cuál?

—Que sea con La Chilindrina.

Todos nos reímos, me despedí mandándole muchos besos. Así acabó mi historia con Disney, con un hermoso: *happy end*.

Creo que vale colocar la ficha técnica de esta fantástica película:

Título original: wreck-it RalphT. Otros títulos: ¡Rompe Ralph! / *Ralph El Demoledor*

Año: 2012.

Duración: 101 min.

País: USA.

Director: Rich Moore.

Guión: Phil Johnston.

Música: Henry Jackman.

Fotografía: Animation.

Reparto: Animation.

Productora: *Walt Disney Animation Studios*.

Premios 2012: *Oscar*, nominada a mejor película de animación.

2012: 5 premios *Annie*, incluyendo mejor película. 10 nominaciones.

2012: *Critics Choice Awards*, mejor película de animación.

2012: Globos de Oro, nominada a mejor película de animación.

2012: *Satellite Awards*, nominado a mejor largometraje de animación.

2012: *National Board of Review* (NBR), mejor largometraje de animación.

2012: *Producers Guild of America* (PGA), mejor película de animación.

Género: Animación. Fantástico. Comedia | videojuego. 3-D.

Fecha de estreno en México: 2 de noviembre de 2012.

Fecha de estreno USA: 2 de noviembre de 2012.

Fecha de estreno en España: 25 de diciembre de 2012.

Una de las cosas interesantes que me han ocurrido últimamente fue que me reencontré con *Quico*, Carlos Villagrán, y debo admitirlo: fue una gran sorpresa. Nos vimos en el pasillo que te lleva al foro del programa *Estrella TV*. Yo no sabía que íbamos a trabajar juntos, de haberlo sabido, no hubiera aceptado participar en dicho programa, ¿por qué?, porque nunca fue una persona afín a mí, además, cada vez que por casualidad nos encontrábamos en una ciudad, cada quien con su espectáculo, él se expresaba mal de mí y de Chespirito, eso me disgustaba en demasía. No es que yo, ahora, quiera mucho más a Roberto, y menos después de todo lo que ha pasado, pero sí soy una persona agradecida, y pienso que sin él y sin Televisa, no hubiéramos llegado tan lejos, de la misma manera, reitero, sin la ayuda de los tremendos actores no hubiera sido tan exitosa la serie.

Cuando vi a Carlos, sentí que de alegría abrió los brazos y corrió a abrazarme, y yo, en lugar de asombrarme, hice lo mismo, nos abrazamos y nos besamos en la mejilla, le dije:

—Hola, *cachetes de marrana flaca*.

Él infló los cachetes y me dijo:

—Cállate *salpicada*. (Por lo de las pecas, no vayan a pensar otra cosa ¡eh!)

Nos reímos y me presentó a su nueva esposa, Becky Palacios, una señora encantadora, educada, bonita, y además, muy buena persona. Entonces entendí el cambio en Carlos, él siempre fue muy agresivo porque tenía una pareja agresiva. Carlos, ahora, es otra persona, aunque todavía tenemos diferencias de pensamiento, pienso que en este momento sí hablamos el mismo idioma. Creo que en los siete años que trabajamos juntos, nunca habíamos platicado de la forma tan agradable como lo hicimos en esa ocasión. Lo único extraño que nos pasó fue que Edgar Vivar, quien también iba a trabajar con nosotros en el programa, en cuanto lo supo, no quiso hacerlo y dejó botado al canal sin dar una explicación. A *Quico* y a mí ni siquiera nos quiso ver, mucho menos darnos una explicación, que era lo menos, pensamos, que nos merecíamos.

Antes quería a Edgar como a un hermano, es más, muchas veces nos fuimos juntos de vacaciones, ¿por qué cambió? Porque, me imagino, ahora él trabaja directamente con Chespirito o con su hijo o con las personas que llevan el espectáculo de los *monos de la vecindad*, y no tuvo el valor de reconocerlo delante nosotros. Fue la segunda ocasión que me hacía algo así. Hace como dos meses teníamos una entrevista en *Ventaneando* con Paty Chapoy, él no quiso que nos entrevistaran juntos, entonces, en la primera parte salió Edgar y yo llegué en el corte comercial, lo vi, lo abracé con mucho cariño y le dije que se quedara a mi entrevista, él se negó, poniendo como pretexto que no podía porque tenía otro compromiso. Me extrañó mucho lo nervioso que estaba. Aun así, me alcanzó a preguntar a dónde sería mi próxima gira, le dije que a Colombia y que debutaría la semana siguiente. Se despidió. Le pregunte a Paty Chapoy si sabía qué tenía Edgar, ella dubitativa me dijo: Televisa no lo dejó que los entrevistara juntos.

A la semana siguiente que llegué a Colombia, me di cuenta que Edgar ya había ido con el chisme a Televisa, y algún empleado de la empresa a quien le debe interesar que no estorbara yo en el show de los *pagotes de la vecindad* mandó un mail con el logo de Televisa para sabotearme. De esto ya les platiqué anteriormente.

Regresando a *Quico*, ahora soy amiga de su esposa. Nos enviamos correos electrónicos y fotografías. Creo que ha cambiado mi punto de vista hacia Carlos. Cuando vi un programa en el canal 13, *Historias Engarzadas*, en donde se hablaba acerca de él, me di cuenta que Carlos ha pasado por las mismas cosas que yo. Por ejemplo, a él le cancelaron un programa en el canal 9 de Argentina, ya tenía el piloto listo para salir al aire y dos programas guardados, y nos contó que, directamente Roberto Gómez Bolaños mandó una carta con el membrete de Televisa argumentando que Carlos no podía trabajar con nadie, porque Televisa tenía los derechos del personaje de *Quico*, y desgraciadamente, en ese caso tenían razón. Es una pena que Carlos nunca haya registrado a su personaje, porque al igual que yo, él lo inventó. Como bien lo saben todos ustedes, gracias a este texto, yo en cuanto pude hice todos los registros, y he gastado, en doce años, casi todo lo que he ganado por defender mis derechos. Bueno, todos reaccionamos de diferente forma, pero todos somos actores de comedia, quienes tenemos la obligación de hacer reír al público, aunque por dentro, muchas veces, estemos sufriendo.

El primer programa que hicimos en *Estrella TV*, realmente no valió la pena, porque Carlos no fue con el traje de *Quico*, pero no nos importó, actuábamos como niños, nos tomábamos de la mano y compartíamos los juegos como en los viejos tiempos. A las cuatro semanas nos volvieron a invitar, pero ahora sí fuimos los dos caracterizados y fue más bonito. Los dos lloramos, reímos e hicimos todos nuestros chistes, así acabó una de las mejores anécdotas de mi vida. Ojalá haya más programas en donde los titulares sean: *Quico* y *La Chilindrina*… Los mejores amigos.

Les aseguro que ahora sí voy a ahorrar hasta el último peso, para de esa manera estar tranquila y segura el resto de mi tercera juventud. No sé quién dijo que a los sesenta años comienza el tercer acto de la vida, así como en el teatro, pues bien, entonces estoy en el inicio de ese acto y les aseguro que el final será apoteótico. Ya no voy a viajar tanto, creo ya conocer tres cuartas partes del mundo y he gastado todo lo gastable.

Ahora sí, me voy a comportar coherentemente, disfrutaré, aún más, a mi bellísimo marido quien, bien lo saben ya, ha sido el único amor de mi vida. Gozaré a los dos mejores hijos del mundo: Verónica y Gabriel, pero sobre todo, a mis cinco traviesos nietos, a quienes amo con todo mi corazón: Fernanda, Andrea, Gabriel, Luisa y Jerónimo, ¿más los que se vayan acumulando?

Sólo me resta decirles que para ser completamente feliz necesito que, *Chiquita*, mi perrita *chihuahueña*, me viva muchos años más, en estos momentos ya es mayor que La Chilindrina y ya me alcanzó a mí pues ella cumplió nueve años, y si es cierto lo que dicen que un año de un perro es igual a siete de un humano, pues ya llegó a 63, los mismos que cumplí el pasado diciembre.

En verdad les digo, mi carrera la estoy dejando en manos de Dios, si él quiere que La Chilindrina siga dando lata me abrirá otras puertas… Mientras no sean las del cielo, por ahora, todo estará bien.

Mis dos últimos sueños, para variar, y sin pecar de vanidosa, se han vuelto, como siempre me ha pasado: realidad.

La Chilindrina, ahora sí, es solamente… Mía. Gané la batalla. Pero siempre me enseñaron a ser magnánima en la victoria, así que sólo esto diré.

Y el otro sueño, es haber concluido esto que ahora tienen, amados lectores, entre sus manos. María Antonieta de las Nieves y La Chilindrina, siempre unidas, como ustedes las querían ver.

Gracias por aguantarme todos estos años. Los amo y que Dios Nuestro Señor los bendiga siempre.

# Epílogo

¿Que quién soy?

María Antonieta de las Nieves será definida por mí: María Antonieta de las Nieves Gómez Rodríguez de Fernández.

- Una mujer muy pequeña con un nombre muy grande.
- Una mujer que desde niña vivió para ser niña y divertir a los niños.
- Una mujer que empezó a trabajar, en televisión, a los seis años, y terminó con ocho, pero, ¡después de más de cincuenta años!
- Una mujer que jamás vivió de acuerdo con su edad, de pequeña compartió con gente mayor y de *vieja*… Con niños.
- Una mujer que de adolescente se disfrazaba de mujer madura, y ahora, de mujer madura se disfraza de adolescente.
- Una mujer *pata de perro*, que la mitad de su vida se la ha pasado de gira artística, y la otra mitad, en viajes de placer, y quien para descansar: viaja.
- Una mujer muy sensible, a quien la tristeza le da llanto, y la alegría… ¡También!
- Una mujer a quien la violencia le genera tanto coraje, que reacciona con violencia.

- Una mujer con tan mala memoria, que no se acuerda ni por qué está enojada.
- Una mujer muy mala para aprender Geografía, pero para la Historia y las Matemáticas… ¡También!
- Una mujer que sólo ha sido de un solo hombre, y solamente ha tenido ojos para su hombre.

¿Y quién es La Chilindrina?
- Una mujer que ha sido una niña ¡A toda *madre*!
- Una niña que siempre estará enamorada de *El Chavo del Ocho*.
- P.D. Una mujer que ha sabido escoger a sus compadres: San Judas Tadeo, la Virgen del Carmen y San Charbel, y quien puso como testigos a sus padres: la Virgen de Guadalupe y Dios Nuestro Señor.

\* \* \*

"El 28 de noviembre del 2014 será un día que toque el corazón de muchas generaciones debido a la muerte de Roberto Gómez Bolaños. Extraordinario comediante, escritor, actor, productor y SER HUMANO. Independientemente de las fricciones que tuvimos en estos últimos años –que no fueron directamente con él– para mí fue un gran ejemplo, un estupendo amigo… Les envío mis profundas condolencias a todos y cada uno de sus hijos y sus familiares, a todos sus FANS .

Mi corazón está con ustedes.

Roberto: Gracias por tantas risas, por tantas horas y horas de trabajo en equipo, por ser esa gran persona… ¡Te llevas un pedacito de mi corazón!

MARÍA ANTONIETA DE LAS NIEVES

**FIN**

Amazon.com
MAY 0 7 2019

Amazon.com
MAY 0 7 2019